東洋文庫 867

哲学者の自己矛盾

イスラームの哲学批判

ガザーリー
中村廣治郎 訳註

平凡社

装幀　原　弘

凡例

一、本書は、アブー＝ハーミド・ムハンマド・イブン＝ムハンマド・ガザーリー（Abū Ḥāmid Muḥammad b. Muḥammad al-Ghazālī）による、イスラーム哲学批判の書、『哲学者の自己矛盾』（*Tahāfut al-Falāsifah*）の全訳である。なお、「イスラームの哲学批判」という副題は訳者が付した。

一、テクストとしては、次の四点がある――

①*Tahāfut al-Falāsifah*. Ed. by Maurice Bouyges. Beirut: The Catholic Press, 1927, 1962.（テクストA）

②*Do*. Ed. by Sulaymān Dunyā. Cairo: Dār al-Maʻārif, 1947, 1966.（テクストB）

③*Al-Ghazālī: The Incoherence of the Philosophers: A Parallel English-Arabic Text Translated, Introduced, and Annotated by Michael E. Marmura*. Provo, Utah: Brigham Young University Press, 1997.（テクストC）

④Ibn Rushd, *Tahāfut al-Tahāfut*. Ed. by Sulaymān Dunyā.（2 vols. Cairo: Dār al-Maʻārif, 1964-65）に引用されたテクスト。（テクストD）

一、英訳としては、Sabih Ahmad Kamali（tr.）, *Al-Ghazali's Tahafut al-Falasifah*（Lahore: Pakistan Philosophical Congress, 1963) がある。

一、翻訳にあたっては、最新のM. E. Marmuraのテクストを中心に、他のテクストをも参照した。ただMarmuraのテクストには、残念ながら誤植が散見され、他のテクストによって補正した。

一、文中の〔　〕は、意味を明らかにするために訳者が補った言葉である。

一、文中の（　）は、テクストの重要なアラビア語句のローマ字あるいはカタカナ表記、コーランの引用箇所、訳者による語句の説明、および神・預言者・教友などに対する原著者の賞讃の言葉を示す。

一、アラビア語の定冠詞「アル」（al-）は、原則として省略した。（例）アル・ガザーリー→ガザーリー

一、コーランからの引用に際しては、井筒俊彦訳（岩波文庫）、日本ムスリム協会訳を参照した。コーランの節番号は標準エジプト版に従った。（四：三）は（四章三節）を示す。

一、訳出にあたっては、専門的厳密性を損なわない程度に読みやすくするように心がけた。訳註についても、原則として読者の理解を助けるためのものに限定し、煩わしさを避けるために典拠の表示も最小限に留めた。

一、欄外の数字はテクストCの頁数を示す。

哲学者の自己矛盾

哲学者の自己矛盾

アブー＝ハーミド・ガザーリー 著
中村廣治郎 訳

〔はじめに〕

慈悲深く慈愛あまねき神の御名において
1 果てることのなきその偉大さと限りなきその寛大さによって、神に願いあげます。われらに導きの光を十分に注ぎ、われらから誤謬と過ちの闇を取り除き給え。真理を真理とみてそれを範とし、それに従い、誤りを誤りとみてそれを嫌悪し、それを避けるような人にわれらをなし給え。預言者や聖者たちに約束された幸福をわれらにも得させ給え。われらが迷妄の館（この世）を去ったとき、人間の理解と想像の範囲を超えた高みにある至福と歓喜と恵みと喜びとをわれらに与え給え。大集合（maḥshar）[1]の恐怖の後に楽園の恩恵にいたり、いまだ目にしたこともなく、耳にしたこともなく、人間の心に浮かんだこともないようなものを与え給え。そしてわれらのために選ばれた預言者、人類の中の最良の人、ムハンマドとその善良なる家族、導きの鍵、闇の中の灯火であるその清浄なる教友たちに祝福と平安を与え給
15 え！

さて、私のみるところ、知性と聡明さにおいて、並みの人間とは異なると内心で思ってい

る多くの人々が、イスラームの義務を無視し、礼拝の勤めや禁止事項などの宗教的儀礼行為を軽蔑し、聖法上の義務や規範を軽視し、その禁止や抑制に従わないでいる。彼らは、「神の道をせき止め、それを曲げようとし、そして来世を信じようともしない」（一一：一九）者たちに従い、さまざまな妄想に取りつかれ、宗教のくびきをすべて放棄しているのである。

彼らの不信仰の根源は、ユダヤ教徒やキリスト教徒と同様に、慣れ親しんだしきたりへの単なる追随（taqlīd）以外にはない。そもそも彼らやその子らの養育はイスラームの教えによるものではなく、彼らの父親や祖父たちの場合も同様である。次に考えられることは、彼らが正しい方向から逸れていかがわしい事がらに躓《つまず》き、蜃気楼のような派手に飾りつけられた絵空事に騙されて、思弁による探究を始めたからにほかならない。それは現に、信条や思想を思弁的に探究しようとする一群の異端、迷妄の徒に起こっていることである。

〔要するに〕彼らの不信仰の原因は、ただ彼らがソクラテス、ヒポクラテス、プラトン、アリストテレスといった恐ろしい名前を聞き、さらにこれらの哲学者たちに従う人々の過度に誇張された誤った言辞に騙されたことにある。すなわち、これら哲学者たちの知性や原理が優れていること、幾何学・論理学・自然学・形而上学といった彼らの諸学が精妙であること、また聡明さや知性の豊かさのゆえに、彼らだけがそれらの深遠な事がらを引き出すことができたこと、さらにその知性の冷徹さと功績の大きさにもかかわらず、彼らが聖法や信条を否定し、宗教や宗派の細則を拒否し、それらは人間が作った法であり、うわべだけの虚飾であると信じている、といった伝聞である。

このようなことが彼らの耳に届き、伝えられる哲学者たちの信条が彼らの性向に合致すると、彼らは不信仰の信条で身を飾り、彼らが有徳者（fuḍalā'）と考える人々の仲間に加わり、その道を歩むようになる。一般庶民の幸せを見下し、父祖の宗教に満足することを軽蔑し、真理への模倣を止めて虚偽を模倣することで賢明さを示すのがよいことだと考える。〔その実〕彼らは、一つの模倣から別の模倣に移ることは、愚かで狂気の沙汰であることには気づいていないのである。

神に関することでは、検証に基づいて伝承を受け取ることをせずに、誤りを性急に真理として受け取り、〔伝統的に〕信じられてきた真理を、ただの模倣によって放棄することで身を飾る人の地位より劣る地位があるであろうか。世人の中でも愚者は、〔その点〕このように極端な醜行からは免れている。誤った道を行く人を模倣して狡知を愛好することは、彼らの性ではないからである。愚かさは半端な知性より救いに近く、盲目は不完全な視力より安全に近い。

ところで、先のような醜悪な流れが、このように愚かな人々の中に脈打っているのをみて、私は本書の執筆に取りかかったのである。それは、古代の哲学を批判し、哲学者たちの信条の矛盾、形而上学に関わる問題での彼らの言説の一貫性の欠如を明らかにし、彼らの教説がもつ危険性と欠陥を暴露するためである。この教説こそ、実は知性のある者には笑い種《ぐさ》であり、聡明なる者にとっては〔反面の〕教訓となるものであり、しかも民衆や凡人には見られない、彼らに固有のさまざまな種類の信条や思想からなるものである。

このことが実現されるのは、彼らの立場をあるがままに紹介した上でのことであるが、それはまたこれら模倣による不信の徒に、次のことを明らかにするためである。すなわち、過去・現在の尊敬すべき人たちはみな、神と来世への信仰において一致していたこと、相違があったとしても、それは奇跡によって支えられた預言者たちがそのために派遣された、この二つの根本信条（神と来世）以外の末梢的なことに関するものであること、その二つの信条を否定する者は、歪んだ知性をもち、論証家の間では無視されるような転倒した考えの持主で、悪辣なサタン、幼稚な愚者の仲間としかみなされないことである。このようにして人は、単なる模倣から不信仰（kufr）で身を飾ることが、自分の考えの優秀さと知性の聡明さを示すとみる極端な考えから自由になれるであろう。

そもそも彼が模倣しようとするこれら哲学の領袖たちは、彼らが非難されているような聖法の否定とはほんらい無関係であり、彼らは神を信じ、その使徒たちを真実としていることが確認されている。ただ彼らは、これらの根本信条以外の末梢的な事がらで誤りを犯し、正しい道を自ら踏み外し、また〔他人をも〕そうさせていたのである。そこでわれわれは、彼らが陥ったさまざまな虚飾を暴露し、これらはすべて何の益もないこけおどしにすぎないことを明らかにする。至高なる神こそは、われわれが意図したことが成功するための守護者である。そこでまず、本書での議論の方向づけを示す「序」から本書を始めたい。

4

〔第二〕序

次のことを知るべきである。哲学者たちの違いを語り始めると長くなる。というのは、彼らの対立は長いし、その論争は多く、その見解は多岐にわたり、その方法は相互に異なり、対立しているからである。そこでわれわれは、哲学者その人、「第一の師」(al-mu'allim al-awwal) であり、彼らの領袖その人の思想における矛盾を明らかにすることに限定しよう。彼こそは、彼らの諸学を整理し、洗練したといわれる人で、また彼らの見解の中から余分のものを除去し、彼らの思考の原理に最も近いものを選んだ人、すなわちアリストテレスである。

彼は、「聖プラトン」(Aflāṭun al-Ilāhī) と称されていた自分の師を含めて、彼以前の哲学者すべてを批判した。自分の師に背く際に彼が口実としていったことは、「プラトンは信頼できるし、真理も信頼できる。しかし、真理はプラトンよりももっと信頼できる」(2) と。

このような話をわれわれが伝えるのは、ただ次のことを知ってもらうためである。すなわち、彼ら自身の立場には確実性も正確さもなく、また彼らは証明も確信もなく、想像と臆測で判断しているということ、数学や論理学と同様にその形而上学の真実性を証明したとして、知性の弱い人々を取り込んでいるということである。かりに彼らの形而上学が彼らの数学のように証明において正確であり、臆測から自由であれば、数学におけるように対立は起こらなかったであろう。

さらに、アリストテレスの議論の翻訳者の言葉自体が歪曲や変更を免れず、解釈や解説を必要とし、ついにはこれがまた彼らの間に対立を生む。イスラームの哲学者たちの中で最も信頼できる伝達者・探究者はアブー＝ナスル・ファーラービー(3)とイブン＝スィーナー(4)である。そこでわれわれは、彼らが選び、彼らが真実とみた誤りのリーダーたちの立場を論破することに限定しよう。というのは、彼らが無視し、あえて追究しようとしなかったことは、まったく取るに足りない問題であることに異論はなく、長い議論によってわざわざそれを批判するには及ばないからである。そこで知るべきことは、すべての学説に議論を広げないように、これら二人が伝える限りの哲学説の批判に限定されることである。

第二序

次のことを知るべきである。彼ら（哲学者たち）と彼ら以外の諸宗派の違いは三つある。第一の対立点は、単なる用語の問題に帰着するものである。例えば、世界の創造主を「実体」

(jawhar)とする彼らの呼び方(神よ、彼らの呼称を超え給え!)である。彼らの解釈によれば、実体とは基体(mawḍūʿ)を要しない存在者、つまりそれを存立させるものを必要としない自体的存立者(al-qāʾim bi-nafsi-hi)のことである。つまり、彼らは、実体によってその敵対者が意味するような、空間を占有するもの(mutaḥayyiz)を考えているのではないのである。[5]

われわれはこのことを批判しようとするのではない。というのは、自体的存立(al-qiyām bi'l-nafs)の意味について合意が得られれば、「実体」の語でこの意味を表わすことの可否の議論は、用語の問題に帰着するからである。用語の上でその適用が認められれば、聖法(sharʿ)[6]におけるその適用の可否は法学上の問題となる。というのは、用語の適用の可否は、聖法の文言の意味に左右されるからである。

たぶん、君はこういうかもしれない。このようなことはただ神学者たちが〔神の〕属性についていっているだけで、法学者たちは法学においてそのようなことを取り上げてはいない、と。だが、もの事の本質を慣行や決まり事と混同してはならない。すでに君も承知しているように、一つの用語の使用可能性の問題は、その意味とその指示対象の一致ということであり、その点では一つの行為の許容性の問題と同様である。

第二の対立点は、彼らの立場の中で何ら宗教の原則と矛盾せず、その論争点が預言者や使徒たち(彼らに神の祝福あれ!)の真実性の問題に無関係のものである。例えば、月蝕とは、月とその光源である太陽の間に地球が介在することによって、月の光が欠けることである。地球はあらゆる面で天体に囲まれていて、月が地球の蔭になると、太陽の光が遮られるのである。また、日蝕とは、月が観察者と太陽の間にくることで、両者が軌道上で一線に並ぶことである。

この種の問題に対してもわれわれはあえて反論しようとは思わない。それはわれわれの目的に直接関わるものではないからである。これを批判する議論が宗教に関わることだと考える人は、宗教を害し、それを弱めることになる。というのは、これらの問題は、疑問の余地もなく、幾何学的・数学的証明に関することだからである。

それらを熟知してその根拠を明らかにし、その原因と共に二つの蝕の時間、その程度、終了までの時間について報告できるほどの人が、かりにそのようなことは聖法に反するといわれれば、彼はその科学を疑わず、むしろ聖法を疑うだろう。正しい方法によらずに聖法を支援しようとする人がもたらす聖法への害は、妥当な方法でそれを非難する人の害よりも大きい。「知性ある敵は、無知な友人よりよい」というがごとしである。

問――すでに神の使徒〔ムハンマド〕(彼の上に神の祝福と平安あれ!)はいっておられる、「太陽や月は神の二つの御徴《みしるし》であり、それらは人の死や生によって欠けるのではない。もし汝らがそれを目にしたならば、神の御名を唱え、礼拝して神に加護を求めることだ(7)」と。これがどうして哲学者たちのいうこととと一致するのだろうか。

答——このことは彼らのいうことと何ら矛盾するものではない。そこにあるのはただ、人の生死によって蝕が起こるのではないという否定と、その際の礼拝の命令だけである。日が傾き、没し、昇るときに礼拝を命じた聖法が、どうして蝕に際して推奨行為（istiḥbāb）として礼拝を命令することがありえないのであろうか。[8]

問——伝えられるところでは、そのハディース（伝承）の末尾で彼（ムハンマド）はこういったとされる、「しかし、神があるものに自己を顕わすとき、そのものは神に平伏する」と。このことは、蝕は神の顕現に対する平伏であることを示している。[9]

答——この付加された文句は正しく伝えられたものではない。それを伝えた者は虚言者とみなすべきである。伝承の内容はわれわれが述べた部分のみである。どうしてそうでないことがあろうか。かりにそれが真実なものとしても、それを比喩的に解釈する方が、それを確定的事実として固持するよりも容易だからである。表面的な意味が、明快さにおいてこれほどまでにいたらないにしても、合理的根拠に立って比喩的に解釈される場合が何と多いことか。不信仰者たちの最大の喜びは、聖法の支援者が、このような天文学的証明やそれに類することは聖法に反すると公言することである。そこでそのようなことが聖法擁護の条件となれば、聖法を無効とする道は容易になる。

以上、基本的には、世界は生成したもの（ḥādith）か、永遠である（qadīm）か、という議論があり、それの生成性（ḥadath）が確定すれば、世界が球であれ平坦であれ、また八角形であれ六角形であれ、はたまた最高天以下が彼らのいうように十三層であろうと、あるいはそれ以上であろうとそれ以下であろうと、同じだということである。そのようなことについての議論は神学的問題のそれに比すれば、ニンニクの皮層が幾つあるか、ザクロの種が何個あるかの議論と同じである。問題は、世界はすべて神の創造行為にのみよるということである。

第三の対立は、宗教の原則に関わることである。例えば、世界の生成性、造物主（Ṣāni'）の属性、肉体の復活。彼らはすでにそのすべてを否定している。このような事がらにおいてこそ、彼らの立場が誤りであることを明らかにすべきで、それ以外のことにおいてではない。

第三序

次のことを知るべきである。われわれの目的は、哲学者たちに善意をもち、彼らの道が矛盾のない完璧なものであると信じている人に対して、彼らの自己矛盾の諸相を明らかにし、警告を発することにある。そのために私が彼らと対峙するのは、ただ批判的探究者としてであって、肯定的な唱道者としてではない。私は彼らが確信していることを、そのさまざまな帰結とともに追究したい。そしてあるときは彼らをムータズィラ派[10]に関連づけ、あるときはカッラーミー派[11]に、またあるときはワーキフィー派[12]に関連づける。私は〔これらの〕特定の立場を弁護することではなく、全宗派を一体として彼らと対抗させたいのである。というのも、われわれと他の諸宗派の違いは瑣末な点においてのみだからである。ところが、これら哲学者たちは宗教の原則に反するのである。であれば、彼らに対して共に協力しよう。共通の困難に際しては、相互の憎しみは消える。

第四序

これら哲学者たちが人々を取り込むための議論において、困難な状況に陥ったときに用いる主な手口は、次のようにいうことにある。形而上学的諸学(al-ʻulūm al-ilāhiyah)は深遠で奥が深く、聡明な知性にとっても最も理解困難な学問であり、これらの困難な問題に答えられる知にいたるには、数学や論理学から始めるしかない、と。こうして、不信仰において彼らを模倣する人が彼らの学説の中の困難に出会うと、彼らに対する善意から、「彼らの学問には間違いなくそれに対する回答があり、私がただそれを理解できないだけである。というのは、私はまだ論理学を習得していないし、また数学も学んでいないからである」というのである。

われわれはいう。不連続な量の研究、つまり数学は形而上学（ilāhīyāt）とは何の関係もない、と。形而上学の理解にはそれが必要だという人は、医学や文法学や言語学には数学が必要だとか、算術には医学が必要だとかいう人と同様に愚者である。連続的な量の研究である幾何学の成果によって明らかにされることは、〔最高〕天（samawāt）から中心（地球）にいたる空間は球形であり、天球（aflāk）の層の数、天球の中で動く球体の数や運動の範囲である。

われわれは彼らに対して、論証的にも信条的にも、これらすべてを認めよう。彼らにはそれを証明する必要はない。それは、形而上学的議論とは何の関係もない。この家ができたのは、知識・意志・能力・生命をもった大工の建築によることを知るには、その家が六角形であるか八角形であるか、また柱の数やレンガの数を知る必要があるといえば、それは戯言であり、明白な誤りである。それは、このニンニクの皮層の数を知らなければそれが生成体であることを知りえないし、ザクロの種の数を知らなければ、それが生成体であることを知りえないという人の言葉と同様である。それは汚らわしい言葉であり、知性のある人には嫌悪すべきものである。

確かに、論理学に習熟することは不可欠である、という彼らの主張は正しい。しかし、論理学は彼らに固有のものではなく、それは神学において「論証の部」（kitāb al-naẓar）とわれわれが称している原則のことで、彼らがそれを厳めしく「論理学」(manṭiq) といい換えたにすぎない。われわれはまたそれを「論争の部」(kitāb al-jadal) とも、また時に「理性の認識能力」(madārik al-ʻuqūl) ともいう。知性の弱い賢者ぶっている人が論理学の名を聞くと、それは神学者の知らない外来の学問で、哲学者だけしか知らないものと信じてしまう。

このような混乱を除き、このような巧みな誤りへの誘導を根絶するために、われわれは神学者や法理論家の用語を避け、本書では理性の認識能力についての議論に限定し、さらにそれを論理学者の用語に換え、彼らの形式で表現し、一語一語彼らのやり方を踏襲したいと思う。本書では、われわれは彼らの言葉で、つまり彼らの論理学の用語で彼らと議論し、さらに次の点を明らかにする。すなわち、彼らが論理学上の証明において三段論法(qiyās)の基本命題成立の条件としたこと、さらに三段論法の書におけるその形式の条件、および〔ポルピュリオスの〕『イサゴーゲー』や〔アリストテレスの〕『カテゴリー論』において論理学やその前提の一部として彼らが設定したこと――これらが、彼らの形而上学ではまったく充たされていないということである。

しかし、理性の認識能力について述べるのは、本書の末尾にしたいと思う。というのは、それは本書の趣旨を理解するための道具のようなものであるが、多くの論者は理解にあたってそれを必要としないからである。そこでわれわれは、それを必要としない人が飛ばすことができるように、それを末尾に置くのである。個々の問題で彼らを批判する際に、われわれの用語を理解できない人は、まず彼らの間では論理学と呼ばれている『知の基準の書』（*Kitāb Mi'yār al-'Ilm*）の学習から始めるべきである。[13]

10

そこで、「序」に続いてわれわれは、本書で彼らの立場の矛盾を明らかにする問題の目次を述べる。それには二十の問題がある。

第一問題――世界の無始性（azalīyah）についての彼らの説の批判
第二問題――世界の無終性（abadīyah）についての彼らの説の批判
第三問題――神は世界の造物主であり、世界は彼の被造物である、との彼らの説の欺瞞性についての証明
第四問題――彼らは造物主を定立できないこと
第五問題――彼らは二神の不可能性を証明できないこと
第六問題――〔神の〕属性の否定についての彼らの説の批判
第七問題――第一者そのものは類や種によって区分できない、との彼らの説の批判
第八問題――第一者は本質のない単純存在者（mawjūd basīṭ）である、との彼らの説の批判
第九問題――第一者は物体ではないことを彼らは証明できないこと

第十問題――物質主義と造物主の否定が彼らの説の帰結であること
第十一問題――第一者は他者を知る、と彼らは主張しえないこと
第十二問題――第一者は自己を知る、と彼らは主張しえないこと
第十三問題――第一者は個物を知らない、との彼らの説の批判
第十四問題――天体は意志をもって動く動物である、との彼らの説について
第十五問題――天体を動かす目的についての彼らの説の批判
第十六問題――天体霊はすべての個物を知る、との彼らの説の批判
第十七問題――奇跡は不可能との彼らの説の批判
第十八問題――人間の霊魂は自体的に存立する実体であって、物体でも偶有でもない、との彼らの説について
第十九問題――人間の霊魂は不滅である、との彼らの説について
第二十問題――肉体の復活と天国・地獄における身体的快苦に対する彼らの否定に対する批判

以上が彼らの形而上学および自然学における矛盾点であり、われわれがこれから述べようとすることである。数学については、それを批判し否定することに意味はない。それは算術と幾何学に由来するものだからである。論理学は、理性的問題における思考の道具について

の議論であり、それについて大きな対立は起きていない。そこで本書の内容の理解にあたって必要なことは、神の意志であれば、『知の基準の書』の中で述べることにしたい。

〔第一部〕

〔第一〕問題——世界の無始性についての彼らの説の批判

〔彼らの〕教説の詳細。世界の無始性（qidam）についての哲学者たちの意見はさまざまである。過去の人であれ最近の人であれ、彼らの大方の見解は、その無始性を支持し、世界は至高なる神とともに存在してきた、というのである。つまり、神の〔行為の〕結果として彼と共時的で、時間的に遅れることもなく、結果が原因と同時であり、光が太陽と同時的であるのと同じである。創造主が世界に先行するのは、原因が結果に先行するのと同様で、そこでの先行は本質においてであって、時間においてではないのである。

世界は創造され生成したものだ、とプラトンはいったと伝えられているが、それを比喩的に解釈して、世界の生成性が彼の信条であることを拒否する人もいる。ガレノスは晩年の『ガレノスが信条とした見解』(14)と題した著書の中では、この問題については判断を控えており、世界は無始であるか生成したもの（muḥdath）か、知らないとしている。おそらく彼がいいたかったことは、それは知りえないことであり、しかもそれは彼自身の欠陥によるものではなく、この問題自体、理性にとって困難であるということであろう。しかし、これは彼らの教説では例外的なもので、全体の立場としては世界は無始であり、総じて無始なるものから無媒介的に生成体が生じることは考えられない、とされている。

もし私がその証明として彼らから伝えられ、それに対する批判として述べられていることを記述するとなれば、この問題のために何頁も費やすことになろう。しかも、長々と記述することに益はない。そこで、彼らの証明の中で、いかなる論証家でも容易に対処できる恣意的なもの、ないしは根拠の薄弱なものは割愛する。そして心に訴え、優れた論証家だけが疑念をもちうるものに限定しよう。というのは、知性の弱い人には少しの不都合でも疑惑を生むからである。この種の証明として四つある。

（I）第一〔の証明〕

無始なるもの（qadīm）から生成するものが生じることは絶対にありえない、と哲学者たちはいう。なぜなら、例えば、無始なるものを仮定し、それから世界が生じなかったとすれば、それはただ世界の存在はまったく可能的（mumkin）であるのに、その存在を優先させるもの（murajjiḥ）がなかったにすぎないからである。かりにその後に〔世界が〕存在するようになったとすれば、それは優先させるものが変化したか、しなかったかのいずれかである。もし変化しなかったとすれば、世界はそれ以前と同様に純粋な可能性（imkān）に留まる。もし優先者が変わったとすれば、この変わった優先者を生み出したのは誰か。またなぜそれがいま生じ、それ以前ではなかったのか。優先させる者の変化についての疑問は残る。

要するに、無始なる者の状態はいつでも等しいとすれば、そこから何かが〔新たに〕生じることはありえない。その証明としては、次のようにいうことである。すなわち、なぜ世界はそれが生成した以前に生成しなかったのか、と。それは無始なる者に生成させる能力がなかったとすることも、生成そのものが不可能であったとすることもできない。なぜなら、それは無始なる者が無能力者から能力者に変わり、世界が不可能体から可能体に変わったことになり、両者ともありえないことだからである。

また、それ以前には目的がなかったが、それが新たに生じたということも、手段がなかったのにそれが生じたということもできない。せいぜいいえると思われることは、それ以前には世界の存在を意志しなかったからだ、ということである。そうなれば、その存在が生じたのは、無始なる者がその存在を以前には意志しなかったのに、意志するようになったからだ、といわざるをえなくなる。意志が生じたとして、それが無始なる者そのものの中に生じることは不可能である。なぜなら、無始なる者は生成するものの基体（maḥall）ではないからで、もし彼自身以外のところに生成したとすれば、彼は意志者ではなくなるのである。

意志が生成するとされる基体についての議論はさておき、それが生成するとの原則について問題はないか。そもそも意志はどこから生成し、なぜ今であってそれ以前ではないのか、いま神から生成したのではないのか。生成させるものなくしてものが生成するのであれば、世界も造物主なしに生成するとすればよい。でなければ、生成するもの同士の間にどのような違いがあるのか。もし神が生成させることで生成するとすれば、なぜいま生成して、それ以前ではないのか。手段や能力や目的がないからか、それとも本性的にそうなのか。そしてそれらが存在するようになれば、それが生成するということになるのか。こうして同じ問題に返ってくる。それとも、それは意志がないからか。となれば、その意志の生成に別の意志が必要となり、〔この意志の生成が〕最初の意志と同様に〔別の意志を必要とする〕というぐあいに無限に続くことになる。

このような完璧な議論によって、無始なる者の側に力・手段・時間・目的・本性において何の変化もなしに、それから生成するものが生じることは不可能だということが証明された。〔無始なる者に〕状態の変化を考えることは不可能である。というのは、このような変化の生成についての議論は、他の変化についての議論と同様に、いずれも不可能だからである。世界が存在し、その生成が不可能であれば、その永遠性が確定したことになるのである。

これが彼らの最も想像豊かな証明である。総じて、他の形而上学的問題についての彼らの議論は、この問題についての議論より貧弱なものである。というのも、この問題では彼らはさまざまに想像をたくましくすることができたが、他の問題ではそれができていないからである。このゆえに、われわれはこの問題をまず取り上げ、彼らの最も強力な証明を提示したのである。反論は二つある。

第一の反論

それは次のようにいうことである。すなわち、世界は永遠の意志によって生成したのであり、この意志が、世界が存在したときに存在し、またそれ以前の非存在がその限度がくるまで持続し、世界の存在が始まったときに始まるように要請したのである。世界のそれ以前の存在は意志されていなかったし、そのためにそれは〔それ以前に〕生成しなかったのである。このようにいう人をなぜ君たちは否定するのか。また、このような信条を何が否定し、不可能とするのであろうか、と。

問――これはありえないことであり、その不可能性（iḥālah）は明白である。というのは、生成するものは必然的な帰結であり、結果だからである。原因や必然的作用因のない生成物が不可能であるのと同様に、必然的作用の条件や要素や原因が完全に充たされ、それ以上もはや期待されるものがまったく残っておらず、そのうえ必然的結果が遅れるような必然的作用の存在は不可能である。必然的作用因がその条件とともに完全に実現されれば、その帰結の存在は必然的であり、その遅延は、必然的作用因なくして必然的に帰結する生成物が不可能であるのと同様に、不可能である。

世界の存在以前に意志する者が存在し、意志が存在し、それと意志されるものとの関係が存在した。しかも、〔別の〕意志する者や意志の更新はなく、意志がもつ関係も非存在から存在へと更新されることもなかったのである。これらすべては変化だからである。そうであるのに、どうして意志の対象が更新されるのか。何がそれ以前の更新を妨げたのか。

いかなるもの、いかなること、いかなる状態、いかなる関係においても、更新の状態とそれに先行する状態の間に区別はない。事態はまったく同じであったし、意志の対象が存在にいたることもなかったし、以前のままであった。そこに意志の対象が実在化したのである。これこそ不可能の極み以外の何ものでもない！

この種の不可能性（istiḥālah）は必然的・本質的な因果関係に限定されるものではなく、慣習的・法的なものにもみられる。例えば、ある人がその妻に離婚を宣言したが、離別がただちに起こらなかった場合、離婚はその後に起こることは考えられない。というのは、彼は宣言を法的・慣習的に判断の根拠としているからである。結果の遅延が考えられるのは、ただ離婚が翌日の到来、あるいは〔誰かが〕家に入ることなどに関連づけられている場合だけである。こうして離婚はただちに生起するのではなく、翌日になり、〔誰かが〕家に入ることで実現する。というのは、彼は離婚の執行をあることの実現と関連づけたからである。その場合に条件、つまり翌日と〔人が〕家に入ることがないときは、そのことによって結果の実現が中断される。それが実現されるのは、事態が更新されたとき、すなわち家に〔人が〕入ること、翌日の到来が生起したときである。そこでもし彼が、まだ到来していないことが生起する、という条件なしに、宣言からその結果を遅らせようとしても、それは考えられない。たとえ彼がその慣行の設定者であり、またその設定の詳細を選択できる人であったとしてもである。もしわれわれが望み通りにこのようなことを設定できず、またそうできるとは考えないとすれば、どうして本質的・理性的に必然的な事がらについて、そのようなことが考えられようか。

日常的なことで、われわれの意欲（qaṣd）によって生起することについては、その意欲がありながらその実行が遅れるのは、何か妨げがあるからにほかならない。意欲と能力が完全で障害がなければ、その目的が遅れることは考えられない。遅延が考えられるのは意図（ʻazm）においてだけである。[15] というのは、意図だけでは行為の実現には十分ではないからである。つまり、何かを書く意図があっても、意欲、つまり人間の行為の際に新たに起こる衝動がない限り、書くことは起こらないのである。

もし永遠なる意志がわれわれの行為の意欲と同じ範疇のものとすれば、意欲されたことの遅延は障害によるとしか考えられないし、意欲だけが先行することも考えられない。したがって、明日には起きようとの今日の意欲が理解できるのは、意図によってだけである。またもし永遠の意志がわれわれの意図と同じ範疇のものとすれば、それだけでは意図されたことが生起するに十分ではなく、生起に際して意欲的衝動の更新が不可欠であるが、そうなれば永遠者の変化という問題が出てくる。さらに、次のような同様の困難が残ることになる。すなわち、そのような衝動・意欲・意志、その他呼称が何であれ、なぜそれがいま生起して、それ以前ではなかったのか、ということである。残るは原因なくして生成するか、でなければ原因の連鎖が無限に続くかである。

議論の行き着くところはこうである。すなわち、必要な原因が存在し、条件がすべて充たされ、もはや期待されるものが何もなくても、結果が遅れ、その始まりが想像できないほどの間、いや何千年以上もの間、存在しなかったのに、しかも何ごとの更新もなく、条件の新たな充足もないのに、突然に結果が〔存在へと〕変化するのである。それはまさに不可能そのものである。

答――次のようにいうべきであろう。あること――それが何であれ――を生成させることに永遠の意志が関わることの不可能性を、君たちは理性の必然性（darūrah al-ʻaql）によって知るのか、あるいは論証（naẓar）によって知るのか。君たちの論理学用語に従えば、君たちは媒《ばい》概念（ḥadd awsaṭ）の有無のいずれによって、二つの概念（ものの生成と永遠の意志）の結合を知るのか。もし媒概念を主張するのなら、それは論証ということになるが、それを明らかにする必要がある。もしそれは必然的な知だというのなら、君たちに反対する人は、どうして君たちとその知を共有しないのだろうか、と。すなわち、永遠なる意志による世界の生成を信条とする人々は地域に限定されず、またその数も限りがないのである。しかも彼らは、知がありながら、理性に対して頑なに反抗しているのでないことは確かである。したがって、論理学の基準に従ってそれが不可能であることを証明することが必要となる。というのは、君たちが述べたことはすべて、蓋然的な困難であり、われわれの決定や意志からの類推にすぎないからであり、それは誤りだからである。永遠なる意志は生成する意欲とは同じではないし、単に困難であるということだけで証明がなければ不十分である。

問——原因とその条件が完全に充足されていて、その結果がないということは想定されえないということを、われわれは理性の必然性によって知っているし、それを〔想定〕可能とすることは理性の必然性に反することである。

答——君たちと、次のようにいう君たちの対者（神学者）たちとの違いは何か。すなわち、彼らは君たちにいう。一つの本質（dhāt）があって、すべての普遍を知りながら、それが必然的に多性を生むことはなく、その知はその本質に付加されたものでもなく、また知の対象の多性に応じてその知が多となることもない、そのような知者が存在することはありえない。そのことをわれわれは必然的に知っている、と。これこそ神についての君たちの立場である。われわれやわれわれの諸学からみれば、それはまったくの不可能な立場である。

しかし、君たちはいう。生成する知から永遠なる知を類推することはできない、と。ところが、君たちのあるグループは、これが不可能であることに気づき、次のように主張する。すなわち、神は自己のみを知る。彼は知者（ʿāqil）であり、知の対象（maʿqūl）であり、すべては一つである、と。しかし、知と知者と知の対象の一体性は必然的に不可能であることが知られる。なぜなら、世界の造物主が自己の被造物を知らない、ということは必然的に不可能だからである。永遠者が自己しか知らないとなれば（神よ、君たちの主張とすべての誤謬の徒の主張をいと高く超え給わんことを！）、彼はその被造物をまったく知らないということになるからである。

だが、われわれはこの問題が必然的に帰結する事がらに限定するようにしよう。そこでわれわれはいう、君たちはなぜ次のように主張する君たちの対者たちを批判しないのか、と。すなわち、彼らは、世界の永遠性は不可能だと主張する。なぜなら、それは、六分の一、四分の一、半分といった区分を認めながら、天体に無限の回転運動とその単位を肯定することになるからである。つまり、太陽天球は一年に一回転し、土星天球は三十年に一回転する。つまり、土星の回転は太陽のそれの三十分の一であり、木星の回転は太陽のそれの十二分の一となる。木星は十二年に一度回転するからである。さらに土星の回転数が無限であり、太陽の回転数もそうであるのに、前者は後者の三十分の一である。いや、三万六千年に一度回転する恒星天球の回転数が無限であるように、一昼夜に一度の、太陽の東回りの回転数も無限である。もし誰かが、これは不可能である、ということが必然的に知られていることであるというなら、君たちはその批判にどのように答えるのだろうか。

また、もし誰かが、これらの回転数は偶数か奇数か、あるいは同時に偶数であり奇数であるか、それとも偶数でも奇数でもないかであるといって、君が共に偶数でも奇数でもあると答え、あるいはそのどちらでもないと答えれば、それは必然的に誤りであることが知られる。もし君たちが偶数といえば、偶数は一を加えれば奇数となり、無限の数が一を欠くことがどうしてありうるのか。もし君たちが奇数といえば、奇数は一を加えて偶数となり、無限数がそれを偶数にするこの一をどうして必要とするのであろうか。こうして君たちは、それは偶数でも奇数でもないといわざるをえなくなる。

問――偶数・奇数がいわれるのは有限なものについてであって、有限でないものについてそれをいうことはできない。

答――単位によって構成されている全体には、前述のように六分の一とか、十分の一ということがいえるのに、偶数とも奇数ともいえないということは、論証するほどもなくその誤りは必然的に知られる。君たちはこれにどのように答えるのだろうか。

問――君たちの主張の誤っているところは、〔天球の回転数は〕「単位によって構成されている全体」とする言葉にある。なぜなら、そもそもこれらの回転は存在しないからである。つまり、過去については、それはすでに消滅しているし、未来についてはまだ存在しないからである。〔構成されている〕全体とは、いま現に存在するもののことであるが、ここには存在するものは何もないのである。

答――数は偶数と奇数に分けられ、それ以外にはありえない。それは、数えられるものが実在し、存続するものであれ、消滅するものであれ同じである。かりにわれわれが数多くの馬を想定した場合、われわれはそれらが実在するしないにかかわらず、等しく偶数であるか、奇数であるかでなければならない、と考える。それらが存在のあと消滅したとしても、この問題には何の変化もない。もっとも、われわれはいう。君たちの原則に立てば、現に存在するものとは、性質においてさまざまに異なる無数の単位（āḥād）である、ということは不可能ではない。それは、死によって肉体から分離された人間の霊魂のことである。それは、偶数とも奇数ともいえない存在である、と。永遠なる意志が生成するものに関わることは、必然的にありえないと君たちが主張するように、そのようなことの誤りは必然的に知られる、という人を君たちはなぜ否定するのか。霊魂についてのこの見解はイブン＝スィーナーが採用したものであるが、たぶんそれはアリストテレスの教説であろう。

問――正しいのはプラトンの考えである。すなわち、霊魂は永遠であり一つであるが、ただ肉体の中に分割されているだけで、それから分離すればその本源に返り、一体となるということである。

答――これはさらに悪く、嫌悪すべきもので、理性の必然性に反する、と判断されるによりふさわしい。われわれは問いたい、ザイドの霊魂はアムルやその他の人々の霊魂と同じであろうか、と。もし同じというなら、それは必然的に誤りである。なぜなら、誰でも自己を自覚し、他人でないことを知っているからである。また、両者が同じだとすれば、霊魂に本質的な属性であり、あらゆることに霊魂とともに関わる知においても同じということになる。もし両者は別であるが、それはただ別の肉体に分割されているだけであるというなら、われわれはいう。大きさの大小もなく、量の多少もない一つのものの分割ということは、理性の必然性からみて不可能である、と。一なるものが二つないしは千になり、次にそれらが元に戻って一になることがどうしてありえようか。海水が溝や川によって分割され、その後に再び海に返るように、大きさや量のあるものにはこのようなことは考えられるかもしれない。

しかし、分量のないものがどうして分割されようか。

これらすべてにおいてわれわれが意図するところは、永遠なる意志と生成するものとの関係について、対者（神学者）がもっている信条を、彼ら（哲学者たち）は〔理性の〕必然性による議論によってしか論破できないということ、さらに彼ら自身、これらの問題について対立する信条を、〔理性の〕必然性をもって主張する人々と同じ立場にある、ということを明らかにすることである。これは避けえないことである。

問——このことは君たちへの反論として返ってくる。すなわち、神は無限の力をもちながら、世界の創造の前に一年ないしは何年もの間、全能者のままであった。それはあたかも創造しないで待っていて、次に創造したかのようである。この何もしない期間は有限であるのか無限であるのか。もし君たちが有限であるというなら、創造主（Bārī'）の存在は始原において有限となる。もし無限だとするなら、その数に限りのない可能性をもった期間が終わりにきたということになる。

答——期間や時間はわれわれの考えでは創造されたものであり、それに対する本格的な回答は、彼らの第二の証明（本書、六〇頁以下参照）への反論の中で明らかにしよう。

問——〔理性の〕必然性に訴えることをしないで、別の方法で証明しようとする人を君たちはどのように批判するのか。〔例えば〕時間はどこをとっても意志と関係をもつ可能性は等しい。〔創造のときを〕早くしたり遅らせたりすることが、〔神の〕意志の対象であることが不可能ではないときに、特定の時間をその前とその後で区別するものは何なのか。

さらに、白と黒、運動と静止について、君たちはいう、基体は白を受け入れるのと同じように黒を受け入れる可能性がありながら、永遠なる意志によって白が生起する。では、なぜ永遠なる意志は黒ではなく白を選んだのか。意志との関係において、二つの可能性を相互に区別するものは何か、と。

われわれは必然的に、あるものがそれと類似のものと区別されるのは、それを特定する要因がなければならないことを知っている。もしそれがなくても認められるならば、その存在（wujūd）と非存在（ʻadam）の可能性は等しく、またその存在と非存在を特定する可能性も等しいのに、特定する要因なしに世界が生成することが認められることになる。もし君たちが〔神の〕意志がそれを特定したというならば、問題はその意志の特定について、なぜそのように特定したのかということになる。もし永遠者に「なぜ」を問うことはできないというならば、世界も永遠なるものとするがよい。そうすれば、その造物主（Ṣāniʻ）もその原因も問われることはない。なぜなら、永遠なるものに「なぜ」は問えないからである。

もし永遠者がたまたま二つの可能性のうちの一つを選ぶことが可能だとすれば、特定の形態をもった世界がそれとは別の形態をとることは可能だということはきわめて困難である。

〔第一部〕 48

それは、そのようになったのは偶然であるということだからである。それは、意志が偶然、あるときと形態に特別に関わった、と君たちがいうのと同じだからである。

もし君たちが、それは造物主が意志するすべてに起こり、またすべて彼が定めたように生起するのであるから、このような質問には必然性がないというなら、われわれは答えよう。いや、この質問には必然性がある。なぜなら、それはあらゆるときに生起しており、すべての定めにおいてわれわれと対立する人にも必然的なことだからである、と。

答――世界が今あるように存在し、今あるような様態で存在し、今ある場所に存在するのは、〔造物主の〕意志（irādah）によるのみである。意志の機能とは、あるものとそれと類似のものとを区別することである。かりに意志の働きがないとすれば、力（qudrah）だけで十分ということになる。しかし、対立する二つのものに対する力の関係は等しく、その一つを他から区別する決定因が不可欠となれば、永遠者にも力のほかに、一を他と区別することを役割とする属性があることになる。二つの類似のものの一方に意志はなぜ関わるのかと問うことは、知（'ilm）はその対象をどうしてあるがままに捉えることを求めるのか、との問いと同じである。そこでいえることは、知とはこのような機能をもった属性（sifah）だということである。同様に、意志とは類似のものを他と区別することを役割、いや本質とする属性なのである。

問——類似のものを他と区別することを役割とする属性については、理解できない。それは自己矛盾である。なぜなら、類似であるということの意味は区別できないということであり、区別されるということの意味は類似ではないということだからである。二つの場所にある二つの黒はあらゆる点で類似であると考えてはならない。なぜなら、一方はここに、他方は別の場所にあり、このことが区別を必然化するからである。また同一の場所でも二つの〔異なる〕時間における二つの黒は、絶対的に類似ではない。なぜなら、時間において一方は他と異なるからである。どうしてあらゆる点で等しいことがあろうか。

二つの黒は類似しているとわれわれがいうとき、われわれが意味しているのは、黒性が一般的にではなく特別に二つのものに付加されたということである。でなければ、場所も時間も同一となり、違いがなくなれば、二つの黒は考えられないし、そもそも二つであることも同様だからである。

このことの証明は、「意志」の語はわれわれの意志からの借用語であり、われわれが意志によって、あるものとそれと類似のものとを区別することは考えられないということである。のどの渇いた人の前に水がはいった二つのコップがあり、その人の欲求からみてあらゆる点で類似の状態にあるとすれば、彼がいずれか一つのコップを取ることは不可能である。彼が取ることがあるとすれば、それはただ彼がみてより良いか、より軽いか、また彼が習慣的に右手を動かしているとすれば、彼の右側により近いか、あるいはこれに類する隠れた、あるいは明白な理由によるしかない。でなければ、あるものとそれと類似のものとを区別することはいかなる場合でも考えられない。

答——これには二つの面からの批判がある。第一に、このようなことは考えられないという君たちの主張であるが、君たちはそれを必然的に（ḍarūratan）知るのか、それとも論証（naẓaran）によってであるのか。いずれの論拠も不可能である。われわれの意志との類比であるが、それは知の場合と同様、誤った推論である。神の知は、われわれがすでに確定しているように、われわれの知とは異なっている。どうして意志において〔同様の〕相違がありえないことがあろうか。それは、次のような主張と同じである、「世界の外にも内にもなく、また〔それと〕結合も分離もせずに存在するような実体（dhāt）は考えられない。なぜなら、われわれに関してはそのようなことは考えられないからである」と。

〔そのような人に〕いえることは、「そのような言説は君の妄想の産物である」と。理性的証明によって、すでに聡明な人々がその（われわれの主張の）正当性を明らかにしている。至高なる神には、あるものをそれと類似のものから区別する役割をもつ属性がある、ということについてすでに理性的証明がある、という人をどうして否定するのであろうか。

「意志」の呼称が適切でないとするのなら、別の名で呼べばよい。名称で争う必要はない。

われわれがそれを用いるのは、ただ聖法に従っただけである。それ以外では、そもそも「意志」(irādah)の語は語義学の用法としては、目的となるものへの志向を表わすために用いられるのであるが、そもそも神には目的はないのである。狙いはただ意味であって用語ではない。

とはいえ、われわれの場合〔でも〕、そのようなことは考えられないとはいえない。ある人の前に二つの類似のナツメヤシの実があるとしよう。彼はその両方を欲しいと思っているが、一度に両方を手にすることはできない。その場合、彼はあるものをそれと類似のものから区別するのを役割とする属性に従って、確実にいずれか一つを取るであろう。君たちが述べた良さ・近さ・取りやすさといった特定因は存在しないとしても、取る可能性は残る。そこで君たちには二つの事態が考えられる。一つは、その人の目的との関係では平等性は考えられない、ということである。それは愚かな考えかもしれないが、その想定は可能である。いま一つは、平等性が想定され、ナツメヤシの実を欲している人はそれらを眺めながらいつまでも困惑していることになる、ということである。こうして彼は意志や目的を欠いた選択だけでは、いずれの一つも取れないのである。これも不可能であり、その誤りは必然的に知られる。そこで、意志的行為の本質について具体的、ないしは理論的に議論する人に不可欠なことは、あるものをその類似のものから選別することを役割とする属性を認めることである。

批判の第二は、次のようにいうことである。君たちは、その理論（madhhab）の中で、あるものとそれと類似の他のものとを区別することは避けられないとしている。というのは、世界が存在したのは、それと類似の対立するものがありながら特定の形態でそれを必然的に生起させる原因によるからである。では、作用においても、本性的要請においても、理性の必然性においても、それと他の類似のものとを区別することが不可能であるにもかかわらず、なぜ世界は幾つかの点で特定の形態をとったのであろうか、と。

問——世界の全体的秩序は今ある形態以外にはありえなかったのである。というのは、世界がもし今あるよりも小さかったり、あるいは大きかったりすれば、この秩序は不完全となるからである。天球や星々の数についても同じことがいえる。何ごとにおいてであれ、大は小と異なり、多は少に相違する、と君たちはいう。確かにそれらは類似ではなく、異なる。ただ、その量や細部に隠されたさまざまな秘密の知恵について知りうるには、人間の力はあまりにも弱い。それは、天の赤道（muʿaddal al-nahār）からの黄道十二宮の傾き、遠地点（awj）(16)や楕円軌道の秘密の知恵のような、幾つかの事がらの秘密を理解する程度にすぎない。大部分の秘密は知りえないが、その相違は知られる。あるものをものの秩序との関係のゆえに、それと異なるものと区別することは不可能ではない。だが、時間となれば、可能性や秩序との関係で、それの類似性は確定的である。したがって、世界が実際よりも一瞬でもより遅く、あるいはより早く造られたら、今の秩序は考えられないと主張することはできない。なぜなら、刻々の時間の類似性は必然的に知られているからである。

答——われわれは時間に関する同様の議論で、君たちに反論することができる。すなわち、神は世界を最善のときに造ったという人もいる。しかし、われわれはこのような反論に限定するのではなく、君たちの原則に則って、違いがありえない二つの場合についての選別を考えてみることにする。つまり、その一つは、〔地球の〕運動の方向の違いであり、他は黄道上の運動における極（quṭb）の位置の特定である。

極については、次のように説明される。天体は固定されたような二つの極を中心に回転する球体であり、それはどの部分も同じである。それは単純体（basīṭah）で、特に九番目の最高天球はそうである。それには星がないからである。

〔これと他の諸天球の〕両者は南北の二つの極を中心に回転している。そこでわれわれはいう。無数の点の中でどの対応する二点であれ、極となりえないものはない。ではなぜ南北の二点だけが極の固定のために特定されたのか。また、なぜ黄道線は〔極の〕二点を通らずに、黄道の二つの対応点に戻るのか。かりに天体の大きさや形にその秘密があるのなら、今の極の位置を他と区別してそれを極とし、他の部分や点には何の違いもないのに、なぜそのように特定したのか、と。これに答える術はない。

問――たぶん極点が存在する場所はある特性によって他と区別され、それが極の場所として安定し、その場所・空間・位置――その他いかなる名称で呼ぶにせよ――が変わることがないかのごとくである。天球の他の部分の位置は回転によって変化するが、地球や他の天球との関係において、極の位置は固定しているのである。たぶんその場所が他と比べて、位置の安定により適しているからであろう。

答――このことは、第一天球の諸部分が本性的にさまざまであり、けっして同じではないことを明示するものである。〔しかし、〕それは君たちの原則に反することである。というのは、天体が球形でなければならないとする君たちの論拠の一つが、それが本性的に単純で相互に類似であって異なることがなく、そして最も単純な形が球形だということだからである。そもそも四角形、六角形、その他はかならず角の突出とその数の違いを要請するからである。そしてそれは、単純な本性に付加された何かあるものによらざるをえないのである。

しかし、かりにそれが君たちの立場に反するとしても、その〔第一の〕帰結を排除することはできない。というのは、そのような特性についての問題は残るからである。すなわち、他の部分はそのような特性を受け入れるかどうかである。もし然りといえば、なぜ相互に類似のものの中で、あるものにその特性が付加されたのか。もし彼らが、それはその場所にのみ起こることで、他の部分では受容されないというならば、われわれはいいたい、他の部分は形相を受容する物体としては必然的に類似であり、その場所がその特性を現実化できるのはただそれが物体であるからで、それが天体だからではない。このことは天体の他の部分に共通することである。したがって、その部分がその特性と結びつくのは、恣意的判断によるか、あるいはあるものをそれと類似のものから選別することを役割とする属性（ṣifah）によるしかない。そうでなければ、世界の生成がどの時点で起こっても等しいとの彼らの主張が正当であるように、彼らの対立者にとっては、天体のどの部分も、〔極の〕位置の変更よりも固定化がより適切であるという点で等しい、ということが正当なのである。これは避けられないことである。

第二の帰結は、諸天球の運動の方向はどの方向でも等しいのに、あるものは東から西へ、またあるものはその逆に特定されている。方向の等しさは時間のそれと同じようにまったく違いはないのに、その原因は何であろうか。

問——もしすべてが同じ方向で回転しているとすれば、それらの位置に違いがなくなり、星々の関係が三倍増、六倍増になったり、合（muqāranah）[17]などが起こったりすることもなくなり、すべては同じ位置にあって、変化がなくなるであろう。このような〔さまざまな〕関係こそが、世界におけるさまざまな出来事の原理なのである。

答——われわれは回転の方向に違いがないことを必然的なこととはしない。むしろ、最高天球は東から西に回転し、その下の天球は逆方向に回転する。このようにして得られる結果は、逆のやり方によっても得られる、とわれわれはいいたいのである。つまり、最高天球が西から東に回転し、その下の諸天球がそれと逆の方向に回転しても、そこに相違が生じることはない。運動の方向は、それが回転運動であり、そしてそれが逆方向になったとしても変わりはない。どうして一つの方向がそれと類似の方向と区別されるのであろうか。

問――二つの方向が正反対に対立しているのに、どうして等しいことがあろうか。

答――それは、世界の生成が早まるか遅れるかは相対立することであり、どうして同じと主張するのだろうか、ということと同じである。彼らは主張する、〔世界の〕存在の可能性とその存在の中で想定されるあらゆる利益との関係において、時間の均一性は周知のことである、と。同様に、運動の受容性、それに関わるすべての利益との関係において、空間・位置・場所・方向は均一であることが知られている。このような均一性にもかかわらず、それらの違いがそれらに認められるとすれば、彼らの対立者にとっても、時間や形態における相違の主張が認められることになろう。

第二の反論

彼らの論証の原理に対する反論として、次のようにいえる。君たちは永遠者から生成物が生成することを認めざるをえないのに、それを不可能だとした、と。つまり、世界には生成物があり、そこには原因がある。生成するものは別の生成するものによるということが無限に続くことになる。それは不可能であり、それは理性的人間の信念とはなりえない。もしそれが可能だとすれば、君たちは造物主、そして可能的なものの根源である必然的存在者を認める必要はなくなる。生成するものの連鎖がそこで終息する極限があるとすれば、その極限こそ永遠者である。つまり、彼らの原則に立てば、永遠者から生成物が出ることを可能とせざるをえないのである。

問——われわれは、それが何であれ、生成物が永遠なるものから生じることは不可能であるとはしない。われわれが不可能とするのは、永遠者から最初の生成物（awwal al-ḥawādith）が出るということである。というのは、生成の状況は、存在の方向への選択において、またそのタイミングや手段・条件・性質・目的・原因においても、それ以前と変わることはないからである。

もし最初の生成物（al-ḥādith al-awwal）でないなら、つまり受け入れる場所の準備の完了、ふさわしい時間の到来、その他これに類することで、何か別のことが生起したときに、生成物が永遠者から生じることは可能である。

答——準備の完了、時間の到来、そしてあらゆる変化についての問題はなくならない。そこで生成の連鎖が無限に続くか、でなければ、そこから最初の生成物が出てくる永遠なるもので終わるかである。

問――形相や偶有や様態（kayfiyah）を受け入れる質料はけっして生成するものではない。生成する様態とは天球の運動、つまり回転運動や、三倍増、六倍増、四倍増といった変化する関係性は、天球の諸部分や星々の相互関係であり、そのあるものが地球との間にもつ関係である。それは、〔星々が〕現われ、上昇し、最高点からずれ、星が遠地点（awj）にあって地球から最も遠くなったり、近地点（hadid）にあって最も近くなったり、北にあるか南にあるかで若干の地域からずれることで生起するようなものである。この関係は回転運動には必然的にみられるもので、回転運動が原因である。

月下界の中の生成物、つまりそこに現われる満ち欠けや結合・分離、性質の変化によって起こるもの、これらはすべて長い複雑なプロセスによって相互に依存し合っており、最終的にはそれらの原因は、天体の回転運動、星々の相互関係、それらと地球との関係に帰着する。これらすべてから帰結することは、永久に持続する回転運動がこれらすべての生成の根源であり、天体とその回転運動の動者は天体霊だということである。というのは、それらは生きており、それと天体との関係はわれわれの霊魂と肉体との関係と同じだからである。そして確かに、天体霊が必然的に生み出す回転運動も永遠である。霊魂の状態が、それが永遠であるがゆえに類似であるときには、運動の状態も類似である。つまり、永久に回転するということである。

そこで、生成物が永遠なるものから生じるのは、永久的回転運動の媒介によるしかない。この回転運動は、永遠に持続するという点では永遠者に似ており、また考えられるそのすべての部分が存在しなかった後に生成したという点で、生成物に似ている。回転運動はそのもろもろの部分や関係において生成体であるという点で、生成物の原理である。それはまた永遠であり、そのもろもろの状態は類似しているという点で、永遠なる霊魂から生じているのである。もし世界に生成物があるとすれば、回転運動が不可欠である。そして世界には生成物が存在する。こうして永久的回転運動が定立されるのである。

答——このような長談義は君たちには何の益もない。そもそも基礎となる回転運動は生成したものであるのか、永遠なものであるのか。もし永遠なものだとすれば、どうしてそれが最初の生成物の始まりとなるのか。もしそれが生成するものとすれば、それは別の生成物を必要とすることになり、この連鎖は無限に続くことになる。

「回転運動はある面では永遠者に類似し、ある面では生成物に類似する。なぜなら、それは恒久的であり、更新的だからである。つまり、それは恒久的に更新し、あるいは恒久性を更新しているからである」と君たちがいうなら、われわれは次のように問いたい、「それが生成物の原理であるというのは、それが恒久的であるという点においてであるのか、それともそれが更新的であるという点においてであるのか」と。もしそれが恒久的であるという点においてだとするなら、状態において類似の恒久的なものから、別の時ではなくある時に、ものがどのように生じるのか。もしそれが更新的である点においてであるとすれば、その更新そのものが起こる原因は何なのか。そうなればさらに別の原因が必要になり、この過程は無限に続くことになる。これが必然的に帰結する結論である。

このような帰結を免れるある種の策略が彼らにはある。われわれはそれをこの後、幾つかの問題の中で述べたいと思うが、それは目下の議論をさらに細分化して長くするためではない。回転運動は生成物の原理となるにふさわしいものではなく、すべての生成物は神によって初めて造られるものである、ということをわれわれは明らかにし、天体はわれわれと同様に、霊魂の運動として意志によって動く動物である、とする彼らの主張を批判したい。

(II) 第一問題に対する彼らの第二の証明

彼らは主張する。世界は神の後にあり、神は世界に先行するという人は、次の二つの場合のいずれかを免れえない。一つは、それを神が時間的にではなく、本質的に先行するとの意味に解することである。あたかも一が二に先行するように。それは本質においてであるが、時間的存在において同時的であることも可能なのである。例えば、原因が結果に先行し、人間の動きがそれに従う影の動きに、手の動きが指輪の動きに、水中での手の動きが水の動きに先行するようなものである。それらの一方は原因であり他方は結果であるが、時間においては同時である。というのは、人間の動きのゆえに影が動いた、水中の手の動きのゆえに水が動いたということはできても、影の動きのゆえに人が動いた、水の動きのゆえに手が動いたとはいえないからである。たとえそれらが同時であってもである。

もしこれが造物主の世界に対する先行の意味だとすれば、必然的に両者は共に生成したものであるか、あるいは永遠者であるかということになり、いずれか一方が永遠で、他方が生成体であることは不可能となる。

神の先行の他の意味が、造物主が世界と時間に先行するのは本質においてではなく、時間においてだということであれば、世界と時間の存在以前に、世界が存在しない時間があったということになる。なぜなら、非存在が存在に先行し、神は永い間世界に先行していて、その期間に終点はあってもその始点に限界はなかったからである。したがって、時間の前に無限の時間があることになり、これは矛盾である。そのために、時間の生成の主張は不可能となる。もし運動の量である時間の永遠性が必然的となれば、運動の永遠性も必然的となり、またその運動の持続によって時間も持続し、その持続によって運動体の永遠性も必然的となる。

反論

時間は生成体であり、造られたものであり、それ以前に時間はまったくなかった。「神は世界と時間に先行する」との言葉でわれわれが意味することは、「神は存在して、世界はなかった。次に神は存在し、共に世界もあった」ということである。「神は存在して、世界はなかった」とのわれわれの言葉の意味は、造物主自体の存在（wujūd）と世界自体の非存在（ʻadam）ということだけであり、「神は存在し、共に世界もあった」といぅわれわれの言葉の意味は、二つの実体（dhāt）の存在といぅだけである。

「先行」（taqaddum）によってわれわれが意味することは、彼だけが存在を独占しているということである。世界は一人の人間のようなものである。かりにわれわれが、「神が存在して、例えば、イエスは存在しない。次に神が存在して、イエスも存在した」といえば、その言葉が意味していることは、一つの実体の存在と一つの実体の非存在であり、次に二つの実体の存在ということだけである。そこから必然的に第三のことが想定されることはない。かりに妄想が働いて第三のものを想定したとしても、妄想の誤謬に関わる必要はない。

問――「神は存在して、世界はなかった」というわれわれの言葉には、神の存在と世界の非存在以外に第三の意味がある。その証拠はこうである。すなわち、われわれが将来における世界の非存在を想定したとすれば、ある実体の存在とある実体の非存在が生起するだろうということであり、「神が存在した (kāna) が、世界はなかった」とわれわれがいうことは正しくないことになる。正しくは、「神は存在するであろう (yakūnu) が、世界は存在しない」ということである。過去に対しては、「神は存在したが、世界はなかった」とわれわれはいう。「存在した」と「存在している」といらわれわれの言葉の間には違いがあり、一方が他方に取って代わることはできない。

そこで、その違いの根源を尋ねてみよう。両者が違うのは実体の存在においてでも、世界の非存在においてでもなく、第三のものにおいてであることは疑いない。なぜなら、もしわれわれが将来における非存在について、「神は存在したが、世界はなかった」といえば、「これは誤りである」といわれるであろう。というのは、「存在した」の語はただ過去のものに対してのみいわれるからである。そのことは、「存在した」の語の中には第三の概念、つまり「過去」が含意されていることを証明している。過去はそれ自体としては時間であり、他との関係では運動である。運動は時間の経過とともに経過するからである。そこで必然的に帰結することは、世界〔の存在〕以前には、そこにいたるまでに経過した時間 (zamān) があったということである。

答――二つの言葉の基本概念は、実体の存在と非存在ということである。二つの言葉の相違を生むとされる第三のものは、われわれからみての必然的なある関係である。その証明はこうである。もしわれわれが将来における世界の非存在を想定し、次にその後に世界の第二の存在を想定したとすれば、その場合われわれは「神は存在したが、世界はなかった」ということになろう。その際、われわれがそれによって〔世界の〕第一の非存在を意味するのであれ、第二の非存在、つまり存在の後の非存在を意味するのであれ、われわれのいい方は正しい。

これが関係的であるとの証明は、未来そのものが過去となり、過去形の用語で表現されうることである。以上はすべて、「以前」（qabla）を想定することによってしか始原の存在にわれわれの想像力が及ばないからである。想像力が避けえないこの「以前」が現実に存在するもの、すなわち時間と誤解されるのである。それは、例えば、物体が頭上の方向において有限であることを想像できるのは、ただ「上」（fawqa）をもつ面においてだけであり、そこから世界の背後に空間――それが充溢（malā’）であれ、虚空（khalā’）であれ――があると誤解するようなものである。世界の表面の上には「上」はなく、それよりもより遠い「遠さ」（bu‘d）もないといわれても、想像力はそれを認めることができないであろう。同様に、世界の存在以前に実在する存在としての「以前」はないといわれても、それを受け入れることは躊躇される。

また、世界の上に虚空、つまり無限の距離を想定することは虚偽と判断される可能性がある。その根拠として、虚空はそれ自体では理解できないということができるからである。そもそも距離とは、相互に距離をもった部分をもつ物体に付随するものである。物体が有限であれば、それに付随する距離も有限となり、充溢はそこで終わり、単なる空間は意味のないものとなる。こうして、世界の外に虚空もなく充溢もない、ということになる。たとえ想像力がその受け入れを拒むとしてもである。

こうしていえることは、空間的距離が物体に付随するように、時間的距離は運動に付随するということである。というのは、前者が物体の諸部分の延長であるように、後者は運動の延長だということである。

また、物体の諸部分の有限性の証明によって、空間的距離の外に距離を想定することができないように、運動がその両端において有限であることの証明によって、時間的距離の外に〔距離を〕想定することはできないのである。たとえ、想像力がそのような妄想や想定に従い、離れようとしないにしてもである。〔われわれとの〕関係で「前」と「後」と表現が分かれる時間的距離と、関係的に「上」と「下」に表現が分かれる空間的距離の間に違いはない。その上に上がない「上」が認められるなら、その前に前のない「前」が可能となろう。かりにそうだとしても、それは真実の「前」ではなく、「上」の場合と同様に想像の産物である。このことは避けられないし、そうあるべきであろう。というのは、彼ら〔哲学者たち〕は、世界の外に虚空も充溢もないことで一致しているからである。

問——このような比較は誤っている。というのは、世界には上も下もなく、それはただ球形であり、球形には上も下もないからである。もし君がある方向が君の頭に近いということで「上」と呼び、他方を君の足に近いということで「下」と呼ぶなら、それは君との関係で変化する名称である。君との関係で下である方向が、別の人との関係では上となる。つまり、君が、彼の足の裏が君のそれの反対になるように立って、地球の他の側を想定した場合である。そして、昼間に天球の諸部分の中で君の上とみなす方向が、まさに夜間には地球の下となり、地球の下にあるのが回転して地球の上に返るのである。

しかし、世界の存在の最初の始点が終点に変わることは想像できない。それはあたかも、われわれが一本の木を想定し、その一方の端が太く、他方が細い場合、通常、末端に近い細い部分の方を「上」と呼び、他方を「下」と呼んだとしても、これによって世界の諸部分の中に本質的相違が生まれるわけではない。むしろ、それらはこの木の形態に従って変わる名称の違いであり、したがってその位置が逆になれば、名称も逆になる。しかし、世界自体には何ら変化はないのである。「上」や「下」は君との関係で変わる純粋な相対概念であり、世界の部分や表面はまったく変わらないのである。

〔他方、〕世界に先行する非存在が終わり、存在の最初の始点がくるが、それは本質的なもので、それが変化して終点になることは考えられない。世界の消滅に際して考えられる非存在、つまり結果としての非存在が、先行するようになることは考えられない。世界の存在の両極の一方が最初であり、他方が最後であるが、これらの両端は本質的で確定的であり、上・下の場合と違って関係性の変化によって変わることは考えられない。そこで、世界には上も下もない、とわれわれはいうことはできるが、君たちは世界の存在には前も後もないということはできない。「前」と「後」が確定すれば、時間が意味するものは、ただ「前」と「後」で表現されるものということになる。

答――両者の間には何の違いもない。そもそも「上」「下」の用語の採用に何の目的もないからである。むしろ、「裏」(warā'a)や「表」(khārija)の語を採用して、世界には「内」(dākhira)や「外」(khārija)があるといったりする。また、世界の外には何か充溢したものがあるのか、虚空があるのか、と。彼らなら、世界の背後には虚空も充溢もない、というであろう。もし君たちが「外」によってその最も高い表面を意味するのであれば、そこには「外」がある。それ以外の意味であれば、そこに「外」はない。

同様に、世界には「前」があるのか、とわれわれに問うなら、われわれは答えよう。もしその意味が「世界の存在には始まり、つまりそれが始まった始点があるのか」ということであれば、世界には「前」がある、と。それは明らかにされた限界と表面的に限定された側面という意味で、世界には「外」がある〔という〕のと同じである。もし君が「前」ということで別のことを意味するのであれば、世界には「前」はない。それは、世界の「外」ということで、表面以外のことを意味するのであれば、世界には「外」はないといわれるのと同じである。もし君たちが、「前」のない存在の始まりは考えられないというなら、「外」をもたない物体の存在の有限性は考えられない、と答えよう。もしその「外」とは、それの区切られた表面以外のものではないと君たちがいうなら、われわれは答えよう、その「前」とは、その一つの端以外の何ものでもない、その存在の始まりのことである、と。後は、次のようにわれわれがいうだけである、神だけが存在し、そこに世界はない、と。

ここまでなら、第三のものを定立する必要はない。それ（第三のものの定立）が想像力（wahm）の働きであることを証明するのは、それ（想像力）は時間と場所において特定されているということである。というのは、対者は、物体の永遠性を信じていながら、その想像力はそれの生成性の想定を認めているからである。また、われわれはその生成性を信じていながらも、われわれの想像力はその永遠性の想定を認めるかもしれない。これは物体についてである。

ところが、時間に戻れば、対者はその「前」がない時間の生成を想定できないのである。かりの想定として、信条に反することを想像することは通常は可能である。しかし、時間については、場所の場合のように想像することはできない。物体の有限性を信じる人も、それを信じない人も共に、その外に虚空も充溢ももたない物体を想定できないし、その想像力もその受け入れを認めないからである。

しかし、理性が証明に基づいて明白に、有限な物体の存在を不可能としないときには、想像力に注目する必要はない、といわれる。同様に、理性はそれ以前に何ものもない、初めての存在を明白に不可能とはしない。かりに想像力がそこまで想定しないのなら、それに注目する必要はない。というのは、想像力が有限な物体について知りうるのは、ただそれが別の物体、あるいはそれが虚空と考える空気とともにあるときだけとなれば、何もない所ではそのようなことは不可能となる。同様に、想像力が生成物について知りうるのはただ別のものの後だけである。したがってそれは、「前」をもたない、つまり過ぎ去った存在物をもたない生成物を想定することはできないのである。以上が誤りの原因であり、この批判によってわれわれの反論は成立した。

時間の無始性を要請する哲学者の第二の議論

彼らはいう。疑いもなく君たちにとって、神は世界を実際に創造したよりも一年、百年、千年も前に創造することができた。このようなさまざまな想定は量や数の違いである。そこで、世界の存在以前に、何か延長した量のあるもの、そしてあるものが他よりも長いものを認めることが不可欠となる。

たとえ君たちが、「年」(sanah) の語の適用は、天球と回転の生成によってしか可能にならないというならば、「年」の語を止めてわれわれは別の言い方をしよう。世界はその存在の初めから今日にいたるまで、例えば、球体として千回転したと仮定しよう。そこで神は、それ以前に、そして今日まで千百回転するような、それと同様の第二の世界を造ることができたであろうか。もし否定すれば、それはあたかも永遠者が無能力者から能力者に変わったか、あるいは世界が不可能から可能に変わったかのようである。もし肯定すれば――それは避けられないことであるが――、では神は第三の世界を造り、今日までその回転数が千二百回とすることができるであろうか。これも肯定せざるをえない。そこでわれわれはいう、われわれがこれを定めた順序に従って第三と呼んだ世界について、それは最も先行したものであるが、神はそれを、われわれが第二と呼んだ世界と同時に造り、しかも今日までのその回転数が千二百回であり、他が千百回で、両者は運動の距離も速さも等しいということがありうるであろうか。

もし君たちが可能といったとしても、それはありえない。なぜなら、速さにおいて等しい二つの運動が同時に止まり、しかも回転数が異なるということはありえないからである。もし君たちが、「今日までに千二百回転して終わる第三の世界は、今日までに千百回転して終わる第二の世界と同時に造られることは不可能であり、神は第三の世界を第二の世界よりも、第二の世界が第一の世界に先行するのと同じ長さだけ前に造らなければならなくなる。われわれがそれを第一と呼んだのは、それがわれわれの構想の基準によりふさわしいからで、われわれは今の時点からそこへ〔いつでも〕さかのぼることが想定できるからである」というならば、一つの可能性の程度は別のそれの二倍であり、すべての二倍という別の可能性も避けられない。そのある部分が別の部分よりも長いという、この量的に計測される可能性とは、時間以外にないのである。

この量的に計算されるものは、いかなる限定をも超越する造物主自体の属性ではないし、世界の非存在の属性でもない。というのは、非存在はさまざまな分量として限定されるものではないからである。分量は一つの属性であり、それはその基体を要請する。それは運動以外にない。量は運動の量である時間にほかならない。そこで君たちの考えでは、世界「の存在」以前にさまざまな量をもつもの、つまり時間があったことになる。したがって、君たちによれば、世界の前に時間があったのである。

反論

これらすべては想像の産物である。それを否定する最短の道は、時間と場所との比較である。もしわれわれが、神には現在の最高天球を一メートルより大きく造る力があるかと問うた場合、もし彼らが「できない」というならば、それは神を無能とすることになる。もし「できる」といえば、それは二メートル、さらに三メートル、といったぐあいに無限に大きく造ることができることになる。

そこでわれわれはいう、これは世界の外に量や数をもった距離を認めることである、と。というのは、二メートルより大きいものが占める量は、一メートルより大きいものが占める量とは同じではないからである。このことから判断して、世界の外には量があることになり、それは量をもったものを予想させる。それは物体であるか、虚空であるか、である。つまり、世界の外にあるのは虚空か充溢か、その答は何であろうか。

同様に、神は世界の球体を実際よりも一メートル小さく、次に二メートル小さく造ることができただろうか。また、二つの想定の中で、否定される充溢と空間の占有の程度に違いがあるのか。というのは、二メートル小さくなる際に否定される充溢は、一メートル小さくなる際に否定されるものよりも多いからである。こうして虚空は計量されることになる。しかし、虚空はものではない。それがどうして計量されるのであろうか。

そこでたくましい想像力の働きの中でのわれわれの答は、世界の存在以前に時間的可能性を想定することである。これは、想像力の働きの中での君たちの答が、世界の存在の外に場所的可能性を想定したのと同じである。そこに違いはない。

問——可能的でないものが〔神の〕力の対象である、とわれわれはいっているのではない。世界が今あるよりもより大きく、あるいはより小さくなることは可能的ではない。したがって、それは〔神の〕力の対象ではない、ということである。

答——このような言い訳は三つの点で成り立たない。第一に、これは理性に反することである。なぜなら、世界を実際よりも一メートル大きく、あるいは小さく想定することは、黒と白、存在と非存在の結合を想定することと同じではないからである。不可能なこととは、否定と肯定を結合することである。すべて不可能なことはそこに帰着する。したがって、そのような判断は、愚かで誤った恣意的判断である。

第二に、今ある世界はそれより大きくも小さくもなりえないならば、それが今の状態にあることは必然的（wājib）であって、可能的なもの（mumkin）ではないことになる。また必然的なものには原因は不要である。そうならば君たちは、唯物論者が主張するように、造物主、原因の原因の否定を明確に口にすればよい。もっとも、これは君たちの立場ではないのだが。

第三に、この謬説によっては、対者が同様の議論によって対抗することを防ぎえない。そこでわれわれはいう、「世界がその存在以前に存在する可能性はなく、その存在はいっさいの増減なくその可能性と一致している」と。もし君たちが、「そうなれば、永遠者は無能力者から能力者に変わったことになる」[18]というならば、われわれは「そうではない」と答えよう。というのは、存在は可能的ではなかったし、したがってそれは力の対象ではなかったからである。可能的でないものが生起しないということは、無能を示すものではない。もし君たちが、「不可能なもの（mumtaniʻ）がどのようにして可能的なものになるのか」と問うならば、われわれは反問しよう、「ある時点でできないことが、別の時点でできるということがどうして不可能なのか」と。「時点は同じである」と君たちがいうなら、君たちにいうべきことはこうである、「量は同質である。それなのに、ある量では可能的なものが、それより爪の幅ほど大きく、あるいは小さくなることでどうして不可能となるのであろうか。もしそれ（ある量）が不可能でないならば、これ（それより大きく、あるいは小さいもの）も不可能ではない。それが〔われわれの〕返答の仕方である」と。

われわれの回答の中で証明されたことは、彼らが主張する可能性の想定には意味がないということである。認められるべきことは、至高なる神は無始で全能であり、神がある行為を欲すれば、それを妨げるものは永遠にないということである。これまでのところ、拡大した時間の肯定を必然化するようなものは何もない。あるとすれば、それはただ想像力が誤って何か別のものを付加したからである。

(Ⅲ) 世界の無始性に対する彼らの第三の証明

彼らは常に次のように主張する。世界の存在はその存在以前では可能的であった。というのは、それが不可能的であったが、次に可能的になるということはありえないからである。この可能性には始まりがない、つまりそれは常に定立されていたということである。世界の存在は常に可能的であったのである。というのは、いかなる状態においても、世界が存在不可能とされるようなことはなかったからである。

可能性が常にあれば、可能体(mumkin)もまた可能性に対応して常にあることになる。「その存在が可能的である」というわれわれの言葉の意味は、その存在は不可能的(muḥāl)ではないということである。その存在が永久に可能的であれば、それは永久に不可能的ではないということである。そうではなく、その存在が永久に不可能的となれば、「その存在は永久に可能的である」とのわれわれの言葉は無効となる。もし「その存在は永久に可能的である」とのわれわれの言葉が無効となれば、「可能性が絶えることはない」というわれわれの言葉も無効となる。もし「可能性が絶えることはない」とのわれわれの言葉が無効となれば、「可能性には始まりがある」とのわれわれの言葉が正しいことになる。もし「それに始まりがある」ことが正しいことになれば、それ以前では不可能であったことになる。そして世界が可能的でなかった状態が定立されることになり、神はそれには力がなかったことになる。

反論

世界の生成は常に可能的である。そして確かに、その生成が想定されないようなときはない。もしそれ（世界）は永久に存在しているものであるとするなら、それは生成するものではない。現実存在（wāqiʿ）は可能性と一致するものではなく、それと異なるのである。

これは彼らが場所についていっていることと同様である。つまり、現在よりも大きい世界を想定したり、世界の上にものを造ることは可能的である。そしてその別のものの上にさらに別のものを、というぐあいに無限に続く。増加の可能性に終わりはない。にもかかわらず、終わりのない絶対的充溢の存在は可能的ではない。

同様に、限界のない存在も可能的ではない。いや、前述のように、可能的なものとは表面が限定されたもののことである。しかし、大きさや小ささにおけるその量は特定されない。生成の可能なものも同様であり、存在の始原はその先行性や遅れにおいて特定されない。しかし、それは生成するものである、との原則は確定している。というのは、それは可能的なもの以外の何ものでもないからである。

（Ⅳ）第四の証明

それは、彼らの次のような主張である。すなわち、すべて生成するものには、それに先行する質料（māddah）がある。というのは、生成するものは質料を欠きえないからである。質料は生成するものではない。生成するのはただ、質料に対する形相・偶有・性質だけである。

その説明は次の通りである。すべての生成体は、その生成の前では、存在可能的（mumkin al-wujūd）であるか、存在不可能的（mumtaniʿ al-wujūd）であるか、存在必然的（wājib al-wujūd）であるか、でなければならない。それが不可能体であることはありえない。なぜなら、不可能体はそれ自体存在することはないからである。また、それが自体的に必然的存在者であることも不可能である。なぜなら、自体的に必然的なものは消滅することはないからである。こうして、それは自体的に存在可能体であることが証明された。

そこでその存在以前に存在可能性がそこにあったことになる。存在可能性は関係的な性質であり、自体的に存立するものではない。したがって、それにはそれが関係づけられる基体（maḥall）が不可欠であり、質料以外に基体はない。われわれが、この質料が熱や冷、黒や白、運動や静止を受容するというように、それ（存在可能性）は質料に関係づけられる。つまり、質料にはこのような性質が生成し、このような変化が現われることが可能だということである。こうして可能性は質料がもつ性質であり、質料に質料はないのである。

そこで質料が生成することは不可能である。なぜなら、もし生成するならば、その存在の可能性がその存在に先行していることになり、可能性は自体的に存立し、何かに付加されるものではなくなるからである。しかし、それが関係的な性質でありながら、自体的に存在することは考えられない。

可能性の意味は、あるものが力の対象であり、永遠者がそれに対して力をもつということだ、とはいえない。というのは、あるものが力の対象であることをわれわれが知るのは、ただそれが可能的であることによってだからである。そこでわれわれは、それが可能的であるがゆえに力の対象であり、可能的でないがゆえに力の対象ではない、という。もし、それは可能的である、とのわれわれの言葉の本来の意味が、それは力の対象であるということだとすれば、それは、力の対象であるがゆえに力の対象であるといい、力の対象でないがゆえに力の対象ではない、というようなものである。それはあるものをそれ自体で定義するようなものである。

このことは、あるものが可能的であるということは、理性的には別の問題だということを明白に証明している。つまり、それによって第二の問題、すなわちそれは力の対象である、ということが知られるということである。これはまた、あるものが可能的であることについての永遠者の知に帰することも、不可能であることを示している。というのは、知は知の対象を要請し、知の対象としての可能性は確かに知そのものではないからである。それは付加的な性質であり、それが付加される基体が不可欠である。それは質料以外にはない。すべて生成するものには質料が先行しており、第一質料（al-māddah al-ūlā）はけっして生成することはないのである。

反論

いうべきことは次の通りである。彼らがいう可能性とは、結局は理性の判断のことである。理性がその存在を想定でき、その想定を妨げるものが何もないとき、われわれはそれを「可能的」と呼ぶ。もし妨げるものがある場合は「不可能的」と呼び、その非存在の想定が不可能なとき、それを「必然的」（wājib）と呼ぶ。

これらは理性的な問題であって、それがその性質となるような存在者を必要とするようなものではない。これには三つの証明がある。第一に、もし可能性が、それが付加される何か存在するものを必要とし、それがその可能性であるといえるとすれば、不可能性もそれが付加される何か存在するものを要請し、それがその不可能性であるといえることになろう。ところが、不可能なものそれ自体に存在はないし、また不可能なものがそこに現われて、不可能性が質料に付加されるような質料もないのである。

第二に、黒と白は、両者が存在する以前に共に可能的であると理性は判断する。もしこの可能性がその両者が現われる物体に付加され、それによってその物体が黒くなり、また白くなることができるということであれば、白はそれ自体で可能的なものではなく、また可能性という性質をもつものでもなくなる。可能的なものはただ物体だけであり、可能性はそれに付加されるものとなる。そこでわれわれはいう、「黒それ自体についての判断は何か。可能的か、必然的か、不可能的か」と。それは可能的である、といわざるをえない。このことは、可能性の問題についての理性の判断では、可能性が付加される存在者を必要としないということを証明している。

第三に、人間の霊魂は、彼らによれば、自体的に存立する実体であり、物体でも質料でも、質料に刻印されたものでもない。それは、イブン＝スィーナーや彼らの中の優れた真理の探究者たちに従えば、生成するものである。それにはその生成以前では可能性はあっても、実体（dhāt）も質料もなかった。その可能性は関係的な性質であるのに、まだ全能者の力にも造物主にも関係していなかった。ではいったい何に関係しているのか。この困難が彼らに返ってくる。

哲学者の応答

可能性を理性の問題に帰することは不可能である。なぜなら、理性の問題に意味があるとすれば、それはただ可能性についての知だけである。可能性は知の対象であり、それは知とは異なる。むしろ、知はそれ（知の対象）をあるがままに取り込み、それに従い、それと関わるのである。知はかりにその非存在が想定されるとしても、知の対象は消滅（非存在化）しない。しかし、知の対象の消滅が想定されれば、知は消滅する。知と知の対象は、一方が他方に従う二つのものである。

もしわれわれが理性的な人々が可能性の想定にいたらず、それについて無知であることを想像するなら、われわれは次のようにいうだろう。可能性はなくなったわけではなく、可能的なものはその心に残っている。ただ、理性がそれに気づかないか、理性も理性的な人々もなくなったとしても、可能性は現実に残っている、と。

三つの問題については、そこには何の証明もない。不可能性も関係的な性質であり、それが関係づけられる存在物を要請する。不可能なものとは、相反する二つのものの結合のことである。基本が白であれば、それが白のままで黒くなることは不可能である。そこで指示され、ある性質をもって記述される基体（mawḍūʻ）が不可欠となる。そのとき、それと対立するものは不可能である、といわれる。こうして不可能性は、関係づけられる基体に内在する関係的性質となるのである。必然性については、それは必然的存在（al-wujūd al-wājib）に関係づけられることは明白である。

第二の問題については、黒はそれ自体で可能的であるということだが、それは誤りである。なぜなら、それはそれが内在する基体もなく、それだけを考えた場合、それは不可能的であって、可能的なものではないからである。それが可能体となるのは、ただ物体の中の一つの形態として考えた場合だけである。物体はその形態が変化するように形成されており、変化は物体にとって可能的である。でなければ、黒には可能性があるとされるような独自の実体性はないのである。

第三の問題は霊魂であるが、それはあるグループの人々によれば、永遠であるが（qadīm）、それと肉体との関係は可能的である。だが、そのこと（可能性）は必然的に出てくるわけではない。

その生成性を認める人の中でも、あるグループの人々は、ガレノスが幾つかの箇所で行なった議論によって、それは質料の中に刻印され、体質（mizāj）に従うと信じている。こうして霊魂は質料の中にあり、その可能性はその質料に付加されたものとなるのである。

霊魂は生成体であるが、刻印されたものではないとする人々の見解によれば、その意味は、質料は理性的霊魂によって支配される可能体であるということになる。かくて、生成に先行する可能性は質料に付加されたものとなる。なぜなら、霊魂は質料の中に刻印されてはいなくても、それと関係をもっているからである。というのは、それは質料を支配し利用するものであり、可能性はこのようにして質料に帰せられるのである。

われわれの応答

可能性・必然性・不可能性を理性的判断とすることは正しい。理性的判断とは知のことであり、知はその対象を要請するという言い方に対して、われわれは端的にいう、それには知的対象がある、と。それは彼らによれば、色性、動物性、その他の一般概念は、理性的に定まっていて、それが知であり、それには知の対象があるというのと同じである。しかし、知の対象が存在をもつのは具体的な個物としてではない。そこで哲学者たちが明言することは、一般概念は頭の中に存在するのであって、具体的個物の中ではないということである。個物の中に存在するものは、個々の部分であり、それらは感覚の対象であっても、理性の対象ではない。

だが、それが原因となって、理性は質料から分離された知的な一般概念をそれらから抽出するのである。したがって、色性は黒さや白さとは異なる、頭の中の抽象的概念なのである。黒でも白でもなく、またそれ以外のいかなる色でもない色の存在を考えることはできない。こうして、具体性のない色性の形相が頭の中に定立し、それが具体的個物の中ではなく頭の中に存在する形相だといわれるのである。

理性的人間が存在しないこと、または彼らが不注意であることがかりに想定されるとしても、可能性が消滅することはない、との彼らの主張については、われわれは次のようにいいたい。かりに彼らの消滅が想定されるとすれば、類や種のような一般概念は存在しなくなるのか。もしそれらに意味があるのは頭の中の問題だけであるからそうだというなら、可能性についてのわれわれの主張も同様であり、両者の間に違いはない。だが、もし彼らが、それらは神の知の中に残っていると主張するなら、可能性についての議論も同様である。これが必然的帰結である。ここでの目的は、彼らの主張の矛盾を明らかにすることである。

もし不可能性を認める口実として、ある性質をもった質料は、それに対立する性質を受容することはできないという形で、不可能性がそれと関係づけられるとしても、すべての不可能なことがそのようであることはないのである。なぜなら、神の同伴者（sharīk）の存在は不可能であるが、そこには不可能性が関係づけられる質料はないからである。

もし彼らが、「同伴者の不可能性ということは、独存性が至高なる神に関係づけられていて、その自体的独存性・単独性は必然的であるということだ」というなら、われわれはいいたい、「彼らの原則によれば、神の独存性は必然的ではない。なぜなら、世界は神とともに存在しているので、神は独存者ではないからである」と。

もし彼らが、「対等者（nazīr）のない神の独存性が必然的であり、その必然的なものに対立することは不可能である。こうして神に不可能性が関係づけられるのである」と主張するなら、われわれはいう、「われわれが意味しているのは、神の被造物からの独存性は、対等者からのそれとは違うということである。そもそも対等者からの彼の独存性は必然的であるが、可能的な被造物からの独存性は必然的ではないからである」と。このようなやり方でわれわれは可能性を神に関係づけたが、それと同様にして彼らは不可能性の表現を必然性に変え、次にこの必然性の属性を用いて神に独存性を関係づけることで、神の本質に不可能性を結びつけようとしているのである。

黒と白について、それらには自体性も、単独の実体性もないということの意味が、それらの実在性についてというのであれば、その通りである。もしそれが思惟においてということであれば、そうではないのである。というのは、理性は黒一般を思惟し、自体的にはそれに可能性の判断を下すからである。次に、生成する霊魂については、〔そのように〕意味づけすることは誤りである。というのは、それには個別の実体と、生成に先行する可能性があるからである。ただ、それが関係づけられるものがないのである。質料は霊魂によって支配されることが可能である、とするのが彼らの主張であるが、これはありそうもない関係である。

もし君たちがこれで満足するならば、生成するものの可能性とは、それに力をもつ者が自らそれを生成させることができる、ということだといえる。こうして、行為者（fa'il）との関係が生まれるが、それは彼の中に刻印されるということではない。それは、行為を受ける基体との関係についても、それ（その関係）は基体の中に刻印されたものではないのと同じである。二つの基体の中に刻印がなければ、行為者との関係と行為を受ける者との関係の間に相違はないのである。

問――君たちがすべての反論において依拠していることは、困難な問題に困難な問題を対置するだけで、彼ら（哲学者たち）が提起した困難を解決してはいない。

答――反論とは、疑いもなく議論の誤りを明らかにすることである。困難な側面は、反論や要請を正しく評価する中で解決されるものである。われわれが本書で実行しようとしてきたことは、ただ彼らの自己矛盾を明らかにすることで彼らの立場を動揺させ、彼らの証明の諸側面を問題化することだけであり、特定の立場を弁護することではない。したがって、われわれは本書の目的から外れることはしなかったのである。また、われわれは〔世界の〕生成性の証明について考察することもなかった。というのは、われわれの目的は、その無始性を肯定する彼らの主張を論破することだからである。真実の立場の定立については、このことが終わった後、神の意志と助けがあれば、それについて一冊の著書を書くことになろう。そしてその表題を「信条の基礎」(Qawāʿid al-ʿAqāʾid) とし、本書で破壊を意図したように、そこでは定立を意図しよう[19]。神はすべてを知り給う！

〔第二〕問題——世界・時間・運動の無終性についての彼らの説の批判

次のことを知るべきである。この問題は「第一問題」の分枝である。というのは、哲学者たちによれば、世界はその存在に始まりがなく (azalī)、無始であると同様に無終 (abadī) であって、その終わりにも限界はない。それが消滅して無になることは考えられない。それは永遠にそうであったし、また永遠にそうなのである。

われわれが述べた彼らの無始性についての四つの証明は、無終性についても同様に適用され、またそれへの反論も同様で、そこに違いはない。彼らはいう、「世界は結果 (ma'lūl) であり、その原因は無始であり無終である。しかも、結果は原因と共にある」と。そして彼らはいう、「原因が不変であれば、結果も不変である」と。彼らはこれを世界の生成が不可能であることの根拠とし、また同じことを世界の消滅にも適用する。以上が、彼らの第一の方法である。

彼らの第二の方法はこうである。世界がもし消滅するとすれば、その消滅は存在の「後」(ba'da) である。こうして、そこには時間が肯定されることになる。

彼らの第三の方法はこうである。存在の可能性は断たれることはない。そこで可能的存在も同様に、可能性に対応して断たれることはないと認められる。ただし、この証明の方法は強力ではない。というのは、われわれはそれが無始であることは不可能とするが、至高なる神がそれを永遠に存続させるなら、それが無終であることは不可能とはしないからである。そもそも生成したものには終わりがあるということは、必然的ではないのに対し、行為〔の結果〕は生成したものであり、始まりをもつということは必然的である。そこでアブー＝フザイル・アッラーフ[20]を除いて、誰も世界には確実に終わりがあることを必然的とはしなかったのである。というのは、彼はこういっているからである、「過去において〔天体の〕無限の回転が不可能であるように、将来においても同様である」と。しかし、それは誤りである。というのは、未来のすべては連続的にも同時的にもまだ存在していないが、過去はすべて同時的ではなくても連続的にすでに存在していたからである。世界の永久的存続をわれわれは理性的には不可能とはせず、むしろその存続も消滅も可能であることが明白であるなら、二つの可能性のいずれが生起するかが知られるのは聖法（sharʻ）によるのみである。それについての議論は理性的思惟の対象（maʻqūl）とは無関係である。

第四の彼らの方法は前と同じ流れにある。というのは、彼らはこういうからである、「世界が消滅しても、存在の可能性は残る。なぜなら、可能体が不可能体に変わることはないからである。可能性は付加的（iḍāfī）属性であり、彼らの主張によれば、生成体はすべて先行する質料を必要とし、すべて消滅するものは、そこから消滅する質料を必要とする。質料や基体（uṣūl）は消滅せず、消滅するのはただそこに内在化する形相や偶有のみである。

これらすべてに対する反論は前述したことと同じである。われわれがこの問題を別に論じるのは、ただそれに関して彼らには二つの別の証明があるからである。

(1) ガレノスが採用した証明——彼はいう、「かりに、例えば、太陽が消滅を受け入れるとすれば、長い期間の間にそこに収縮が現われるはずである。ところが、何千年にもわたる、その大きさについての天文学的観察が示すのは、この〔同じ〕大きさだけである。このような長い期間にわたって太陽が収縮していないということは、それは消滅しないということを証明している」と。

これに対する幾つかの観点からの反論。第一に、この証明の形式として、次のようにいわれている。もし太陽が消滅するのであれば、そこに収縮がなければならない。しかし、その後件は不可能である。ゆえに、その前件も不可能である、というものである。これは彼らの間で仮言的三段論法（al-sharṭī al-muttaṣil）と呼ばれているものである。しかし、この結論は必然的ではない。なぜなら、その前提はもう一つ別の条件が付加されない限り、正しくないからである。それは、「もし太陽が消滅するなら、それはかならず収縮する」という命題である。だが、この後件がこの前件に結びつくのは、ただ一つの条件が付加される場合だけである。それは、われわれが「もし太陽が収縮によって消滅する場合には、かならず長い期間にわたって収縮する」というか、あるいは消滅は収縮によってしか起こらないことが明確になるか、である。こうして前件は後件と結びつくのである。しかし、われわれは、ものが収縮によってしか消滅しない、ということを認めない。むしろ、収縮は消滅の一つの形態であり、ものが完全な状態で突然消滅することは不可能ではないからである。

第二に、以上のこと、すなわち消滅は収縮によってしか生起しないということが認められたとしても、彼（ガレノス）はどのようにして収縮がそこに生起してはいないと知ったのであろうか。彼が天文学的観察に依拠するということは不可能である。なぜなら、それによって太陽の大きさが知られるにしても、それは近似値にすぎないからである。地球よりも百七十倍、あるいはそれに近いほどの大きさであるといわれる太陽が、かりに例えば、幾つかの山を合わせたほど小さくなったとしても、それを感覚で捉えることはできないであろう。おそらく太陽は収縮しているかもしれない。そして今日にいたるまでにすでに幾つかの山々、あるいはそれよりももっと多い量で小さくなっているかもしれない。しかし、感覚ではそれを知りえない。というのは、光学によるその測定が知られるにしても概略にしかすぎないからである。

これはあたかも、紅玉や金が彼らによれば、さまざまな要素から構成されていて、消滅の可能性があるのと同じである。紅玉は百年間放置していても、その縮小は感覚では知りえない。たぶん、天文学的観察の歴史の間に太陽が縮小する割合は、百年間で縮小する紅玉の割合と同じであろう。しかし、それは感覚では捉えられないのである。このことは、彼の証明は誤謬の極みであることを示している。

われわれは、理性的な人々が貧弱とみなすこの種の証明を多く提示することはせず、この一例だけを提示してわれわれが省略したものの例示・見本としたのである。同じくわれわれは、疑問点の解明に努力する必要のある、前述の四つの証明に限定することにしたのである。

(2) 世界の消滅が不可能であることに対する彼らの第二の証明として、彼らはいう。世界の中の諸実体は消滅することはない。なぜなら、それらを消滅させる原因が考えられないからである。非存在でなかったものが、次に非存在となれば、それは原因によるほかはない。となれば、その原因は次のいずれかでなければならない。一つは、永遠者の意志である。だが、これは不可能である。というのは、永遠者が世界の消滅を意志していなかったのに、次に意志するようになれば、永遠者が変化したことになるからである。

いま一つの原因は、永遠者とその意志がすべての状態において一様であるのに、意志の対象が非存在から存在へ、次に存在から非存在へと変化する、という帰結にいたるということである。われわれが先に述べた、永遠なる意志による生成体の存在化は不可能であるということが、その非存在化の不可能性を証明する。

ここでさらにそれよりももっと大きな別の困難が加わる。すなわち、疑いもなく意志の対象は意志者の行為である。行為者でなかった者が行為者になった場合、彼自身は変化しなかったとしても、彼の行為は存在しなかった後に存在するようになったとならざるをえない。なぜなら、彼は以前のようにそのまま存続していて、そこには行為はなかったし、今も存在しないということになれば、彼は何もしなかったということになる。非存在はものではない。どうしてそれが行為であろうか。彼（神）が世界を消滅させ、そこに存在しなかった行為を新たに造ったとすれば、その行為とは何であろうか。それは、世界の非存在化であろうか。それはありえない。なぜなら、存在が断たれたのであるから。でなければ、その行為は世界の非存在化であろうか。世界の非存在化は行為となるようなものではない。なぜなら、最低限の行為〔の結果〕とは存在するものであり、世界の非存在化は行為者がそれをなし、存在付与者が存在を与えたといわれるような、そういう存在者ではないからである。

このような困難〔の指摘〕に対して彼らはいう、神学者たちはこの問題の解決をめぐって四つのグループに分かれており、その各々が不可能事に陥っている、と。

ムータズィラ派はこういう。彼（神）から出るその行為は存在するものである。それは「消滅」（fanāʾ）である。彼はそれを基体の外に造る。すると世界のすべてが一度で消滅する。

造られた「消滅」はそれ自体で消滅し、別の「消滅」を必要とするということはない。こうして「消滅」の無限の連鎖を生むことはない。

これには幾つかの点で誤りがある。一つには、「消滅」はその創造が想定でき理解可能な存在者ではない。かりに存在者であるとして、何ゆえに消滅させるものもなく自ら消滅するのであろうか。さらに、世界は何によって消滅するのであろうか。そもそも「消滅」が世界そのものの中に造られ、そこに内在するとしても、それは不可能である。なぜなら、内在するものと内在されるものが出会うということは、たとえ一瞬であっても、両者が結合したということである。もし両者の結合が可能であれば、両者は対立するものではないということになり、他方を消滅させることはないであろう。もしかりにその創造が世界の中でも、基体の中でもないとすれば、その存在は世界の存在とどこで対立するのであろうか。

次に、この学派にはいま一つの嫌悪すべき点がある。それは次のような彼らの説である。つまり、神には世界にある実体のうち消滅させることのできるものとできないものがある。いや、世界のすべてを一度に消滅させることができるだけだということである。なぜなら、消滅が基体の中にないとなれば、それとすべてのものとの関係は一様となるからである。

第二のグループはカッラーミー派である。彼らはいう。神の行為とは非存在化のことであり、それは神がその本質の中に造る存在者のことで（神よ、彼らの言説を超越されんことを！）、世界はそれによって非存在となるのである、と。同様に彼らによれば、存在は神がその本質の中に生成させる存在化によるのであり、存在者はそれによって存在者となるのである。

これもまた誤りである。というのは、そこでは永遠者が生成物の基体となり、それは知的理解の範囲を超えるからである。存在化ということで考えられるのは、ただ意志と力に関係づけられる存在だけであり、〔神の〕意志と力、および力の対象、つまり世界以外の別のものを肯定することは考えられない。非存在化についても同様である。

第三のグループはアシュアリー派[21]である。彼らはいう。偶有はそれ自体で消滅し、それが持続することは考えられない。なぜなら、もしその持続が考えられるとすれば、その消滅はこのもの（「持続」）のゆえに考えられないからである。実体についても、それは自らで持続するものではない。それが持続するのは、その存在に付加される「持続」によって持続するのである。神がその持続を造らなければ、持続させるものが存在しないゆえにそれは消滅する。

これもまた謬説である。なぜなら、黒は持続せず、白も同様であり、それらの存在は常に更新されているとするように、そこには感覚に反するものがあるからである。そして理性もこれを否定するが、それは、物体は瞬間ごとにその存在が更新されているとする人の言葉が、理性に反するのと同様である。ある日に人の頭上にある毛髪は、その前日の毛髪と同一のものであって、それと類似のものではないと判断する理性は、毛髪の黒さについても同様の判断をする。

さらにそこには別の困難もある。すなわち、持続するものが、「持続」(baqā')によって持続するのであれば、神の属性も「持続」によって持続するとならざるをえない。そして、その「持続」が持続するには別の「持続」を必要とするというぐあいに、無限に続くことになる。

第四のグループはアシュアリー派の中の別の一派である。このグループの言によれば、偶有は自体的に消滅するが、実体は神がそこに運動も静止も、結合も分離も造らないことで消滅する。静止も運動もしていない物体は持続することができないで消滅する。

両グループのアシュアリー派は、非存在を行為とは考えないゆえに、非存在化は行為ではなく、ただ行為をしないことだとしているのである。これらのさまざまな方法が誤りとなれば、世界の非存在化を可能とする主張には根拠がないことになる。

以上であるが、かりに世界は生成体であるといわれると、彼らは人間の霊魂の生成性を認めながらも、われわれが前述したことに近い方法で、その消滅は不可能であると主張する。要するに、彼らによれば、基体をとらない自存体はすべて、無始なるものであれ生成するものであれ、ひとたび存在すれば、その非存在化は考えられないのである。

水の下で火を燃やせば、かならず水は消滅するといわれれば、彼らはいう、「消滅したのではない。ただそれが蒸気に変わったのであり、次には水になる。質料、つまり第一質料(hayūlā)は空中に残っている。それは水の形相(ṣūrah)がもっていた質料であり、その第一質料が水の形相を脱いで、空気の形相をとったということである。空気が寒気に触れると濃縮され、水に変化する。それは、質料が新たに造られたということではなく、質料は諸原素の間で共通していて、そこに現われる形相が変わったにすぎないのである」と。

反論

君たちが述べたさまざまなグループの神学者について、その各々の弁護のために、君たちの原理そのものに彼らのと同種のものが含まれているゆえに、その原理に立っての彼らへの批判は正当ではない、ということを明らかにすることは可能である。しかし、そうだとしても、われわれは議論を長くしたくないので、一つのグループに限定する。

そこでわれわれはいう、「君たちは、存在化・非存在化は全能なる神の意志によるという者をなぜ否定するのか」と。神は意志すれば存在化し、意志すれば非存在化する。これが、神は完全な意味での全能者であることの意味である。そしてそれらすべてにおいて、神自身に何の変化もなく、変わるのは行為〔の結果〕だけである。

君たちの言葉、「行為者からは必然的に行為〔の結果〕が出てくるが、彼から出てくるもの

（ṣādir）とは何であるか」に対して、われわれは答える、「彼から出るものとは、新たに造られたものである。つまり非存在である。非存在は存在しなかったが、次に新たに造られる。それが出るものである」と。

問――それはものではない。なのにどうして彼から出るのか。

答――それはものではない。なのにどうして起こるのか。彼から出るという意味は、起こるものは彼の力に関係づけられるという以外にない。その生起が思惟されるのなら、どうしてそれと力との関係が思惟されないことがあろうか。君たちは、偶有や形相に非存在が起こることを明確に否定し、「非存在はものではない。それなのにどうして生起することがあろうか。またそれに対して、どうして生起や更新ということがいわれようか」という人とどこが違うのであろうか。非存在が偶有に生起することは考えられるし、生起するといわれるものは、ものと呼ばれようと呼ばれまいと、それが生起することは思惟可能であることをわれわれは疑わない。そしてこの思惟可能な生起するものと全能者との関係もまた思惟可能である。

問――このようなことを必然的とするのは、ただものの消滅をその存在の後に可能とする立場の人だけである。彼に対していえることは、生起するものとは何か、ということである。われわれの考えでは、存在するものはけっして消滅しないのであり、偶有が消滅するということの意味は、同じく存在するものでそれに対立するものが現われるということであって、ものではない抽象的な非存在の出現ということではないのである。ものでないものに、どうして出現（tarayān）ということがいえるであろうか。毛髪が白くなったとき、出現したのは白だけであり、それは存在者である。出現したのは黒の非存在である、とわれわれはいわない。

答――これは二つの点で誤りである。第一に、〔頭髪の〕白の出現は黒の非存在を含むか否か。もし彼らが、「含まない」といえば、すでに理性的思惟に反したことになる。もし「含む」といえば、含むものは含まれるものと同じか同じでないか。もし「同じ」といえば、それは自己矛盾である。なぜなら、ものはそれ自体を含むことはないからである。「同じでない」といえば、その別のものは思惟の対象であるか否か。もし彼らが、「対象でない」といえば、われわれはいう、「何によってそれが含まれるものであると知るのか」と。それが含まれるものであるとの判断は、それが思惟の対象であることを認めることである。もし彼らが「対象である」といえば、その思惟される含まれるものとは黒の非存在であるが、それは永遠であるか生成するものか。もし彼らが、「それは永遠なものである」といえば、それは不可能である。もし「生成するものである」といえば、生成が帰せられるものがどうして思惟の対象でないのであろうか。もし彼らが、「それは永遠なものでも、生成するものでもない」というなら、それは不可能である。というのは、白の出現以前では、「黒は非存在である」といわれれば、それは嘘である。後であれば、「それは非存在である」といわれれば、それは真実である。それは出現するものであることは確かであり、この出現するものは思惟の対象である。したがって、それが能力者の力に関係づけられることは可能である。

第二に、彼らによれば、偶有の中には対立者によらないで消滅するものがある。というのは、運動には対立者がない。運動と静止の対立は、彼らによれば、一つの状態（malakah）[22]とその非存在の対立、つまり存在と非存在の対立なのである。静止とは運動の非存在のことである。運動がなければ、それの対立者、いや純粋非存在である静止は現われない。完成を示す〔積極的〕属性についても同様である。あたかも、感覚の対象のイメージが眼球の硝子体液の中に刻印されるように。いや、思惟の対象の形相が霊魂に刻印されるように。というのは、それは対立者がなくならなくても存在を開始することに帰するからである。それが消滅すれば、その意味は、反対者が後に続くことなく存在がなくなることである。それがなくなるということは、すでに純粋非存在が現われたということを表わす。生起そのものが考えられるものは、かりにものではないとしても、能力者の力に関係づけられることが考えられる。

以上によって、永遠なる意志によって生成物の生起が考えられるときは常に、生起するものが非存在であれ存在であれ、状況は変わらない、ということが明らかになった。

第三問題――神は世界の行為者・造物主であり、世界はその被造物・行為である、との彼らの言説の欺瞞性、またそれは彼らにとっては比喩的表現であり、文字通りの真実ではないことの証明

唯物論者（dahrīyah）を除いて哲学者たちは、世界には造物主（Ṣāniʻ）が存在すること、神は世界の造物主・行為者（fāʻil）であること、世界は神の行為〔の結果〕であり、その被造物であることで一致している。〔しかし〕これは、彼らの原則からみて欺瞞である。むしろ彼らの原則に立てば、世界が神の被造物であることは、三つの点からみて考えられない。すなわち、行為者の点からと、行為の点からと、行為と行為者の間の関係という点からである。

〔まず〕行為者について。意志の対象を造る者であることから、彼は意志する者（murīd）であり、選択する者（mukhtār）であり、意志の対象について知る者（ʻālim）でなければならない。ところが、彼らのいう至高なる神は意志する者ではなく、神にはまったく属性がないのである。神から出るものは神から必然的かつ不可避的に出てくるのである。

第二に、行為〔の結果〕は生成するものであるのに、世界は無始である。

第三に、彼らによれば、神はあらゆる点で一であり、また一者からはあらゆる点で一なる

ものしか出ない。ところが、世界は多様なものから構成されている。どうしてそれらが神から出るのであろうか。

そこでこれら三つの点の各々を、それを弁護しようとする彼らの狂気とともに検討しよう。

（Ⅰ）

第一についてわれわれはいう。行為者とは、選択による行為の意志とその対象についての 57
知とともに、そこから行為〔の結果〕が出てくる者のことである。君たちによれば、至高なる神から世界が出るのは、原因から結果が必然的・不可避的に出るようなものである。太陽から影が、また太陽から光が必然的に出るように、神がそれを止めることは考えられないのである。これはけっして行為（fiʿl）などではない。ランプが光を作る、個人が影を作るという者は、限度を超えた過度な比喩的表現をしているのである。彼は同じ表現の中で借用語（al-mustaʿār la-hu）と被借用語（al-mustaʿār min-hu）の間に共通性があることに満足して、語を借用しているのである。つまり、行為者は一般的にいえば原因（ʿillah）であり、したがってランプは明かりの原因、太陽は光の原因であるとされる。しかし、行為者は単に原因であるがゆえに行為者・造物主であるのではない。それは特定の仕方において原因であるためである。それは、意志と選択に基づいて行為がそこから起こることである。したがって、誰かが壁は行為者ではない、石は行為者ではない、無生物は行為者ではない、行為はただ動物にのみあるといえば、それを誰も否定しないし、その言明は嘘ではない。〔ところが〕彼らによれば、石に行為がある。それは重力による落下、中心へ向かう傾向のことである。それは、火に熱するという行為（作用）があり、塀に〔地球の〕中心へ向かい、また影を落とすという行為があるのと同じである。ところが、これらはすべて彼（神）から出るものなのである。したがって、そのようなこと（単なる原因としての神）はありえないのである。[23]

問――すべての存在者が自体的に必然的存在者であるわけではない。それらはただ他によって存在するものである。そこでわれわれはそのようなものを「為されたもの」（maf'ūl）と呼び、その原因を行為者（fā'il）と呼ぶ。われわれは原因が自然的本性（ṭab'）による行為者であるのか、意志によってそうなのかは問題にしない。それは君たちが、道具を用いての行為者であるのか、用いないのかを問わないのと同じである。行為は一つの類概念であり、道具によるものと、道具によらないもの〔の二種〕に分かれる。同様に、それ（行為）はまた一つの類概念として、本性によって（bi'l-ṭab'）起こるものと、選択によって（bi'l-ikhtiyār）起こるものに区分される。その証明はこうである。われわれが本性による行為というときの、「本性による」とのわれわれの言葉は、「行為」というわれわれの言葉と対立したり、それを否定したり、それと矛盾したりするのではなく、その行為の種を説明するものだということである。それは、「道具を用いない直接的行為」とわれわれがいうとき、〔用語〕矛盾ではなく、種差の説明であるのと同様である。われわれが「選択による行為」というとき、それは「動物であり、人間である」とのわれわれの言葉のような同語反復ではなく、「道具による行為」というわれわれの言葉のように、行為の種類の説明である。かりに「行為」というわれわれの言葉が意志を含意し、意志が行為にとって本質的であるならば、「自然的な行為」というわれわれの言葉は、行為と非行為というわれわれの言葉のように、用語矛盾であることになろう。

答――この呼称は誤っている。いかなる面からであれ、すべての原因を「行為者」と呼び、すべての結果を「為されたもの」（maf'ūl）と呼ぶことはできない。かりにそうだとすれば、無生物に行為はないということは正しくないことになる。行為は動物にのみあるのであり、これが正しく、そしてよく知られた一般的命題である。もし無生物を行為者と呼ぶならば、それは比喩としてである。それを時に比喩的に「意志するもの」「求めるもの」と呼ぶようなものである。というのは、「石は落下する。なぜなら、それは中心を意志し、それを求めているから」といわれるからである。しかし、「求めること」や「意志」が真に考えられるのは、ただ意志と求める対象についての知があってのことであり、それらは動物にしか考えられないのである。

「われわれのいう「行為」は一般的用語であって、自然によるものと意志によるものに区分される」との君たちの言説は承認できない。それは、われわれのいう「彼は意志した」(arāda) は一般的用語であり、意志の対象についての知をもって意志する者と、知なしに意志する者に区分されるという人の言葉と同様に、誤りである。というのは、意志は必然的に知を含意しているからで、同時に行為も必然的に意志を含意しているのである。

「われわれのいう「本性による行為」は先の〔行為の〕用法と矛盾するものではない」との君たちの言明はそうではない。というのは、真実の意味という点ではそれは矛盾であるが、矛盾ということがすぐに理解できることではなく、またわれわれもそれが比喩であれば、本来的にそれを厭う気持は強くないからである。というのは、ある点でそれは原因であり、行為者もまた一つの原因であることから、それは比喩的に「行為」と呼ばれるからである。

「選択による行為」といえば、それは直意としては繰り返しである。ちょうど意志の対象について知りながら、「彼は意志した」というようなものである。ただし、比喩的に「行為」ということがいわれ、また直意的に「行為」ということがいわれることが考えられるとき、「選択による行為」といっても心理的反発はない。その意味は、比喩ではなく真実の行為としての行為ということであり、それは「自分の口で語った」「自分の目で見た」というのと同じである。比喩的に「心で見る」、頭や手を動かして語る、したがって「頭で語った」、つまり頷いた、ということが可能なとき、「自分の口で語った」「自分の目で見た」といっても、誤りとはみなされないのである。その意味は、比喩的用法の可能性を否定することなのである。これはよく誤るところであり、これら青二才どもの誤りの箇所に注意すべきである。

問――行為者を「行為者」と呼ぶことは、ただ語義的に知られているにすぎない。そうではなくて、理性的に明らかなことは、あるものの原因となるものは、意志するものとそうでないものに区別されるということである。論点はただ「行為者」の語が直意的か否かの二つの区分のいずれに用いられるかであって、それを否定することではない。なぜなら、アラブ人はいう、「火は燃やす」「剣は切る」「雪は冷やす」「下剤は通じをよくする」「パンは満腹にする」「水は潤す」と。「彼は打つ」(yaḍribu) というわれわれの言葉の意味は「彼は打つことを為す」(yaf'alu al-ḍarb) であり、われわれのいう「それは燃やす」(taḥriqu) の意味は、「それは燃焼を作る」(taf'alu al-iḥtirāq) であり、われわれのいう「それは切る」は「それは切断を作る」である。君たちがこれらはすべて比喩だというなら、君たちは何の根拠もなしに勝手なことをいっているにすぎない。

答――それらはすべて比喩によるものである。真の「行為」とは、ただ意志によるものだけである。その証明はこうである。今ある出来事 (ḥādith) を仮定しよう。その生起の仕方には二つある。一つは意志的であり、他は非意志的である。理性は意志的な方を「行為」とし、語義的にもそうである。人を火中に投じてその人が死んだ場合、その投じた人が「殺人者」といわれるのであって、火ではない。したがって、「殺したのは何某《なにがし》だけだ」といえば、その言い方は正しい。

もし行為者の語が意志のあるものと意志のないものに一様に用いられ、一方が基本で他方が比喩でということではないとすれば、なぜ殺人が語義的にも、慣習的にも、意志あるものに結びつけられるのであろうか。火が殺人における直接的原因であってもである。それは、あたかも投げ込んだ人はただ人間と火を結びつけたにすぎないにしても、その結合が意志によって起こり、火の作用が意志なしに起これば、彼が殺人者と呼ばれ、火が殺人者といわれるのは、ただ比喩的にであるのと同じである。こうして「行為者」とは、行為がその意志の下に出てくる人のことであることが証明された。彼らのいうように、神は行為を意志する者でも選択する者でもないとき、造物主・行為者であるということは、ただ比喩としてだけとなる。

問――「神は行為者である」ということでわれわれが意味することは、神が自己以外のあらゆる存在者の存在の原因であり、世界の存在は彼によるということである。造物主の存在がなければ、世界の存在は考えられないであろうし、造物主の非存在が仮定されれば、世界は存在しないであろう。それは太陽がなくなれば、光がなくなるのと同じである。これが、神が行為者であるということでわれわれが意味することである。対者がこの意味を行為と呼ぶことを拒否するなら、意味が明らかである以上、呼称について争う必要はない。

答――われわれの目的は、このような意味を行為（fi'l）・作為（ṣun'）とは呼ばないことを明らかにすることである。行為・作為の意味は、真に意志から出たものにほかならない。ところが、君たちが真の行為の意味を否定しながら、そのような話を口にするのは、ムスリムたちに取り入ろうとするためである。宗教は、意味を欠いた言葉の使用によって完成することはない。神には行為はないと明言するがいい。そうすれば、君たちの信条はムスリムたちの宗教に反することが明らかとなろう。神は世界の造り主であり、世界は彼の被造物である、という虚言をいうことなかれ。君たちはそのような言葉を用いるが、その真の意味を否定しているのである。ここでの問題の目的は、ただこのごまかしを暴くことである。

（II）

ここで〔の議論〕は、世界は神が造ったものであるということが、彼らの原則に立てば、行為の条件を欠くがゆえに否定されるということである。行為とは生成させること（iḥdāth）であるが、彼らによれば、世界は無始であって（qadīm）、生成するもの（ḥādith）ではない。行為の意味は、生成によってものを非存在（'adam）から存在（wujūd）へと引き出すことである。そのようなことは無始なるものには考えられない。なぜなら、存在者を存在化することは不可能だからである。そこで行為〔の結果〕の条件は、それが生成するものだということである。ところが、彼らによれば、世界は無始である。どうしてそれが神の行為〔の結果〕でありうるだろうか。

問――「生成するもの」の意味は、「非存在の後の存在者」ということである。そこで検討しよう。行為者（神）が生成させたとき、彼と関係をもち、彼から出てくるのは、純粋存在(al-wujūd al-mujarrad) か、それとも純粋非存在 (al-ʻadam al-mujarrad) か、それともその両者であるか、である。彼に関係するのは、先行する非存在だとすることは誤りである。なぜなら、非存在に対して行為者は何の作用ももたないからである。また、両者であるということも誤りである。なぜなら、非存在はけっして行為者と関係しないし、非存在は非存在であることにおいて、けっして行為者を必要としないことは明白だからである。残るものとして関係するのは、存在者であるということになる。彼から出るのは存在のみであり、彼と関係をもつのは存在だけである。存在が永続的と考えられれば、関係も永続的と考えられる。この関係が続く限り、関係の主体である行為者の作用はより強く、より持続的である。なぜなら、行為者に非存在が関係することはけっしてないからである。

最後にいえることは、行為者が関係するのは、生成するものであるということである。

「生成するものである」ということの意味は、ただそれが非存在の後の存在ということである。非存在は行為者とは関係しない。もし非存在の先行を存在の条件とし、〔行為者が〕関係するのは特殊な存在であって、存在すべてではなく、それは非存在に先行された存在だというなら、非存在に先行されているということは、行為者の行為、造物主の創造によるものではないといえよう。なぜなら、この存在が行為者から出ることが考えられるのは、ただ非存在が先行している場合だけだからであり、非存在の先行は行為者の行為ではないからである。それ（存在）が非存在に先行されていることは、行為者の行為によるものではなく、彼が関係することではないのである。それ（存在）が行為であることのためにそれ（非存在の先行）を条件とすることは、行為者に何の作用もないことを条件とすることである。

「存在者を存在化することはできない」という君たちの言葉の意味が、非存在となった後に再び存在をとることはない、ということであれば正しい。しかし、もし君たちが、それが存在者であるときに存在化される（mūjad）ことはない、ということを意味するのであれば、われわれはすでに、それが存在化されたときに存在するものとなるのであって、それが非存在のときにではないことを証明している。というのは、ものが存在化されたものであるのは、ただ行為者がそれを存在化したときだけだからである。行為者は非存在のときに存在化する者であるのではなく、それからものが存在する時点においてである。存在化（ījād）は行為者が存在化する者となり、為されるものが存在化されるものとなることと連動するのである。なぜなら、それは存在化するものと存在化されるものとの関係を表わすものだからである。すべてこれらは、存在と共にあるのであって、その前ではない。したがって、もし存在化の意味が、それによって行為者が存在化する者となり、造られるものが存在化されるものとなる関係であるとすれば、存在化は存在するものにのみあることになる。

彼ら（哲学者たち）はいう、「このためにわれわれは、世界は永遠に神の行為であると判断するのである。いかなる状態でも彼はそれの造り主である。なぜなら、行為者と結合しているのが存在であり、結合が続く限り存在も続き、それが断たれると存在も断たれる。それは君たちが想像しているように、かりに神の非存在が仮定されても、世界は存続するというようなものではないのである。というのは、君たちは、大工と建物のように、大工がいなくなっても建物は残るようなものと考えているからである。建物の存続は大工によるのではなく、その構造を支える乾燥によるのである。例えば、水がそうであるように、支える力がなくなると、行為者の行為によって生まれた形の存続は考えられない」と。

答――行為〔の結果〕は、その生成（ḥudūth）という点で行為者（神）と関係するのであって、それに先行する非存在とか、それが単に存在者であるという点においてではない。なぜなら、われわれの考えでは、それが関係するのは生成の次の時点、すなわち存在者の時点ではないのであって、関係はその生成の時点、つまり非存在から存在への生成・移行の時点にあるのである。そこにおいて生成の意味が否定されれば、それが行為であるとは考えられないし、それと行為との関係も考えられない。「それが生成するものであるということは、それが非存在に先行されるということに帰着し、非存在にそれが先行されるということは、行為者の行為でも、造物主の造ったものでもない」という君たちの主張は、その通りである。しかし、存在が行為者の行為であること、つまり非存在が先行するということが条件である。それは、非存在に先行されない、つまり永続的な存在は、行為者の行為であることに適さないということである。行為が行為であるための条件とは、それがすべて行為者の行為によらなければならない、ということではない。行為者自身とその知・意志・力が行為者であるための条件であり、行為者の作用（athar）についてはそうではない。しかし、行為が考えられるのは、存在者からだけであり、行為者の存在と、知と意志と力が行為者であるための条件である。たとえ行為者の作用についてはそうではないにしても。

問——行為は行為者と同時的であり、それより遅れることはないということを君たちが認めるならば、そこから必然的に帰結することは、もし行為者が生成するものであれば、行為も生成するものであり、行為者が永遠であれば、行為も永遠だということである。もし行為は時間的に行為者に遅れることを君たちが条件とするなら、それは不可能である。なぜなら、水の中で手を動かせば、手の運動とともに水が動く。それは手の動きの前でも後でもない。もし手の動きの後だとすれば、手だけが動いて、水は動く前と同じ場所にあることになる。もし手の動きの前に水が動いていたとすれば、水は手から離れていたことになる。しかも水は手の運動の結果であり、かつ行為は手の運動の方から出ているのにである。もし手が水の中で永遠に動いていると考えれば、水の運動も永続的となる。水の運動は、その永続性にもかかわらず、結果であり造られたものであり、その永続性の想定によっても不可能とはならない。世界と神との関係も同様である。

答――水の運動のように、行為が生成した後でも、行為は行為者と共時的であることをわれわれは不可能とはしない。なぜなら、それは無から生成したものであり、それが行為であることは可能だからである。その際、それが行為者自身より遅れようが、同時的であろうが、問題ではない。ただわれわれが不可能とするのは、永遠なる行為である。無から生成したものでないものを行為と呼ぶのはまったくの比喩であり、そこには何の真実性もない。結果と原因が共に生成したものであり、また共に永遠であることは可能である。それは、永遠なる知が永遠なる者が知者であることの原因である、といわれるのと同じである。それについては議論の余地はない。問題は行為と呼ばれるものである。原因の結果が原因の行為といわれるのはただ比喩としてだけである。ただ行為と呼ばれるものの条件は、それが無から生成するということである。拡大解釈して、永続的で永遠なるものを他のものの「行為」と呼ぶならば、それは転用による拡大解釈である。指とともに水の運動が永遠で永続的であると仮定しても、水の運動が行為でなくなることはない、という君たちの主張は欺瞞である。なぜなら、指には行為はないからである。行為者とはただ指の所有者だけで、彼こそ意志する者だからである。したがって、もし行為者が永遠だと仮定しても、指の運動は彼の行為となり、それは運動のあらゆる部分は無から生成したものという点でそうなのである。このように考えて、それは行為なのである。水の運動については、われわれは時にそれは人の行為とはいわないで、神の行為であるという。いずれにしても、それが行為であるというのは、それが生成するものであるという意味においてである。たとえその生成が永続的であっても、それが生成体であるという意味で行為なのである。

問――行為と行為者の関係は、それが存在しているという点では、結果と原因の関係と同じだということを君たちが認め、次に原因の関与が永続的であるとの想定を認めたのであるから、世界は行為であるということは、ただ至高なる神と永続的な関係をもつ結果であるということをわれわれが意味するにすぎない。もし君たちがこれを行為と呼ばないなら、意味が明らかになった以上、呼称にこだわる必要はない。

答――本問題でのわれわれの狙いは、ただ次のことを明らかにするだけである。すなわち、君たちが何の根拠もなくこれらの名称で自らを巧妙に正当化していること、君たちのいう神は真の意味で行為者ではなく、世界は真の意味で彼の行為ではないということ、この用語を用いるのは君たちにとって比喩であり、何の真実性もそこにはないということである。そしてこのことはすでに明白となった。

（III）

彼らの原則に立てば、行為者と行為の両者に共通する条件からみて、世界を神の行為〔の結果〕とすることは不可能であることについて。

彼らはいう、「一者からはただ一つのものしか出ない」と。〔第一〕原理（mabdaʼ）はあらゆる点で一であり、世界は多様なものからなっている。したがって、彼らの原則の当然の帰結として、世界は神の行為とは考えられない。

問——世界の全体は、直接的に神から出たものではなく、彼から出るのは一つの存在者、つまり被造物（makhlūqāt）の最初のものである。それは「離在知性」（ʻaql mujarrad）、つまり自体的存在であり、位置を占めず、自己を知り、その〔第一〕原理を知る実体である。聖法の用語では「天使」（malak）と呼ばれるものである。そこから第三のものが流出し、この第三のものから第四のものが流出し、こうして間接的に存在者は多となる。

行為の多様性と多性は次の理由による——

(1) 作用する能力の多様性による。例えば、欲求の力と怒りの力によってわれわれが為すことがそれぞれ異なるように。

(2) 質料の多様性による。例えば、太陽は洗濯した布を白くし、人間の顔を黒くする。それはまたあるものを溶かすが、他のものを固くする。

(3) 道具の多様性による。例えば、同じ大工が鋸《のこ》で板を切り分け、斧で木を伐り倒し、錐《きり》で穴を開ける。

(4) 媒体による行為の多性である。すなわち、一つの行為をなし、次にその行為が別の行為をなすというぐあいにして行為が多となる。

このような区分はすべて第一原理においては不可能である。なぜなら、その本質には、唯一性の証明の際に述べるように、多様性（ikhtilāf）も二性（ithnaynīyah）も多性（kathrah）もないからである。また、質料の多様性もそこにはない。そこで議論は、例えば、第一結果や第一質料ということになる。またそこには道具の多様性もない。なぜなら、その地位において神とともに存在するものはないからである。そこで議論は最初の道具の生成ということになる。残るのはただ、世界の多性は、前述のように媒体を通して神から流出するということである。

答――以上のことから必然的に帰結することは、世界には個体（afrād）からなる複合体は一つも存在せず、存在するものはすべて個々の単一体（aḥād）であり、各々は上位の個体の結果であり、下位のものに対して原因であり、最終的にはもはや結果をもたない結果に終わる。同様に、上位に向かってはもはや別の原因をもたない原因に終わる。

ところが実際はそうではないのである。彼らによれば、物体は形相と質料からなり、両者の結合によって一つのものとなる。人間は肉体と霊魂からなり、一方の存在が他方からくるものではなく、両者の存在はともに別の原因からくる。彼らによれば、天球も同様である。それは霊魂をもった物体であり、霊魂は物体から生じるものでもなく、物体が霊魂から生じるのでもない。両者は各々別の原因から流出する。これらの合成体はどのようにして存在したのであろうか。一つの原因からであろうか。そうだとすれば、一者からは一者しか流出しないという彼らの主張は誤りとなる。では、複合的原因からか。こうして原因の構成を尋ねて、必然的に単純複合体に行き着く。〔第一〕原理は単純である。そして終わりが複合体となる。そのようなことが考えられるのは、ただ接触（iltiqā'）によるのみである。接触が起これば、一者から一者しか流出しないという彼らの主張は成り立たなくなる。

問――われわれの立場を知れば、困難はなくなる。存在するものは二つに大別される。一つは、偶有や形相のように基体の中にあるもの。他は、基体の中にないもので、これはさらに二つに区分される。一つは、物体のように他のものの基体になるもの。他は、基体とならないもので、自存する実体のような存在物である。これはさらに二つに区分される。一つは、物体に作用するもので、われわれはそれを「霊魂」(nafs) と呼ぶ。他は、物体に作用せず、霊魂に作用するもので、われわれはそれを「離在知性」と呼ぶ。

偶有のように基体に内在する存在者は生成するもので、それには生成する原因があり、それは最終的にはある面では生成し、ある面では永続的な原理に帰着する。それは回転運動であり、それについて問題はない。問題はただ基体をとらない自存的根源である。それには三つあり、一つは物体で、最も粗いもの、第二は、離在知性で、物体とは関係せず、また作用的関係もなく、物体に刻印されることもなく、最も高貴である。第三が霊魂であり、それは中間体である。それは物体とある種の関係をもつ。それは物体の中に影響や作用をもつということで、高貴さにおいて中間である。それは知性の作用を受け、物体に作用する。

次に、物体は十あり、九つは天体で、十番目は月天球の内部を充たしている質料である。九つの天体は生きており、それには物体と霊魂があり、後述のようにその存在には構造がある。

第一原理の存在から第一知性が流出する。それは自存する存在者であるが、物体ではなく、また物体の中に刻印されてもいない。それは自己を知り、自己の原理を知る。われわれはすでにそれを「第一知性」と呼んだ。それは天使とも、単に知性とも、あるいはその他好みに応じてさまざまに呼ばれるが、呼称は問題ではない。その存在から三つのものが帰結する。知性と最高天球霊と最高天球、つまり第九天球、である。次に第二知性から第三知性、恒星天球霊とその天球が帰結する。次に、第三知性から第四知性、土星天球霊、土星天球が帰結し、第四知性から第五知性、木星天球霊、木星天球が帰結する。こうして最後の知性、月天球霊、月天球にいたる。

最後の知性は「能動知性」(al-ʻaql al-faʻʻāl) と呼ばれ、月天球の内部を充たすもの――生成・消滅を受容する質料――が能動知性と天球の諸性質から帰結する。質料は星々の運動によってさまざまに混じり合い、そこから鉱物・植物・動物が生じる。

個々の知性から別の知性の流出が無限に続くということにはならない。なぜなら、これらの知性の種類は多様である。一つのものに肯定されることが、かならず他のものにも肯定されるということにはならないからである。そこから、第一原理の後の知性は十で、天球は九つで、これら高貴な諸原理は、第一原理を除いて十九となるのである。また、そこから、第一知性から出た各知性には、知性・天球霊・天球の三つがあり、その原理にはかならず三つ組があることになり、第一結果に多性が考えられるのは、ただ一つの側面からだけである。それは、第一知性がその原理を思惟し、自己を思惟するということである。それは、それ自体に関しては、可能的存在である。なぜなら、その存在の必然性は他によるものであって、自体的にではないからである。これらは三つの異なるものである。三つの結果のうち最も高貴なものは、これらの中で最も高貴なものに関係づけられなければならない。そこで、第一知性がその原理を思惟することから知性が流出し、それが自己を思惟することから天球霊が流出し、それが自体的には可能的存在であることから天球がそれから流出する。

最後に、その原理が一つであるのにこの三つ組が第一結果のどこから生じるのか、が問われねばならない。われわれ（哲学者たち）はいう。第一原理からは一者しか流出しない。それが自己を思惟するこの思惟そのものである。〔三つ組は〕それが原理を思惟することから必然的に生起することであり、原理からではない。それは本質において可能的存在であり、その可能性は第一原理からではなく、それ自体によるものである。われわれは、一者から一つのものが存在化することを不可能とはしない。だが、第一結果には、第一原理からではなくそれ自体において、関係的であれ非関係的であれ、必然的に複数のものが付随する。そのために多性が起こり、そのようにしてそれは多性の存在化の原理となる。このようにして、合成体と単純体の接合が可能になるのである。なぜなら、接合は不可欠であるが、それが可能になるのはそのようにしてのみだからであり、そのように判断せざるをえないのである。以上が彼らの立場についての説明である。

答——君たちが述べたことは恣意的なものであり、それは真実のところ、暗闇の上に暗闇を重ねたようなものである。誰かが自分のみた夢としてそれを述べたとすれば、彼はそれによって自分の体液の不調を証明するものとなろう。あるいは、せいぜいのところ推測的なことしか得られない法学上の議論において、同様のことがもち出されたとしても、それは蓋然的なことも生まない茶番だといわれるだろう。

そのようなことに対する反論の糸口は無数にあるが、われわれはその幾つかを紹介しよう。

第一の反論

第一結果における多性の意味の一つは、それが可能的存在であることだ、と君たちはいう。そこでわれわれはいう、「それが可能的存在であることは、その存在と同一であるのか、それとも別のものであるのか」と。もし同一だとすれば、そこから多性は生まれない。もし別のものだとすれば、われわれはいう、「どうして君たちは、第一原理にも多性があるといわないのか。なぜなら、それは存在者であり、かつそれとともに必然的存在者である。しかも、存在の必然性は存在そのものとは別である。とすれば、この多性のゆえにそれから多様なものが流出することも可能とすべきである。もし存在の必然性には存在以外に意味はないというなら、存在の可能性にも存在以外に意味はないことになる」と。

もし君たちが、「それが存在者であることが知られても、それが可能的であることが知られないことはありうる。したがって、両者は別である」というなら、必然的存在者も同様である。その存在を知ることはできるが、その必然性は別の証明の後でしか知られない。したがって、両者は別とすればよい。要するに、存在は一般的なことであり、それが必然的と可能的に区分されるのである。もし種差の一つが一般的なものに付加されるのであれば、第二の種差も同様である。そこに違いはない。

問――それがもつ存在の可能性は、その本質からのものであり、その存在は他からである。本質的にそれがもつものと、他からそれがもつものがどうして同じであろうか。

答――存在の必然性を否定して、存在を肯定することが可能でありながら、存在の必然性がどうして存在そのものと同じであろうか。あらゆる点で真実なる一者は、否定と肯定を〔同時に〕容れることはできないものである。なぜなら、「それは存在者であり、かつ存在者ではない。あるいは、必然的存在者であり、かつ必然的存在者ではない」ということはできないからである。しかし、「存在者であり、かつ必然的存在者ではない」ということはできる。同様に、「存在者であり、かつ可能的存在者ではない」ということも可能である。このようにしてのみ一性（wahdah）が知られるのである。したがって、もし存在の可能性は可能的存在とは別であるという、彼らの述べたことが真であれば、第一者に対して、そのようなこと（存在の必然性と必然的存在の同一性）を想定することは正しくないことになる。

第二の反論

「第一結果によるその原理についての思惟は、その存在、およびその自己についての思惟と同一であるのか、別であるのか」とわれわれは問いたい。もし同一であれば、第一結果の中に多性が存在するのは、ただその本質についての表現においてのみということになる。もし別であれば、この多性は第一者にもすでに存在することになる。というのは、それは自己を思惟し、他を思惟するから。もし彼らが、「彼の自己思惟は自己と同一であり、それが他にとっての原理であると思惟しない限り、それは自己を思惟することにはならない。なぜなら、思惟は思惟対象と一致し、したがってそれは自己に帰着するから」というならば、われわれはいう、「〔第一〕結果の自己思惟は自己そのものである。なぜなら、それはその本質において思惟であり、したがって自己を思惟するのであるから」と。思惟と思惟者とその思惟対象もまた一つである。次に、それの自己思惟が自己そのものであれば、自己を原因の結果と思惟するがよい。それもその通りなのだから。思惟は思惟対象に一致する。こうしてすべてはそれ自体に帰着し、そこには多性はない。これが多とすれば、それは第一者にもあることになる。したがって、そこから多なるものを流出させればいい。もしこの種の多性によって一性がなくなるなら、あらゆる点からそれが一であるとの主張を放棄しよう。

問――第一者が思惟するのは自己のみであり、それの自己思惟は自己そのものであり、思惟と思惟者と思惟対象は一つであり、他を思惟するのではない。

答――これに対する回答は二つある。第一の回答。この立場の厭うべき性格のゆえに、イブン＝スィーナーや他の真理の探究者たちはそれを放棄し、こう主張する、「第一者は自己を、それから流出するものの原理であると思惟し、存在するものすべてを、個別的ではなく普遍的思惟で、それらの種において思惟する」と。彼らは、第一原理からは一つの知性のみ流出し、しかもそれから流出するものを思惟することはない、という論者の主張を悪しきものとみたからである。〔とはいえ〕第一原理の結果は知性であるが、それから〔第二の〕知性と天球霊と天球が流出する。第一結果は自己とその三つの結果とその原因と原理を思惟する。となれば、結果の方が原因より高貴となる。しかも〔第一〕原因からはただ一つしか流出しないのに、これからは三つのものが流出する。第一者は自己しか思惟しないのに、これは自己と第一原理そのものと、諸結果そのものを思惟する。神についての主張がこの程度でしかないことに満足している者は、自己を思惟し、他者を思惟する存在者すべてよりも、神を下等なものにしているのである。なぜなら、もし神が自己しか思惟しないなら、神を思惟し、自己を思惟するものの方が神よりもより高貴だからである。

神の栄光についての彼らの深い探究の結果、彼らはついには理解される限りの偉大さをすべて否定し、神の状態を、世界に起こることについては何も知らない死人の状態に近づけたのである。唯一の違いは自己だけは意識しているということである。

次のような人々に対しても、神は同様のことをされた。すなわち、神の道から外れた者たち、導きの道から逸脱した者たち、「私（神）は彼ら[24]を天地の創造にも、彼ら自身の創造にも立ち会わせなかった」（一八：五一）との神の御言葉を否定する者たち、神について悪く考える者たち、主性の問題の奥義を人間の能力で把握できると信じている者たち、その理性に惑わされている者たち、理性が使徒たちへの模倣と服従に代わるものであると主張する者たちである。確かに、彼らが理性で考えたことの精髄も、結局は、夢の中の驚くばかりの物語にすぎないことを彼らは認めざるをえないのである。

第二の回答。第一者は自己しか思惟しないとの立場をとる人は、ただ多性の帰結を恐れているだけである。なぜなら、もしそうでないと主張するなら、それ（第一者）の他者思惟は自己思惟とは異なるといわざるをえないからである。同様のことは第一結果にも帰結することになり、それは自己のみ思惟するのでなければならなくなる。なぜなら、かりにそれが第一者、あるいは他者を思惟するならば、それは自己とは別となり、自己の原因とは別の原因を必要とすることになる。ところが自己の原因としては第一原理しかないのである。つまり、〔第一結果は〕自己しか知らないことでなければならないのである。こうしてこの面から生じる多性が否定されるのである。

問——第一結果が存在し、それが自己を思惟するとき、必然的にそれは第一原理を思惟する。

答——そのことが帰結するのは、原因によってであるか、原因によらないのであるか。もし原因によるのであれば、原因は第一原理しかない。それは一つであり、それから一つ以外のものが流出することは考えられない。そしてそれはすでに流出している。それが〔第一〕結果そのものであり、どうしてそれ（第一原理）から第二のものが出るのだろうか。もし原因なくしてそれが帰結するなら、第一者の存在から多くの存在者を原因なくして帰結させ、そこから多性を帰結させればよい。もし必然的存在者は一つでしかないし、一者以外のものは可能的なものであり、可能的なものは原因を必要とするという点で、このような〔多性の〕帰結は〔必然的存在者には〕考えられないのなら、そのような帰結がいえるのは〔第一〕結果についてである。もしそれが自体的に必然的存在者であるとするなら、必然的存在者は一つである、との彼らの主張は成り立たなくなる。もしそれが可能的なら、それには原因が不可欠である。しかし、それには原因はない。したがって、その（多性の）存在は考えられない。それは、第一結果が可能的存在者であることから必然的に出るものではない。というのは、存在可能性は、あらゆる結果に必然的なことだからである。結果が原因を知っているということについては、それはそれ自体の存在に必然的なことではない。同様に、原因が結果を知っていることも、それ自体の存在に必然的なものではない。いや、結果についての知の必然性は、原因についての知のそれより明白である。こうして〔結果が〕原理を知ることから生じる多性は不可能であることが明白となった。なぜなら、それには原理はないし、それは結果自体の存在の必然性によるものではないからである。これにもまた出口はないのである。

第三の反論

第一結果の自己思惟は自己と同一であるのか、別のものであるのか。もし同一とすれば、それは不可能である。なぜなら、知と知の対象は別だからである。もし別だとすれば、第一原理についても同様にすべきである。そうすれば、彼から多が帰結することになろう。さらに第一結果の中には、彼らの主張するように三つ組ではなく、四つ組が帰結することになろう。つまり、その本質、それの自己思惟、それの原理についての思惟、それが自体的には可能的存在者であることの思惟である。それは他によって必然的存在であることを加えれば、五つ組になる。このようにして、これらの人々が陥っている狂気の深さが知られる。

第四の反論

われわれはいう。三つ組は第一結果においては不十分である。というのは、第一天球は、彼らによれば、その〔構成〕原理自体の一つの観念から帰結するが、それには三つの点で複合性がある。

　第一に、それは形相と質料の複合体である。彼らによれば、すべての物体についても同様である。その両者のいずれにも一つの原理が不可欠である。というのは、形相は質料と異なり、彼らの立場からすれば、その各々が他に対して独立した原因となり、一方が他を介して存在し、そこには他の付加的原因を必要とする、ということはないのである。

　第二に、最高天球は一定の大きさに限定されている。それが他のさまざまな大きさの中でその大きさに特定されているということは、その本体の存在に付加されたものである。なぜなら、その本体は現状よりも小さく、あるいは大きくあることは可能的であり、したがってその大きさを特定し、しかも知性の存在とは異なり、その存在を必然化する単純なもの（al-ma'nā al-basīṭ）以外のものがそこになければならないからである。なぜなら、知性は純粋存在（wujūd maḥḍ）であり、他のさまざまな大きさに対して一つのサイズを特定することはないからである。知性が必要とするのは単純な原因だけである、ということが可能なのである。

　問――その理由は、もしそれ（最高天球）がより大きくなるとすれば、普遍的秩序の成立にとってそれは余分となるからである。またより小さくなれば、それは目的とする秩序にふさわしくないからである。

　答――特定の秩序のあり方は、それを存在させるものだけで十分であるのか、それとも別の原因の存在が必要なのか。もし十分だとすれば、原因を措定しなくて十分であるということになる。だとすれば、これらの諸存在の中の秩序のあり方はこれらの諸存在を必要とするが、付加的な原因は必要ではないと判断するがよい。もしそれが十分ではなく、別の原因を必要とするならば、それもまた大きさの特定に十分ではない、つまりその構成のための原因もまた必要であるということになる。

第三に、最高天球は二つの点、つまり二つの極点に分けられる。両者の位置は固定されて、それらの位置が移動することはない。しかし、その他の諸部分の位置は変化する。そこで二つの場合が考えられる。第一は、最高天球のすべての部分が等しい場合である。では、なぜ他の諸点の中で二点が極点となるべく特定されざるをえなかったのか。第二は、その諸部分が異なる場合である。そのある部分には、他にない特性がある。とすれば、そのような違いの原理は何であろうか。最高天球は一つの単純なものからしか流出しない。単純なものは形において単純なもの、つまり球体、そして観念において等しいもの、つまり差異を生む特性から自由なものからしか必然的に生まれないのである。これにもまた出口はない。

問——たぶん原理には、その原理自体からではなくても、さまざまな種類の多性が必然的にあるのであろう。ただわれわれには三つないし四つしか明らかではないが、他についてはわれわれが知らないだけなのであろう。残余のものについてわれわれが知らなくても、多性の原理は多性であり、一者からは多は流出しないということに疑いはない。

答――君たちがこのようなことを可能とするならば、すべて多なる諸存在者はその数がすでに何千にも達しているとして、それらがすべて第一結果から〔直接〕流出したというがいい。それは最高天球とその霊魂に限定される必要はない。天球霊や人間霊魂のすべて、地球や天体のすべて、およびその中の知られてはいない必然的な種類の多性を含めて、すべてがそれから流出することも可能なのである。そうなれば、第一結果だけで十分となる。

次に、それなら第一原因だけで十分だということが帰結する。というのは、第一結果の存在化において必然的ではなく、しかも原因がなくても生まれるような多性の生成が可能であれば、第一原因についてもそのような想定が可能となる。その存在は原因なしであり、多性が帰結し、その数は知られない。原因なしの多性の存在が第一者について想定されるときは常に、第二者についてもそのようなことが原因なしに考えられる。いや、第一者、第二者とわれわれがいうことには意味がない。なぜなら、両者の間には時間的・空間的差異はなく、時間的・空間的に両者を区別しないで、しかも原因なくして存在することが可能なものに対して、それらのいずれかが特殊な関係をもつことはないからである。

問――ものは増えてすでに千を超えている。第一結果において、多性がこれほどまでになることは困難である。そのためにわれわれは、媒体を増やしたのである。

答——論者のいう「困難である」(ya'budu)というこのいい方はまったくの臆測であり、知的対象に対してはそのような判断をすべきではない。ただ「不可能である」(yastaḥīlu)というべきである。そこでわれわれはいう。なぜ不可能なのか、と。ひとたび一を超えると、〔数の増大を〕何が妨げ、何がその基準となるのか。〔第一〕原因からではなく、第一結果から一つ、二つ、三つのものが必然的に帰結することが可能とわれわれは信じるが、四つ、五つから同様にして千のものを不可能とするのは何であろうか。でなければ、恣意的にある数を避けてある数を取る者には、一つを超えれば、もはや制限のしようはないのである。これもまた、決定的〔な反論で〕ある。

次にわれわれはいう。これは第二結果については正当でない、と。なぜなら、それから恒星天球が流出するが、そこには約千二百の星々がある。それらは大きさ、形、位置、色、作用、運・不運においてさまざまである。あるものは、仔牛、牡牛、獅子の形をしており、あるものは人間の形をしている。それらの影響力は地上界の同一場所においても、寒くしたり暑くしたり、また幸運にしたり不運にしたり、とまちまちであり、またそれら自体の数量もまちまちである。このような相違がありながら、すべては同一種であるということはできない。もしそのようなことが可能なら、世界のすべての物体は物体性において同一種であり、したがってそれらには一つの原因で十分であることになる。もしそれらの属性、実体、性質の多様性がそれらの多様性を示すのであれば、同様に星々も確かに多様となる。そして、各々がその形相のための原因とその質料のための原因を必要とし、また各々が熱・寒、運・不運の特定の性質をとる原因、特定の場所をとる原因、次にそれらの総体がさまざまな動物の形をとる原因を必要とする。これらの多性が第二結果の中で思惟されると考えられるなら、第一結果においても考えられることになり、第一結果だけで十分となる。

第五の反論

われわれはいう。これらの愚劣な仮定や誤った恣意的命題をかりに認めるとして、君たちはどうして次のようにいうことを恥としないのか。すなわち、第一結果が可能的存在であることが最高天球の存在をそれから要請し、それの自己思惟が天球霊の存在をそれから要請し、それによる第一者の思惟が天球知性の存在をそれから要請する、と。このようなことをいう者と、近くにはいないが一人の人間の存在を知っていて、その人が可能的存在であること、彼が自己とその造物主を思惟することを知っていて、彼が可能的存在であることから天球の存在が帰結する、という人との違いは何であろうか。それが可能的存在であることと、それから天球が存在化することの間にどんな関係があるのだろうか。それが自己を思惟し、その造物主を思惟することから他の二つのものが帰結するということについても同様である。このようなことが人間についていわれれば、笑われるであろう。他の存在者についても同様である。なぜなら、存在の可能性は可能的なものの本質が人間・天使・天球と変わったとしても、変わることのないものだからである。かりに狂人であっても、自らこのような命題にどうして満足するであろうか、私は知らない。ましてや、知的対象を微細にわたって究めているといわれる理性ある人々においてをやである。

問――君たちが彼らの立場を誤りとするなら、では君たち自身は何というのか。あらゆる点で一なるものから二つの異なるものが出るというのか。そして、そのようにして理性に抗おうとするのか。それとも、第一原理には多性があるとして、唯一性の原理を放棄するのか。それとも、世界には多はないといって、感覚を否定するのか。それとも、多は媒体によるといって、彼らのいうことを認めざるをえないとするのか。

答――われわれが本書の執筆を始めたのは、準備的作業としてではない。われわれの目的はただ彼らの主張を攪乱することであり、それは達成された。ただわれわれはいいたい、「一者から二つのものが流出するとの帰結は、理性的原理に反することであり、また〔第一〕原理に永遠の諸属性を結びつけることは、唯一性の原理に矛盾することだと主張する者があれば、これら二つの主張は誤っている。彼らにはそれらを証明するものは何もない」と。なぜなら、一者から二つのものの流出は不可能だということは、一人の人間が二つの場所に〔同時に〕存在することが不可能だということと同じようには知られてはいないからである。

要するに、それは必然的にも、また論証的にも知られていないのである。いったい何ゆえに、第一原理は知者・意志者・全能者であり、欲することを為し、欲する通りに判断し、異なるもの、同種のものを欲するように、また欲する形で造るといえないのか。このことが不可能だということは、必然的にも論証的にも知られてはいない。そのことを伝えたのは、奇跡によって支持された預言者たちであり、それを受け入れることは義務なのである。神の意志によって行為がどのように出るのかについての探究は余計なことであり、求むべからざるものを求めることである。その関係を探究し、それを知ろうとする者たちの論証の結果が、第一結果が可能的存在であり、そこから天球が流出し、それの自己思惟から天球霊が流出するということである。これは馬鹿げたことであり、何の関係も明らかにするものではない。

このような事がらの原理は預言者たちから学び、それらについては彼らの真実性を認めようではないか。なぜなら、理性はそれらを不可能とはしないからである。そして、その様態や量や本質についての探究を止めようではないか。それは人間の能力のなしうることではないのである。そのために、聖法の主（ムハンマド）は、「神の創造されたものを考えよ。神の本質を考えるなかれ[25]！」といわれている。

第四問題——世界の造物主の存在を彼らは証明しえないことの説明

人間は二つのグループに分かれる。一つは、真理の人々（ahl al-haqq）。彼らは、世界は生成体であると考え、したがって必然的に、生成体は自らで存在するものではなく、造物主を必要とすることを知っている。造物主の存在を認めるという点で、彼らの立場は理性的である。

他のグループは唯物論者である。彼らは、世界は今あるように永遠の過去からそうであったと考え、世界の造物主を認めない。彼らの信条は、たとえその誤謬を証明することは可能であるとしても、それなりに理解可能である。ところが哲学者たちは、世界は永遠であると考え、それにもかかわらず世界に造物主を認めるのである。この立場はそれ自体自己矛盾であり、批判に値しない。

問——われわれが「世界には造物主がある」というとき、われわれが意味しているのは、仕立屋・織工・大工といった種々の職人たちにみられるように、何もしていなかったのに、何かを始める意志的行為者ではなく、世界の原因ということである。われわれはそれを第一原理（al-mabda' al-awwal）と呼ぶ。その意味は、その存在には何の原因もなく、それがそれ以外の他のものの原因である、ということである。われわれがそれを造物主と呼ぶのは、このような比喩的な意味（taʾwīl）においてである。その存在に原因を要しない存在者についての確実な証明はすぐにできる。すなわち、われわれはいう。世界とその中の諸存在には原因があるのかないのか、のいずれかである。もし原因があるとすれば、その原因にはさらに原因があるかないか。原因の原因についても同じことがいえる。こうして、果てしなく続くか、あるところで止まるかである。前者は不可能である。後者の場合、その極限がもはやその存在に原因をもたない第一原因である。われわれはそれを「第一原理」と呼ぶ。もし世界が原因をもたない自体的存在者であるなら、すでに第一原理が明らかになっているということである。われわれのいう「第一原理」とは、原因をもたない存在者にほかならないからである。こうしてそれは必然的に定立される。

もちろん、「第一原理」が諸天球である、ということはありえない。なぜなら、それは多数の存在であり、第一原理の唯一性がそのようなことの不可能性を証明するし、第一原理の属性の考察からその誤りが知られるのである。それは一つの天であり、一つの物体であり、一つの太陽である、などということはありえないのである。というのは、それら（諸天球）は物体であり、物体は形相と質料からなるものであり、第一原理が合成体である、ということは不可能だからである。このことはさらなる考察によって知られる。

80

要するに、われわれの狙いは、その存在に原因をもたない存在者の必然的かつ普遍的定立ということである。ただ違いがあるとすれば、それは属性についてのみである。それがわれわれのいう「第一原理」である。

答――これには二つの面から反論することができる。第一に、君たちの立場からすれば、世界の諸物体は無始（qadīm）であり、したがってそれらには原因がないことが必然的に帰結する。しかし、このような帰結はさらなる考察で避けられるとの君たちの主張は、唯一性の問題、およびそれに続く属性の否定についての議論の際に、論駁されるであろう。

第二に、これは本問題に特有のものである。すなわち、これらの諸存在には原因があるが、その原因にはまた原因があり、原因の原因にも原因がある、というぐあいに無限に続く、ということが実質的に確定しているということである。したがって、無限の原因を認めることは不可能である、との君たちの主張は、君たちの立場から成立しないのである。われわれはいう、「君たちはそのことを中間命題もなく必然的に知るのか、それとも中間命題によって知るのか」と。「必然的に」といういい方はできない。君たちが議論の中で述べるすべての方法は、君たちの意に反して、成立しない。それは、始まりのない諸生成物の連鎖が可能であることによる。終わりのないものの存在が可能であれば、生成物のあるものが他のものの原因となり、こうして最後の端がもはやそれ以上の結果をもたない結果に終わり、他の側では、もはやそれ以上の原因をもたない原因に終わることがない、ということが不可能ではなくなる。それは、過ぎ去った時間には終わり、つまり流れゆく今はあるが、始まりがないのと同様である。

もし君たちが、「過去の出来事は今、またはいずれかの時点で、同時に存在しているわけではない。存在しないものについて、それが有限であるか無限であるか、を云々することはできない」というなら、君たちには肉体を離れた人間の霊魂〔の問題〕が避けられない。君たちの考えでは、それらは消滅しないし、肉体を離れた霊魂という存在者は、その数において限りがない。なぜならば、人間から精液が出て、精液から人間が生まれることが無限に続き、人間はすべて死ぬが、その霊魂は存続するからである。そしてそれは、複数の存在としてその前に、それと同時に、またその後に死んだ人の霊魂とは別である。かりに種としては、すべては同一であってもである。そこで君たちの考えでは、無限の数の霊魂があらゆる瞬間に存在することになるのである。

問——霊魂には相互に何のつながりもなく、また何の序列もない。それは性質においても、また位置においてもそうである。われわれが限りのない存在者を不可能とするのは、ただ相互に上下の関係にある物体のように、位置において序列をもつ場合か、原因・結果のように性質において序列をもつ場合だけである。霊魂については、そのようなことはないのである。

答——位置についてのこの判断は、その逆の判断に勝るということはない。この両者のうちの一方をどうして君たちは不可能とするのか。両者を区別する証明は何か。無限の数のこれらの霊魂について、そのあるものの存在は他に先行するがゆえに、そこには序列が避けられないという人を、君たちはなぜ否認するのか。過去の昼夜に限りはない。そこでわれわれが、一昼夜ごとに一つの霊魂が存在するようになると想定すれば、現在存在するものの総数に限りはなく、またそのあるものが他の後になるように序列化されることになる。

原因についてもせいぜいいえることは、空間的にではなく本質において、原因は結果より上位にあるといわれるように、本質的に原因は結果より前にあるということである。真に時間的な意味での「前」にそれが不可能でないならば、本性的・本質的な意味での「前」においても不可能ではありえないことになる。いったいどうして彼らは、空間的にあるものが限りなく他のものの上になることを不可能としながら、他方で、時間的にあるものが限りなく他のものの前になることを可能とするのか。これはまったくの恣意的判断以外の何ものでもなく、それには何の根拠もない。

問——無限の原因の不可能なことの決定的証明は、次のようにいうことである。原因の単位の各々はそれ自体においては可能的であるか、必然的であるかである。もし必然的であるとすれば、原因を必要としない。可能的だとすれば、すべては可能性をもつことになり、すべて可能的なものは、それ自体に関わる原因を必要とすることになる。そこでその全体が一つの別の原因を必要とすることになる。

答――「可能体」「必然体」の語は曖昧な用語である。ただここで意味することは、「必然体」（wājib）とはその存在に原因がないものであり、「可能体」（mumkin）とはその存在に原因があるものだということである。もしこれがその意味だとすれば、これらの表現に返ってわれわれはこういう、それにはそれ自体に関わる原因があるという意味で「各々は可能的である」と。そしてそれにはそれ自体に関わる別の原因がないということで、「全体は可能的でない」と。もし「可能体」ということで、われわれが意図したこと以外のことを意味するのであれば、それは理解不能である。

問――このことは、必然的存在は可能的存在によって構成されているということを結論づけることになり、それはありえないことである。

答――われわれはいう。もし君たちが「必然体」「可能体」によってわれわれが述べたことを意味するのであれば、求めるところは同じである。そこでわれわれは、それはありえないことは認めないのである。それは、「無始なるものが生成するものによって構成されるということは不可能である」という人の言葉と同じである。彼らにとって、時間は無始であり、個々の〔天体の〕回転は生成するものであり、始まりをもつ。しかし、その総体には始まりはないのである。始まりをもつものは単位としては正しいが、その総体としては正しくないのである。同様に、個々の単位については原因があるといえるが、それらの総体に原因があるとはいえないのである。

単位について真実であることすべてが、総体についても必然的に真実であるわけではない。というのは、個々のものについては、それは一つである、それは若干である、あるいはそれは一部である、ということは真実であるが、総体についてはそうではないからである。

われわれが特定する地上のいかなる場所も、昼は太陽の光を受け、夜は暗闇となる。すべてのものは、非存在の後に生成するもの、つまり始まりをもつ。しかし、彼らによれば、その総体は始まりをもたない。そこで明らかになったのは、始まりのない生成体、つまり四原素（地・水・火・風）と可変体の諸相を認める人は、無限の原因を否定することはできないということである。ここから出てくることは、彼らにはこの困難のゆえに、第一原理を定立する道はないということである。こうして〔個々の単位と総体という〕彼らの区別はまったくの恣意的判断に帰するのである。

問――回転は今〔すべて〕存在するのではないし、諸原素（anāṣir）の諸相も同様である。それらの中の存在するものは、現実の一つの相である。存在しないものについて、有限・無限をいえるのは、ただその存在を想像の中に想定するときだけである。想像の中で想定されることは不可能ではない。ただそれは想定されるものでも相互に因果の関係がある場合であり、人間は時にそれを想像の中で行なっている。もっとも、存在者についての〔そこでの〕話は、個物についてであって、観念ではないが。

死者の霊魂だけが存続する。すでにある哲学者たちは、肉体と結合する以前には無始の一つの霊魂しかなく、肉体から分離した後は〔また〕一体となり、そこには数はなく、無数ということもいえない、と主張している。(26) 他の哲学者たちはいう、「霊魂は体液に従属するものであり、死とはそれが消滅することにほかならない。霊魂は肉体なしに自存するものではない。したがって、霊魂が存在をもつのは生者においてだけであり、存在する生者は限定されており、その数が無限ということはない。存在しないものについては、限定の有無をいうことができるのは、かりにそれらが存在すると想定した場合だけである」と。

答――霊魂についてのこの問題点をわれわれがもち出したのは、イブン＝スィーナーやファーラービーや彼ら（哲学者たち）の中の真理の探究者たちに対してである。というのは、彼らは霊魂を自存する実体とみているからである。それは、アリストテレスや初期の註釈家たちの選んだ立場である。このような立場をとらない人に対しては、われわれはいいたい、何か永続するものが生成するということが考えられるか否か、と。もし否といえば、それは不可能である。もし考えられるといえば、われわれはいいたい、かりに毎日何かが生成し、それが存続すると考えれば、今までのそれら存続者の総体は無数となる。ところで、〔天球の〕回転は消滅するが、その中に持続し消滅しない存在者が生起することは不可能ではない。このように考えることで、この困難は解決される。この持続するものが、人間の霊魂であれ、ジンであれ、サタン、天使、その他いかなる存在者であれ、変わりはない。それは彼らの立場のいかんに関わりなく必然的なことである。なぜなら、彼らは無限の回転を認めているからである。

第五問題——神は唯一であること、互いに他の原因とならない二つの必然的存在者を想定することはできないこと、これらを彼らは証明できないことの説明

彼らにはこれを証明する方法が二つある。

第一の方法——彼らはいう。もし〔必然的存在者が〕二つあるとすれば、必然的存在という種は二者のいずれにもいえることになる。必然的存在者であるといわれるものについて、その必然的存在が自体的であるとすれば、それが他によることは考えられない。もし必然的存在がある原因によるとすれば、必然的存在者自体が結果であることになり、その原因が必然的存在を要請したことになる。ところで、われわれが必然的存在者という場合、それはただいかなる点においても、その存在が原因に結びつくことのないもののことである。

彼らは主張する。人間という種はザイドやアムルについていわれるもので、ザイドが自体的に人間であるわけではない。というのは、もし彼が自体的に人間だとすれば、アムルは人間ではなくなるからである。〔彼が人間であるのは〕彼を人間とする原因によるものであり、それがアムルをも人間としたのである。

人間性（insānīyah）は、それを担う質料の数に応じて多化するのである。それと質料との関係は結果であり、人間性の本質によらないのである。こうして必然的存在者の必然的存在の定立も同様である。もしそれが自体的であれば、自己によるのみであり、もし原因によるとすればその結果となり、必然的存在者ではなくなる。こうして明らかになったことは、必然的存在者は唯一でしかありえないということである。

われわれはいう。必然的存在者という種は自体的か原因によるか、という君たちの主張は誤った区分の提示である。というのは、われわれがすでに明らかにしたように、「必然的存在」という用語は概括的なもの（ijmāl）で、原因の否定という意味しかないのである。〔その〕ような意味で〕われわれはその表現を用い、次のようにいう。双方に原因がなく、また互いに他の原因とならない二つの存在者の定立がなぜ不可能なのか、と。原因のないものが原因をもたないのは自体的にそうなのか、原因によるのか、との君たちの主張は誤った区分である。なぜなら、原因の否定、原因から自由な存在に対して、原因は求められないからである。「原因がないものに原因がないことは自体的なのか、原因によるのか」という人の言葉にどのような意味があるのか。というのは、「原因がない」というわれわれの言葉は純粋な否定なのであり、純粋な否定に原因はないし、またそれが自体的にそうなのか否かが云々されることもない。

もし君たちが、必然的存在ということで、その存在に原因のない存在者という以外に、別の性質を定立するのであれば、それはそれ自体理解できないことである。その言葉が表出することは、存在に対する原因の否定ということで、それは純粋な否定であり、それについて自体的か原因によるかと問い、そのような区分に何か目的がある、というようなことではないのである。以上は知性の乏しい人の根拠のない証明だ、ということがこうして示された。

われわれはいう。必然的存在者であるということは、その存在に原因がなく、また原因がないことにも原因がないという意味である。原因がないということは、自体的な結果ということでもなく、ただその存在に原因がなく、また原因がないことにまったく原因がないということにすぎない。どうしてそうでないことがあろうか。そもそもこのような区分は幾つかの肯定的属性には適用できないし、ましてや否定的なものについてはいうに及ばずである。なぜなら、もし誰かが「黒が色であるのは自体的にであるのか、原因によるかである」といい、かりに自体的にそうだとすれば、赤は色ではなくならなければならず、この〔色という〕種、つまり色性は黒そのものにのみいわれることにならねばならない。他方、黒が色であるのはそれを色にする原因によるとなれば、色でない黒を考える、つまり原因がそれを色にしない場合も考えなければならないことになる。というのは、ある原因によってある実体にそれに付加的なものを定立することが可能であれば、たとえ現実にはありえないとしても、その非存在を想定することも可能となるからである。

しかし、次のようにもいわれる。この区分の提示は誤りである。黒に対して、それは自体的に色であるということがいわれるにしても、それは同じことが他の実体（色）にはいえないという意味においてではない。同様に、この存在者は自体的に必然的である、あるいはそれ自体に原因をもたないということがいわれるにしても、それは他の実体に同じことがいえないという意味においてではない。

第二の方法——彼らはいう。かりにわれわれが二つの必然的存在者を想定するならば、両者はあらゆる点で類似であるか、異なるかである。もしあらゆる点で類似であるとすれば、多性も二性も考えられない。というのは、二つの黒が二つであるのは、それらが二つの場所にあるか、一つの場所であっても二つの別の時においてである。同一時に同一の場所で、黒と運動は二つの実体の違いのゆえに二つでありうる。しかし、二つの黒のように、二つの実体に違いがなく、時間も場所も同じであれば、多性は考えられない。同一時間、同一の場所での二つの黒について語ることができるとするなら、一人の人間について、二人の人間であるが、両者の間の相違の見分けがつかないだけである、ということがいえることになる。あらゆる点での類似が不可能となれば、相違が不可欠となるが、それは時間や場所においてではありえない。残るは実体における相違ということになる。

二つ〔の必然的存在者〕がある点で異なる場合は、かならず両者はある点で共通するか、しないかのいずれかである。もしいかなる点でも共通しないとすれば、それは不可能である。というのは、両者は存在においても存在の必然性においても、また両者いずれも場所をとらない自立的存在であることにおいても、共通しないということにならざるをえないからである。

他方、ある点で両者は共通し、ある点で異なる場合、共通するところと相違するところは別である。そこには概念的な構造と区分がある。しかし、必然的存在者には構造はない。それは量的に分割されないように、説明的陳述によっても分割されない。というのは、その本質が説明的陳述によって多性が証明されるようなものによって構成されていることはないからである。それはまさに、「動物」と「理性的」(nāṭiq)の語が、人間の本質を形成するものを示すようなものである。というのは、人間は動物であり、理性的であり、人間の中の「動物」の指示内容は、「理性的」の語のそれとは異なるからである。

こうして「人間」は諸部分により構成され、それらはそれらを指示する言葉によって定義として秩序づけられていて、「人間」という名辞はその総体に適用されるのである。このようなことは〔必然的存在者の場合には〕考えられないことであり、〔逆に〕このようなことがなくては二元性は考えられないのである。

答はこうである。二元性が考えられるのは、ただある点での相違によるのみであり、あらゆる点で類似の二つのものに違いはない、ということは承認できる。しかし、この種の構成は第一原理には不可能だとする君たちの主張は、まったくの恣意的判断である。それを証明するものは何か。

そこでこの問題を正面から考えてみよう。第一原理は量によって分割されないように、説明的概念によっても分割されない、というのが彼らのよく知られた言説である。彼らによれば、神の唯一性（waḥdānīyah）の定立も、これを基にしているのである。彼らは主張する。〔神の〕唯一性が完成するのはただ、造物主の本質にあらゆる点からの一性を定立することにより、また一性の定立はただあらゆる点からの多性の否定による、と。

本質の中に多性が生じる道は五つある。

(1) 現実に、また想定上、分割を受け入れることによる。そのゆえに、一つの物体が絶対的に一つであったことはない。というのは、それは変化を恒常的に受け入れる連続性において一つなのだから。それは思考上、量的に分割可能なのである。このようなことは第一原理にはありえない。

(2) ものは思考上、物体が質料と形相に分割されるように、量的にではなく、二つの異なる意味に分割される。質料と形相の各々は、他がなくては自立的に存在することは考えられないにしても、両者は定義や本質において異なる二つのものであるが、両者が結合することで一つのもの、つまり物体が生じるのである。このことも神には否定される。造物主が物体の中の形相であることも、物体の質料となることも、それら両者の結合体となることもありえない。

両者の結合のためには二つの原因が必要となる。一つは、現実のまたは想定上の部分化に際しての量的分割であり、他は意味上の形相と質料への分割である。質料は形相を必要とするゆえに、神は質料ではない。必然的存在者はあらゆる点で自己充足的であり、その存在が自己以外の別の条件と結合することはありえない。また、形相は質料を必要とするゆえに、神は形相でもない。

(3) 知・力・意志の想定から考えられる属性による多性。これらの属性が必然的存在であるなら、必然的存在は本質とこれらの属性の間に共有されていることになり、必然的存在者に多性が必然的に帰結し、その一性が否定される。

(4) 類と種の結合による思考上の多性。なぜなら、黒色は黒と色であり、黒性は思考上色性とは別である。色性は類概念であり、黒性は種差である。こうして黒色は類と種差から構成されていることになる。思考において、動物性は人間性とは異なる。人間は動物であり、理性的である。「動物」は類概念であり、「理性的」は種差である。こうして「人間」は類と種差で構成されている。これは多性の一種である。これもまた第一原理には否定される、と彼らは主張する。

(5) 多性は本質を想定し、その本質に存在を想定することから帰結する。そもそも「人間」には存在以前に本質があり、存在は本質に現われ、それに付加されるものである。こうして例えば、三角形にも本質がある。それは、三つの辺に囲われた形のことであり、存在はこの本質そのものの一部としてそれを構成するものではない。そのゆえに、理性的人間は人間の本質、三角形の本質を理解することが可能である。たとえその両者が、個物として存在しているか否かにかかわらずである。

かりに存在がその本質を構成するとすれば、それの存在以前に頭の中にその本質を想定することはありえない。こうして、存在は本質に付加されるものである。その際の両者の関係が、天のようにその本質は存在するしかないということで必然的なものであれ、またザイドやアムルといった人間の本質や生成する偶有や形相の本質のように、非存在の後に生起するものであれ、その区別は問われない。

彼らは主張する。このような多性も第一者に対しては否定されねばならない、と。彼には存在が付加されるような本質はないといわれる。彼にとって必然的存在は他のものにとってその本質と同じである。必然的存在は、人間性や樹木性や天性が本質であるように、本質であり普遍的真実在（haqīqah）であり、真の本性（ṭabī'ah ḥaqīqah）なのである。というのは、〔彼の〕本質が〔別に〕定立されるとなれば、必然的存在がその本質に必然的に帰結することになり、それ（本質）を構成するものではなくなるからである。「必然的に帰結するもの」は従属するもの、結果ということであり、したがって必然的存在は結果ということになる。これは彼が必然的であることに矛盾する。

にもかかわらず、彼らは造物主について主張している、「彼は原理であり、第一であり、存在者・実体・一者・無始者・永続者・知者・思惟者・思惟される者・行為者・創造者・意志者・全能者・生きた者・欲求する者・欲求される者・喜ばしい者・喜ぶ者・寛大なる者・純粋善である」と。また彼らはいう、「すべてこれらは同一の意味を表わすもので、そこに多性はない」と。

これは驚くべきことであり、われわれはまず理解のために彼らの立場を検証し、次にその批判に向かわねばならない。なぜなら、完全な理解の前にその立場を批判することは、闇夜に矢を放つようなものだからである。

彼らの立場を理解するにあたっての基本は、次のような彼らの言説である。〔第一〕原理の本質は一であり、名称が多様化するのはただ、あるもののそれに対する関係、あるいはそれのあるものとの関係、それからあるものを否定することからくるだけである。否定は否定されるもの自体に多性を必然化することはないし、また関係も同様である。こうして彼らは否定の多性、関係の多性を否定するのではない。ただ問題は、これらすべてのことを否定と関係に帰していることである。

彼らはいう。彼が「第一」（awwal）といわれるのは、それは第一以後の諸存在と関係〔をもつ〕ということである。「原理」（mabdaʾ）ということがいわれれば、それは彼以外の存在は彼から始まるということ、つまりその原因であることを示している。こうして、それは彼と結果との関係となる。「存在者」（mawjūd）といわれるとき、その意味は「知られるもの」（maʿlūm）ということである。「実体」（jawhar）といわれるとき、それは内在する基体を要しない存在という意味である。これは否定である。「無始なる者」（qadīm）といわれるとき、その意味は過去における非存在の否定であり、「永続者」（bāqī）といわれるとき、その意味は未来における非存在の否定のことである。「無始なる者」「永続者」とは、結局のところ、非存在に先行されず、非存在が後に続くことのない存在ということである。

「必然的存在者」（wājib al-wujūd）といえばその意味は、原因はもたないが、自らが他の原因である存在者のことである。そこには否定と関係が共にある。すなわち、その原因のないことは「否定」であり、それを他の原因とすることは「関係」（iḍāfah）である。

「知性」（ʿaql）といえば、その意味は質料から自由な存在者ということで、このような性質をもつ存在者はすべて知性である。つまり、自らを思惟し、知覚し、他を思惟するものということである。神の本質はこのようなことを属性としている。つまり、神は質料から自由である。したがって、彼は知性である。二つの表現（質料からの自由と知性）は一つの対象を指示しているのである。

「思惟者」（'āqil）といえば、その意味は、知性であるその本質はそれ自体を思惟対象とするということである。というのは、彼は自らを知覚し、思惟するからである。その本質が思惟対象であり、思惟者であり、知性であり、すべては一つなのである。彼が思惟対象であるということは、知性そのものであるそれ自体から隠されることのない、質料から自由な本質という点においてである。彼が「質料から自由な本質」であるということは、何ものも彼から隠されていないという意味である。

彼は自らを思惟するとき、「思惟者」となり、自らが自らの思惟対象となるとき、「思惟の対象」となる。その思惟が自体的であり、その本質に付加されたものでないとき、彼は知性（思惟）となる。思惟者と思惟対象が一つとなることは不可能ではない。思惟者が自らを思惟者であると思惟するとき、彼は思惟者であることによってそのように思惟するのである。こうしてある意味で思惟者と思惟対象は一つとなるのである。もっとも、われわれのそのような思惟は第一者のそれとは別である。というのは、第一者の場合は永遠に現実態にあるが、

〔第一部〕154

われわれの場合はある時には可能態的に、また別の時には現実態的であるにすぎないからである。

「創造主」「行為者」「造物主」、その他行為のさまざまな属性がいわれるとき、その意味は、その存在は高貴な存在であって、そこから必然的にすべての存在が流出するということである。彼以外の存在は彼から生じ、彼の存在に従う。それはあたかも光が太陽に、熱が火に従って生じるのと同様である。

世界と神との関係が光と太陽の関係に似ているのは、ただ世界が結果であるという点だけである。そうでなければ、事情は異なる。というのは、太陽は光がそこから発出するのを意識しないし、火も熱の発出を意識しないからである。それは純粋な自然的性質なのである。だが、第一者は自己自身について、また自己が他の存在の原理であることも知っているのである。彼から発出するものは彼に知られており、彼から出るものについて彼が無知であることはない。

彼はまたわれわれの誰かと同じということもない。われわれの場合、誰かが病人と太陽の間に立てば、太陽の熱はそのために病人から遮られるが、それはその人の意志によってではない。しかし、その人はそのことを知り、またそのことを嫌っていない。影を作り、与えるものは彼の個体であり身体である。影が生じることに満足している知者は彼の霊魂であって、彼の身体ではない。

　第一者の場合はそうではない。彼の中の行為者は知者であり、満足する者、つまり嫌ってはいないということである。そして彼は、その完全性は他のものが彼から流出することにある、ということを知っている。もし影を与える身体自体が自ら影の生成の知者であり、満足する者であると想定することが可能としても、それもまた第一者とは同じではない。というのは、第一者とは知者であり、行為者であり、その知はその行為の原理であるからだ。そもそも彼の知そのものが、彼がすべてのものの原理であることにおいて、すべてのものの流出の原因なのである。

　存在する秩序は思惟された秩序に従うものであるが、その意味は前者は後者によって生起するということである。彼が行為者であるということは、彼がすべてのことの知者であることに付加されたものではない。というのは、すべてのものについての彼の知は、彼からすべてのものが流出する原因なのであり、彼がすべてのことの知者であることは、彼の自己知に付加されたものではないからである。第一義的に（al-qasd al-awwal）知られるのは自己であり、すべてが彼に知られるのは第二義的にである。[27] これが、彼が行為者であることの意味である。

「全能者」（qādir）といえば、それでわれわれが意味するのは、ただ彼はわれわれが確定したような形での行為者であるということである。すなわち、彼の存在は、その力の対象がそこから流出し、その流出によって可能な限りの完全性と善性の中ですべてが構成され秩序づけられる、そのような存在だということである。

「意志者」(murīd) といえば、われわれがそれで意味することは、ただ彼は彼から流出するものについて無知ではなく、またそれを嫌悪してもいないということ、むしろ彼は、彼からすべてが流出することの中にその完全性がある、ということを知っているというにすぎない。このような意味で彼は満足しているということが可能であり、また満足する者に対して、「意志者」であるということが可能なのである。こうして意志は力そのものにほかならず、力は知そのものにほかならず、知はその本質そのものにほかならないのである。つまり、すべては本質そのものに帰着する。その理由は、彼のもの事についての知は事物から得られるのではないということである。もしそうでなければ、彼は属性や完全性を他から得ているということになり、それは必然的存在者にはありえないことである。

しかし、われわれの知識には二つの種類がある。一つは、あるものについての知であるが、それは天や地の形象についてのわれわれの知のように、そのものの形象から生じるものである。他は、そのものの形象をわれわれが見るわけではないが、われわれがそれを心に思い描いて生起させるように、われわれがそれを基に作り出すものである。したがって、「そこでは」形象の存在は知から派生するのであって、知が存在から派生するのではない。第一者の知はこの第二の知に対応するのである。つまり、その本質における秩序の表象がその本質からの秩序の流出の原因なのである。

確かに、もし線を刻んだり描いたりする様を心の中に思い描くだけで、その姿を確実に生み出すのに十分であれば、われわれにとって知自体が力自体であり、意志自体であることになる。しかし、われわれの不完全さによって、われわれの想起だけではその姿を現実に生み出すのに十分ではない。それとともにわれわれは欲求の力から生まれ、新たに造られる意志を必要とし、両者が相まって手足の筋肉や神経を動かす力が働く。筋肉や神経の運動によって手などが動き、それらの運動によってペンやその他の外的な道具が動き、ペンの動きによって、インクなどの素材が動く。こうしてわれわれが心に描いた像が現実に生まれるのである。

そのゆえに、われわれの心の中におけるこの像の存在そのものが、力や意志であるわけではない。われわれの中では力が筋肉を動かす原理であり、この像は力の原理であるその動者を動かすだけなのである。ところが、必然的存在者はそうではない。というのは、彼はその端々に力が拡散している物体からなっているのではなく、力と意志と知とその本質は一つだからである。

彼について「生者」(hayy)というとき、その意味は、彼は知者であり、その知から彼の

「行為〔の結果〕」（fiʻl）と呼ばれる存在が流出するということにほかならない。というのは、生者とは知解し行為する者だからである。その意味は、われわれが述べたような形で――われわれの生命と異なり――その本質はその諸行為〔の結果〕と関係をもっているということである。というのは、われわれの生命は、知覚と行為を生み出す二つの異なる力によってしか完成しないからである。ところが、彼の生命はまた彼の本質そのものでもある。

彼について「寛大なる者」（jawād）というとき、その意味は彼からすべてが出るということであり、しかもそれは彼が求める何らかの目的のためではない、ということである。「寛大さ」（jūd）は二つのもので完成する。一つは、彼が与えるものの中に、恩恵を受ける者にとっての利益があるということである。自分が必要としないものを与える人は、たぶん寛大とはいわれない。他は、寛大な人は寛大を必要とはしないということである。〔もしそうならば〕自己の必要のためにあえて寛大になろうとすることだからである。人に褒められたり賞讃されたり、また非難を避けるために寛大であろうとする人は見返りを求める者であり、寛大な人ではない。真の寛大さは神にのみある。というのは、神はそうすることで非難の回避や賞讃によって完全さを求めることはないからである。こうして「寛大なる者」とは、その存在が〔すべての〕行為と関係をもち、しかもそこには何の目的もないということを表わす名称なのである。したがって、それが彼の本質の中に多性を帰結することはない。

「純粋善」(khayr maḥḍ) といった場合、その意味は、一つには、欠陥のない、非存在の可能性のない存在ということである。悪 (sharr) には実体がない。むしろそれは、実体の欠如、あるいは実体における良き状態の欠如ということだからである。そうでなければ、それは良き存在という意味での存在ということである。つまり、この名称の意味は欠陥や悪の可能性の否定ということである。

いま一つの意味は、もの事の秩序の原因としての「善なるもの」である。第一者はすべてのものの秩序の原理である。したがって、それは善である。この名称が指示するのは、ある種の関係をもった存在ということである。「必然的存在者」(wājib al-wujūd) といえば、その意味はこの存在に原因はなく、また始まりにおいても終わりにおいても、非存在の原因がありえない存在だということである。

「愛する者」(ʿāshiq)、「愛される者」(maʿshūq)、「喜ぶ者」(ladhīdh)、「喜ばれる者」(multadhdh) といえば、その意味はすべての美・優雅さ・完全性は完全性の所有者が愛し欲求する対象だ、ということである。喜び (ladhdhah) の意味とは、ただ自己にふさわしい完全性の知覚にほかならない。かりに可能だとして、知の対象を知り尽くすことに、また彼の姿の美や力の完全さや肢体の力の中に、要するに自分に可能な限りのすべての完全さが自分に存在することについての彼の知覚の中に、自己の完成があることを知るということが、一人の人間に想定可

95

能とすれば、彼はその完全さを愛し、それを喜ぶだろう。その喜びが欠けるのは、ただ〔それらの〕非存在と欠陥の想定によるのみである。というのは、喜びが完成しないのはそれが消滅するか、あるいは消滅の恐れがあるからである。

ところが、第一者には最も完全な優雅さと最も完全な美がある。というのは、彼に可能なすべての完全性が彼には現に存在しているからである。そして彼は、欠陥と消滅の可能性から免れるとともに、その完全性を知覚している。彼に生起する完全性はすべての完全性を超えている。その完全性に対する彼の愛と欲求はすべての愛を超えている。また、それに対する喜びはすべての喜びを超えている。それはわれわれの喜びとの比較を超えている。それは、喜び・快楽・善良さという言葉で表現できないほど崇高なものである。その意味をわれわれの言葉でいい表わすことはできない。比喩的表現（istiʻārah）には困難さは避けられない。われわれが使用する「意志者」「選択者」「行為者」といった表現を神に用いる場合がそうである。われわれの意志と彼のそれとの間、われわれの力と知と、彼の知と力の間には明確な距離がある。「喜び」という表現を〔神に対しては〕醜悪だと考えて、別の表現を用いることもありえないことではない。趣旨は、神の状態は天使たちのそれよりも高貴であり、天使たちの状態はわれわれのそれよりも高貴だということである。

かりに喜びが食欲と性欲にしかないとすれば、ロバや豚の状態が天使のそれより高貴となり、天使、つまり質料をもたない天使の原理には、それらに特有の、消滅する恐れのない完全性や美を感じる喜び以外に快はないのである。しかし、第一者がもつものは天使のそれを超えるものである。純粋な知性である天使の存在は本質的には可能的存在であり、また他によって必然的な存在である。非存在の可能性は一種の悪であり、欠陥である。いかなるものも第一者以外には、あらゆる悪から絶対的に自由であることはない。彼は純粋善であり、最も完全な優雅さと美は彼のものである。

次に彼は、他者が彼を喜ぶ喜ばないにかかわらず、喜ばれる者である。同様に、彼を他者が思惟すると否とにかかわらず、彼は思惟者であり、思惟される者である。すべてこれらの意味は彼の本質、彼のその本質の知覚に帰すのである。彼の思惟、彼の自己思惟がまさに彼の自己そのものである。というのは、彼は純粋思惟であり、すべては一つの意味に帰着する。

以上が彼らの立場についての一つの説明である。これらの事がらは二つに分かれる。一つは、肯定することが可能なものである。しかし、彼らの原則からはそれが正当でないことをわれわれは明らかにする。他は、肯定することが正当でないもので、われわれはその誤りを明らかにする。そこでわれわれは多性の区分における五つの序列と、それらを否定する彼らの主張に返ることにしよう。そして、彼らがそれを証明しえないことを明らかにするために、問題を一つ一つ取り上げていくことにしよう。

第六問題――〔神の属性〕

哲学者たちは、ムータズィラ派と同様、第一原理に知・力・意志を認めることは不可能とすることで一致している。彼らは主張する、「これらの名称は聖法（sharʿ）の中で用いられていて、言語的にはその適用は可能である。しかし、それらは前述のように、一なる本質（dhāt）に帰着する。われわれ人間については、われわれの知や力が、われわれの本質に付加された属性（ṣifāt）であることは可能である。しかし、〔第一者の場合〕その本質に付加された属性を定立することはできない」と。

また、彼らは主張する、「そのようなことは多性を必然的に生起させる。なぜなら、もしこれらの属性がわれわれに生起するとすれば、それらは新たに生起する際に本質に付加されたものであることをわれわれは知るからである。もしそれらがわれわれの存在に遅延なく結びついていると想定しても、その結合によってそれらは本質に付加されたものであることは避けられない。こうして二つのもの双方について、一方が他方に生起し、これはあれと異なり、あれはこれと異なることが知られれば、かりにわれわれがまた〔両者を〕結合したとしても、両者は二つのものであることが考えられる。そこでこれらの属性は、第一者の本質に結合されても、本質以外の別のものであることは避けられない。こうして、それは必然的存在者の中に多性を必然的に生むことになる。このようなことはありえない」と。

彼らへの批判——このような形での多性が不可能であることを、君たちは何によって知るのか。君たちはムータズィラ派以外の全ムスリムと対立することになる。その証明は何であるのか。属性をもった本質は一であるがゆえに、必然的存在者には多性は不可能であるという論者の主張は、属性の多性は不可能ということに帰着する。しかし、それについては議論がある。その不可能性は必然的なこととして知られているわけではない。証明が必要である。

彼らには二つの証明方法がある。第一は、次のような彼らの証明である。すなわち、属性と属性をもつものの各々について、これはあれでなく、あれはこれでないとすれば、その場合いずれも一方がその存在において他方を必要としないか、あるいはいずれも一方が他方を必要とするか、あるいは一方が他方を必要としないが、他方は必要とするか、のいずれかである。もし両者とも他方を必要としないのであれば、両者は共に二つの必然的存在者ということになり、これは絶対的二元論であり、不可能である。もし両者のいずれも他方を必要とするとなれば、両者とも必然的存在者ではないことになる。というのは、必然的存在者とは自体的に存立するものであり、いかなる点でも他を必要とすることはないからである。他を必要とするものについては、その他者がその原因である。なぜなら、もしこの他者がなくなれば、その存在は不可能となるからである。その存在は自己からではなく、他からである。両者のうち一方だけが〔他を〕必要とすれば、必要とする方が結果で、必然的存在者が他方ということになる。結果であるときには常に原因が必要とされる。こうして必然的存在者は常に原因と結びつけて表象される。

これに対する反論は以下の通りである。これらの区分の中から選ばれたのは最後の区分である。しかし、第一の区分に対する君たちの批判は、絶対的二元論ということであるが、われわれはすでに前の〔第五〕問題の中で、君たちにはそれが証明になっていないことを明らかにしている。そしてそれが完結するのはただこの問題とその後の問題における多性の否定を根拠にするほかないのである。この問題の結論でしかないものが、どうしてこの問題〔解決〕の根拠となりえようか。しかし、選択されたことについていうべきことは、本質はその存立において属性を必要としないが、属性はわれわれの場合と同様に、その本体を必要とする。残るのは、他者を必要とするものは必然的存在者ではないという彼らの主張である。

そこで次のようにいうべきであろう。もし君が「必然的存在者」ということで、動力因[28]（ʻillah faʻilah）をもたないものを意味するのであれば、なぜ君はそのようにいうのか。また、どうして必然的存在者の本質は無始であり、作因者をもたないように、彼の属性もその本質とともに無始であり、それには作因者はないといえないのか。

もし君が「必然的存在者」ということで、質料因（ʽillah qābiliyah）をもたないものを意味するのであれば、属性はこのような解釈によれば、必然的存在者ではないことになる。しかし、それにもかかわらず、それは無始であり、それには作因者はいない。何がいったいそれを不可能とするのであろうか。

問──絶対的な必然的存在者とは、動力因も質料因ももたないもののことである。もし彼に質料因があることが認められれば、すでに彼は結果であることが認められたということになる。

答──質料的本質（al-dhāt al-qābiliyah）を質料因と呼ぶことは、君たちの用語である。君たちの用語に基づく「必然的存在者」の定立を証明するものは何もない。それはただ原因と結果の〔無限の〕連鎖を断つ限界の定立を証明するだけであって、それ以上の証明はない。無限連鎖を断つことは、無始の属性をもち、その本質と同様にその属性にも作因者をもたない一者によって可能である。しかも、それらの属性はその本質の中に確定しているのである。そこで、「必然的存在」の語を廃棄しよう。そこには混乱を生む可能性がある。証明できるのはただ無限の連鎖を断つだけであり、それ以外のことを証明するものは何もない。その他の主張は恣意的判断である。

問──動力因における無限連鎖の切断が必然的であるように、質料因においても同様である。というのは、もしすべての存在者がそれが内在する基体（mahall）を必要とし、基体もまた同様だとすれば、無限の連鎖は避けられない。それは、すべての存在者が原因を必要とし、その原因がまた別の原因を必要とする場合と同様である。

答――君たちのいうことは正しい。確かに、われわれはこの無限連鎖を断った。だが、われわれはいう。属性は彼（第一者）の本質の中にあるが、その本質は他者の中にはないのである。それは、われわれの知がわれわれの本質の中にあり、われわれの本質はその基体であるが、われわれの本質は基体の中にないのと同様である。

属性の動力因の無限連鎖は本質によって断たれる。というのは、その本質には動力因がないように、その属性にもそれはないからである。その本質はこの属性とともに、双方に原因なく存在し続けるのである。質料因について、その無限連鎖が断たれるのは本質によってだけである。なぜその基体が否定され、それによって原因が否定されなければならないのか。証明が帰結するのは、無限連鎖の否定だけである。

無限連鎖の切断を可能とする方法だけで、必然的存在者を要請する証明として十分である。かりに「必然的存在者」ということで、動力因をもたず、したがってそこで無限連鎖が断たれる存在者以外のものを意味するとすれば、それが必然的であるとはわれわれは認めない。その存在に原因をもたない無始なる存在者を理性が認める場合は常に、本質と属性の双方に、その存在に原因をもたない無始なるものを認めるのである。

問――〔属性の多性は不可能であることについての彼らの〕第二の証明方法は、次のような彼らの主張である。われわれの中の知や力は、われわれ自身の本質を構成するものではなく、付帯的なものである。そこでこれらの属性が第一者に定立されたとしても、それらもまたそれ自体の本質を構成するものとはならず、その本質との関係でそれに永続するものではあっても、付帯的なものである。多くの付帯的なものが、本質と不可分でそれに必然的でありながら、それによってその本質を構成するものとはならないのである。もしそれが付帯的なものであれば、それは本質に従い、本質がその原因となり、したがってそれは結果となるのである。どうしてそれが必然的存在者となるであろうか。

答――これは、表現を変えただけで、第一の方法と同じである。われわれはいう。属性は本質に従属するものであり、本質がそれの原因であるということで、本質がそれの動力因であり、属性は本質の行為の対象であることを君たちが意味するとすれば、それは違う。そのようなことは、われわれの本質と知との関係では必然的ではない。というのは、われわれ自身はわれわれの知の動力因ではないからである。しかし、本質は基体であり、属性は基体の外に自体的に存立するものではないということを意味するのであれば、それは認められるし、なぜ否定されるのであろうか。それを「従属するもの」「付帯的なもの」「結果」、あるいは他に何と表現しようと、意味が変わるわけではない。それらは、属性がその本体の中にあるように、本質の中にあるということにほかならないのである。それが本質の中にありながら、にもかかわらず無始でかつ作因者をもたないということは、不可能ではないのである。彼らの証明はすべて、それを「可能的」「可能な」「従属的」「結果」と呼ぶことで醜悪化しようとするこけ脅しである。まさにそれは嫌悪すべきものである。

また、次のようにもいえよう。もしその意味が、それ（属性）に作因者があることだとすれば、そうではない。もしその意味が、ただ属性には作因者はないが、それが内在する基体をもつということであれば、その表現がどのようであれ、それは不可能なことではない。

彼らはたぶん別の仕方で表現を醜悪化することで脅迫し、こういうのである、「これは第一者がこれらの属性を必要としているとの帰結を導く。そうなれば、彼は絶対的な充足者ではなくなる。というのは、絶対的充足者とは、その本質以外のものを必要としない者のことだからである」と。これは極度に幼稚な説教のような議論である。というのは、完全性という属性は完全なる者の本質と異なるものではないからである。どうして彼が必要とする者であり、また完全性をもつことがどうして「必要」と表現されうるのであろうか。それは、次のようにいう人の言葉と同じである、「完全なる人とは完全性を必要としない人のことであり、その本質に完全性の諸属性の存在を必要とする人は欠陥者である」と。それに対していうべきことはこうである、「彼が完全であることの意味は、ただその本質には完全性が存在するということである。同様に、彼が充足者であるということの意味は、その本質には必要性を否定するような属性があるということである。どうして、神性を完成する完全性の諸属性がこのような言葉の上の想像によって否定されることがあろうか」と。

問――もし君たちが本質と属性、その属性の本質における内在を肯定するのなら、それは構成体である。すべての構成体は構成する者を必要とする。したがって、第一者は物体とはなりえない。なぜなら、物体は構成体だからである。

答――すべての構成体は構成する者を必要とするという人の言葉は、すべての存在者は存在付与者を必要とするという言葉と同じである。それに対していうべきことはこうである。第一者は原因をもたず、また存在付与者ももたない無始の存在者である、と。同様にいえることは、彼は無始の属性の主体であり、その本質にも属性にも、またその属性がその本質によって存立することにも原因がなく、すべてが原因のない無始なるものなのである。

物体については、それが第一者となりえないのは、ただそれが、生成するものなしではありえないという意味で、生成体であるからにすぎない。しかし、物体の生成性を認めない人には、われわれが君たちに後ほど証明するように、物体が第一原因に必然的になりうるのである。こうしてこの問題についての彼らの証明の方法は、すべて想像的なものとなる。

次に彼らは、彼らが定立するすべて〔の属性〕を本質そのものに帰着することができないのである。彼らは彼（第一者）が知者であることを認めるが、彼らはそれを必然的に純粋存在に付加されたものとせざるをえないのである。そこで彼らにいうべきことはこうである、「君たちは、第一者がその本質（自己）以外のものを知ることを認めるのか」と。彼らのある者はそれを認め、ある者は、彼はその本質以外は知らない、という。

前者はイブン＝スィーナーが選んだ立場である。彼は主張する。第一者は、もの事のすべてを時間に関わることのない普遍的な知で知るのであって、したがって個別的事がらの知の更新によって必然的に知者の本質の中に変化を生む個別的事象については知らないのである。

そこでわれわれは問う、限りのないすべての類と種の存在についての第一者の知は、その自己知と同じであるか否か、と。もし君たちが同じではないといえば、すでに君たちは多を認めたことになり、〔一体性の〕原理に矛盾したことになる。もし同じであるというなら、君たちは、人間の他者についての知は自己知、自己そのものであると主張する人と同じことになる。そのようにいう人は理性的には愚者である。一つのものの定義の中で、否定と肯定の結合を想定することは不可能といわれる。一つのものについての知は、それが一つのものである限りにおいて、同一の状態において存在と非存在を想定することは不可能である。他者の知がなくて、自己知がある人間の想定が不可能でないとき、彼の他者についての知は自己知とは異なるといわれる。というのは、かりに両者が同一とすれば、一方の否定は他方の否定となり、一方の肯定は他方の肯定となり、またザイドが存在することと、ザイドが非存在であること、つまり同一人が同一時にそのようであることは不可能だからである。しかし、他者についての知と自己知については、そのようなことは不可能とはならない。

第一者の自己知と他者についての知も同様である。というのは、一方の存在を他方の存在なくして想定することは可能であり、したがって両者は二つのものなのである。だが、自己の存在を自己の存在なしに想定することは不可能である。かりにすべてがそのようだとすれば、このような想定は不可能である。哲学者の中で、第一者は自己以外のものを知ると告白する人はすべて、確かに多性を肯定したことになるのである。

問——彼は第一義的に他を知るのではなく、自己の本質をすべてのものの原理として知るということであり、そこから必然的に第二義的にすべてについての知が生じるのである。というのは、彼は自己の本質を原理としてしか知らないからである。それが彼の真の本質なのである。彼が自己の本質を彼以外のものの原理として知ることが可能であれば、かならず彼の知の中に必然的内包として、他のものが入り込むのである。彼の本質がその必然的帰結(lawāzim)をもつことは不可能ではないし、それが自己の本質の中に多を必然的に生むものでもない。

答――幾つかの側面から反論できる。第一に、「彼はその本質を原理として知る」という君たちの主張は恣意的判断である。むしろ、彼は自己自身の存在だけを知るとなるべきである。自分が原理であることの知は、その存在の知以上のものである。というのは、原理性は本質がもつ関係だからである。自己の関係を知らなくても、自己を知ることは可能である。もし原理性が関係ではないとすれば、その本質は多となる。彼には存在と原理性という二つのものがあることになる。人間は、自分が結果であることを教えられるまで知らなくても、自己を知ることが可能である。というのは、自分が結果であることは、その原因に対する彼の関係だからである。同様に、彼（第一者）が原因であることは、その結果との彼の関係なのである。

そこで必然的帰結は、ただ第一者は自分が原理であることを知っている、という彼らの主張だけにあることになる。というのは、そこには自己と原理性についての知があることになり、それは関係であり、関係は自己とは別である。われわれが前述した証明によって、関係の知は自己知とは別である。つまり、原理性の知がなくても自己知の想定は可能であるが、自己についての知なくして自己知の想定は不可能である。なぜなら、自己は一つだからである。

第二には、「すべては第二義的に第一者に知られている」との彼らの主張は、非理性的な議論である。というのは、彼の知が彼以外のものを、自己自身と同様に知悉しているときは常に、彼はこの二つの異なる知の対象をもち、またその両者についての知をもつことになる。知の対象の数が多くなり、また異なってくると、必然的に知の数も増える。なぜなら、二つの知の対象の一つが他との概念上の違いを受け入れていれば、いずれか一方の知は他方の知とは同じではなくなる。もし同じなら、いずれか一方の存在を他方なくして想定することは困難であろう。そしてすべてが一つとなれば、「他方」もなくなる。このことは、「第二義的に」と表現しても何の変化もない。

知りたいものだ。天と地における微粒子一つの重さもその知から逃れえないにしても（一〇：六一、三四：三参照）、彼（神）はすべてを普遍的な形で知り、彼に知られる普遍的なものには限りがないという人が、なぜあえて多性を否定しようとするのか。しかも、それらに関わる知はその多性と多様性にもかかわらず、あらゆる点で一つなのである。すでにイブン＝スィーナーはこの点で、多性の必然的帰結を避けるため、彼（神）は自己しか知らないとする他の哲学者たちと立場を異にしている。どうして彼は、多性の否定で彼らと共通し、次に他者についての知の肯定で彼らと意見を異にするのか。

神は現世および来世について何ごとも知らず、ただ自己だけを知っているといわれることを、彼自身（イブン＝スィーナー）は恥とする。その場合、神以外の者は神を知り、また自身とそれ以外のものをも知る。こうして知において、彼が神より高貴なものとなるのである。そこで彼はこのような立場を恥じ、それを嫌悪してそれを放棄したのである。しかし、彼は恥ずかしげもなく、あらゆる点での多性の否定に固執し、神の自己および他者、いやすべてのものについての知はいっさいの過不足なくその本質である、と主張するのである。それは矛盾そのものであり、他の哲学者たちは一見してその明白な矛盾のゆえにそれを恥としたのである。こうして哲学者たちのいずれのグループも、その立場において恥ずべきことを避けえないのである。神の道を外れ、思弁や想像によって神的な事がらの究極を把握できると考える人に対して、神はそのようになされるのである。

問――神は関係性によって自己を原理として知るということが確定すれば、関係するものについての知は一つである。というのは、息子を知る人は彼を一つの知で知っていることになる。その中には父親について、また父親性や息子性についての知も内包されている。知の対象が多くても、知は一体である。同様に神は、自己を彼以外のものの原理として知れば、その知は、たとえその対象が多であっても一体である。

次に、このことが一つの結果とそれと神との関係において考えられ、それが多性を必然的に帰結しないとなれば、多を生まない種が増えたとしても、それが多を必然化することはない。あるものを知り、そのものについての自分の知についても知っている者についても同様である。彼はそれをその〔同じ〕知で知っているのである。すべての知はすなわち自己について、またその知の対象についての知である。したがって、知の対象が増えても、知は一体である。

次のようなことが、またそれを証明している。君たちは、神の知の対象に限りはないが、その知は一つと考えていること、また君たちは神に無数の知を帰すことはしない、ということである。知の対象の多いことが、知の本質の多性を帰結するとすれば、神の本質の中に無限の数の知があることになり、それは不可能なことである。

答――あらゆる点で知が一つであれば、それが二つの知の対象に関わることは考えられない。それは、哲学者たちの多についての概念規定や用語によれば、何らかの多を要請するからである。そこで彼らは誇張していう、「かりに第一者には、存在をもつとされる一つの本質があるとなれば、それは多である」と。そこで彼らは、本質をもった一つのものを考え、次にそれが存在とされるとは考えない。むしろ、存在は本質に付加されたもので、両者は別と主張するのである。したがって、そこに多が要請される。このようにして、多くの知の対象に関わる知を考えると、そこには必ず一種の多がみられるが、それは本質に付加された存在の想定よりもより明白で徹底したものである。

息子についての知やまた他の関係についても同様に、そこには多がある。というのは、そこには息子の本質と父親の本質についての知があり、それは二つの知であり、そして第三の知、すなわち関係がある。確かに、この第三の知は、先行する二つの知に内包されるものである。というのは、両者はそれ（第三の知）の条件であり、必然的要件だからである。関係されるものがまず知られない限り、関係は知られない。そこには数多くの知があり、そのあるものは他の中で条件づけられている。同様にして、第一者が他の類や種に対して自らが原理であることで、自己がそれらと関係づけられていると知るとき、彼は自己自身と個々の類を知り、原理性によって自己とそれらとの関係を知る必要がある。そうでなければ、彼に関係が知られることは考えられない。

あるものを知る者は、自分が知者であることをそのまさに同じ知で知っていて、したがって知の対象は多であっても、知は一つであるとの彼らの主張は、正しくない。むしろ、彼は自分が知者であることを別の知で知るというぐあいで、ついには気づかず、意識しない知で終わる。われわれはそのつながりが無限に続くとはいわないし、それは知の対象とは結びついてはいても、知の対象の存在ではなく、知の存在に気づかない知で終わるのである。あたかも、黒を知っている人で、それを知っているときに、その心がその知の対象である黒に没入していて、その黒についての彼の知に気づかないで、それに向き合わないようなものである。もしそれに気がつけば、別の知を必要とすることになり、それは気づきが中断されるまで続く。
問——このことは、神の知の対象について、そっくり君たちに返されよう。というのは、神の知の対象は無限だからである。ところが、君たちによれば、知は一つなのである。
答——われわれは本書を概説書として叙述しているのではなく、破壊者・批判者として叙述しているのである。そのために本書をわれわれは「真理の概説」ではなく、「哲学者の自己矛盾」と称したのである。したがって、われわれにはこれに答える義務はない。
問——われわれは君たちに、ある特定のグループの教説を強制しようとするものではない。しかし、すべての人々に突き出され、その困難さに等しく直面させられている事がらを君たちが回避することは許されない。この困難は君たちにも向けられ、いかなるグループであれ、それから逃れることはできないのだ。
答——否。〔われわれの〕目的は、確定的な証明によってもの事の真実を知ることができるという君たちの主張が成立せず、君たちのその主張に疑問を抱かせることにある。君たちの無能性が明らかになれば、人々の中には、神的な事がらの真実は理性的思弁では得られず、またそれを人力で知ることはできない、と考える人も出てくるのである。そのために聖法の主（ムハンマド）はいっておられる、「神の創造されたものを考えよ。神の本質を考えるなかれ」と。奇跡による証明によって使徒の真実性を信じ、理性の役割を使徒の本質の定立に限定し、理性的思弁によって〔神の〕属性について議論することを控え、神の属性については聖法の主が伝えたことに従い、知者・意志者・全能者・生者の用語の適用については彼の足跡に従い、許されないことをそこに適用することを止め、理性による理解の無能性を告白するこのグループの人々を、なぜ君たちは否定するのであろうか。君たちが彼らを否定する根拠は、ただ論証の方法や推論の形式に基づく、諸前提の構成の仕方について彼らは無知であるとし、「理性的方法でわれわれはそれをすでに知っている」との君たちの主張だけである。

ところが、君たちの無能さと君たちの方法の矛盾・撞着と君たちの知についての偽りの主張は、すでに明白になっている。それがこの説明の意図である。いったい、神的な事がらの証明が幾何学的証明と同じように確定的であると主張するような者がどこにいるであろうか。

問――この困難はただ、イブン＝スィーナーにだけ妥当するものである。というのは、彼は、第一者は他者を知ると主張しているからである。哲学者の中でも真理の探究者たちは、第一者は自己のみ知るということで一致しているからである。こうしてこの困難は除去される。

答――このような教説は口にするだけで恥である。もしそれが極端に弱いものでなければ、後の哲学者たちがそれに対する支持を控えることはなかったであろう。われわれはその中の恥ずべき側面に言及しているのである。というのは、その中には神よりもその結果を優越視するものがあるからである。つまり、天使や人間、およびすべて知性あるものは、自己とその原理を知り、他者を知るが、第一者は自己しか知らないのである。彼は、天使は無論のこと、個々の人間に比しても、欠陥あるものとなる。いや、自己の意識をもつ動物でも、自己以外の他のもの事について知っているのである。知は高貴であり、その非存在は欠陥であることに疑いはない。彼（第一者）には最も完全な優雅さと最も完璧な美があるがゆえに、愛し愛されるものである、との彼らの言葉はどこにいったのか。本質もなく実在性もなく、また世界に起こることについて、また自己から何が帰結し、何が生起するかについて何の知もない、単純な存在にどのような美があるのか。神的世界（'ālam Allāh）においてこれに勝る欠陥があるであろうか。

知的な問題を深く究めていると称し、その思弁の結果として、主たちの主、諸原因の原因には、世界で起きていることについて何の知もないという一団の人々には、知性ある人は驚かされることだろう。彼と死者の間には、自己知以外にいかなる違いがあるのか。しかも、他者に対して無知であるなら、彼の自己知にいかなる完全性があるのか。これこそその恥ずべき教説であり、その様相については今さら詳細な説明は不要である。そこで、これらの人々にいうべきことは、「このような恥ずべきことをしながらも、君たちはまだ多性［の問題］から免れていない」ということである。

そこでわれわれは問う、彼（第一者）の自己知は彼自身と同一であるか否か、と。もし君たちが「同一でない」というなら、そこに多があることになる。もし「同一だ」というなら、人間の自己知は彼自身と同一であるという人と君たちとの違いは何か。これは愚かなことである。すなわち、人は自己を意識していないときでも、自己の存在を思惟するし、次に意識が返ってきて自己に気づく。こうして自己についての意識は、確実に自己とは異なるのである。

もし君たちが、「人間は時に自己知を失うことがあり、そしてそれは戻ってくる。したがって、その点では確かにそれは、自己とは別である」というなら、われわれは答える、「別であること（ghayriyah）は、ものが生起したり関係したりすることで知られるものではない。ものの同一性はそのものに生起するものではない。他のものがそれと関係づけられてそれが同一のものとなるのではないし、それが他のものであることを止めるわけではない。第一者が常に自己を知っていることで、彼の自己知が彼自身と同一であることが証明されるわけではない。確かに自己を想定し、次に意識の現われを想定することは可能である。その場合、かりに後者が自己そのものと同じだとすれば、このような想定は不可能となる。

問――彼の本質は思惟であり、知である。彼には本質がなく、そこに内在する知があるということでもない。

答——このような議論の愚かさは明白である。というのは、知は属性であり偶有であり、基体を必要とする。「それはその本質において思惟であり知である」という人の言葉は、「それは力であり意志であり、自体的に存在する」という人の言葉と同じである。かりにそれを認めるとしても、それは、「黒や白について、それは自体的に存立する。数量や四倍数について、それは自体的に存立する、他の偶有についても同様である」という人の言葉と同じである。物体の属性が属性とは別の物体にではなく、自体的に存立することが不可能であるのと同じように、知・生命・力・意志といった生者の属性も自体的には存立せず、ただ本質の中にしか存立しないことが知られている。こうしてその生命はその本質の中に存在し、他の属性も同様である。

そこで、彼らは第一者から他の属性を否定し、その真実性や本質を否定することに満足せず、その自体的存在をも否定し、自体的存在を否定された偶有的・属性的存在に彼を還元したのである。われわれはこの後、単独の問題として、第一者が自己と他者を知る者であることを彼らは証明しえないことを明らかにしよう。

第七問題――第一者は他と類を共有し、種差によって異なることはありえず、また思惟において類や種差による区分は考えられない、との彼らの主張の批判

彼らはこのことで一致しており、それを基礎にこういう。第一者は他と類概念を共有しないとき、彼は他から種差によって区別されえない。彼には定義はない。そもそも定義は類と種差によって構成されるものであるが、構成のないものには定義もない。これも一種の構成だからである、と。

彼らは主張する。第一者は存在者（mawjūd）であり、実体（jawhar）であり、他者の原因である点で第一結果（al-ma'lūl al-awwal）と同じであるが、別の点では確かにそれとは異なる。しかし、これは類（jins）における共通性ではなく、一般的特性（lāzim 'āmm）[29]における共通性である。論理学において知られているように、一般性（'umūm）において類と特性の間に違いはないが、両者の違いは真実である。本質的類（al-jins al-dhātī）は「それは何であるか」に対する答としていわれる一般的なことであり、定義されるものの本質にはいり、その本質を構成するものである、と。

こうして、人間は生きたもの（ḥayy）であるということは、人間の定義にはいる。つまり、動物性（ḥayawānīyah）のことである。こうして、それは類となるのである。彼が生まれたものであり、造られたものであるということは、人間の特性としては彼に不可分のものである。しかし、それは定義の中にはいることはない。たとえそれが一般的な特性であってもである。そのようなことは、誰も争うことのない知として、論理学で知られているのである。

彼らは主張する。存在（wujūd）はものの本質（māhīyah）の中にははいらず、本質に付加されるものであるが、それは天体のように必然的特性であるか、生成体のように非存在の後に生起するものであるか、である。存在の共通性は類の共通性ではない。第一者が他者の原因であることとの共通性は、他の原因と同様、必然的関係における共通性であって、それも本質の中にはいらない、と。

原理性（mabdaʾīyah）と存在はいずれも、本質を構成するものではなく、ものの本質がその本質的部分によって構成された後に必然的に付随するものである。したがって、そこでの共通性は、本質に従属する一般的特性における共通性にすぎず、その特性は類に関わるものではない。そのために、ものを定義づけるのは本質を構成する要素だけである。かりに特性による定義づけがなされたとしても、それは差異化のための記述（rasm）であり、ものの真性を表現するものではない。三角形の定義として、「その全角が二直角に等しい」とはいえない。

たとえそれがすべての三角形の一般的特性であるとしてもである。むしろ、「三辺で囲われた形」というべきである。

実体の共通性も同様である。実体の意味は、「基体（mawḍū'）の中にない存在者」ということである。「存在者」は類ではない。それに否定的なこと、つまり「基体の中にない」ということが付加されたとしても、それが構成的な類になるわけではない。またかりに肯定的に「基体の中の存在者」といわれても、それが偶有の類になるわけではない。これは次のような理由による。すなわち、実体を「記述」のような定義、つまり「基体の中にない存在者」ということで知っている人は、それが存在者であるかどうかはわからないし、ましてやそれが基体の中にあるかないかを知ることはない。実体の記述についての、われわれの「基体の中にない存在者」という言葉、つまりそれは何らかの真実（ḥaqīqah）であるということの意味は、それが存在するときは、それは基体でないところに存在する、ということである。それによってわれわれは、それが定義づけの時点で実際に存在している、ということを意味するものではない。そこでの共通性は、類における共通性ではないのである。本質の構成要素の共通性は、種差によってさらに区分する必要のある類の共通性である。ところが、第一者には必然的存在以外に本質はない。その必然的存在は、それ自体における本性的・本質的性質であって、それは彼にのみあって他者にはないものである。存在の必然性は彼にしかないものであれば、他者に共通するものではない。したがって、種差によって他と区別されることもない。こうして彼には定義はないのである。

以上が彼らの教説の説明である。それに対する反論は二つの面から可能である。すなわち、〔説明の〕要求と批判である。まず、要求（muṭālabah）としていうべきことは、これはその教説の説明であるが、なぜ君たちは第一者について、そのようなこと（定義）は不可能であることを知り、それを根拠に二元論を否定するのか、ということである。なぜなら、君たちはいう、「第二〔の存在〕はある点で第一者と共通し、ある点で異ならなければならない。共通するものと異なるものを内にもつものは構成体であり、構成体は〔第一者にとっては〕不可能であるから」と。

われわれはいう。この種の構成は不可能であるとどうして君たちは知るのか。それを証明するものは、属性否定について伝えられる君たちの主張だけである。すなわち、類と種差による構成体は部分の集合体であるということである。もし部分の一つ、ないしはその全体が、他がなくても、それだけで真に存在をもつことができれば、それが必然的存在者であり、それ以外のものではない。諸部分がその集合体なしでは真に存在をもつことができず、またその諸部分なしでは、その集合体も真に存在をもてないとなれば、すべては〔原因を〕必要とする結果ということになる。われわれはすでに属性との関連でそれに反論し、それは原因の無限連鎖を断つという点では不可能ではないが、それはただ無限連鎖を断つことを証明するだけだ、ということを明らかにしている。

必然的存在者がもつ不可分の特性について彼らが考え出した重大な事がらについては、それを証明するものは何もない。もし必然的存在者が彼らが記述する通りのもの、つまりいっさいの多性をもたず、したがってその存立において他を必要としないものだとしても、それは必然的存在者の定立を証明するものとはならない。それはただ〔原因の〕無限連鎖の切断を証明するだけである。このことはすでに属性についての議論の中で終わっている。そして、それはこの種の議論の中で最も明白なことである。

そもそも、ものを類と種差に区分することは、実体を本質と属性に区分することと同じではない。なぜなら、属性は本質とは別であり、本質は属性とは別であるが、種はあらゆる点で類とは別ではないのである。われわれが種といった場合、われわれは類に何かを付加したものをいっているのである。「人間」といった場合、われわれは「動物」プラス「理性」のことをいっているのである。したがって、「人間性は動物性なしでありうるか」と問うことは、「人間性は、何か別のものが付加されれば、それ自体以外でありうるか」と問うことと同じである。これ〔類と種差〕の方が属性とその本質よりも多性から遠いのである。

結果の連鎖を二つの原因で断つことがいかなる点で不可能なのであろうか。一つは天体という原因で、他は諸原素という原因、あるいは一つは理性という原因で、他は物体すべてという原因である。両者の間には、同一の場所での赤と熱の違いのように、意味の上での違いや区別がある。そもそも両者は意味の上では異なっていても、われわれは「赤」の中に、区別を受け入れるような類的・種的な構成を考えることはない。そこにもし多があるとしても、それは本質の一性を害することのない種類の多である。いかなる点でこのようなことが原因にはありえないのであろうか。こうして二つの神・造物主の存在を彼らが否定できないことが明らかになった。

問――これが不可能となるのは、ただ次の理由のみによる。すなわち、二つの本質を区別するものが、かりに必然的存在であるための条件であるとすれば、各々の必然的存在者にそれがなければならなくなり、二つは異ならなくなるということである。もしこれが「一方に」条件でなく、他方にもそうだとすれば、必然的存在において条件とならないものはすべて、その存在は不要となり、必然的存在はそれなくして完成することになる。

答――これはまさに君たちが属性について述べたことと同じであり、われわれはすでにそれに対して反論している。これらすべてにおける欺瞞の根源は、「必然的存在者」という用語にある。そのようなものは捨て去るがよい。もし「必然的存在者」の意味が、作因者をもたない無始の存在者ということでなければ、われわれはその存在を証明するものがあるとは認めない。もしこれがその意味だとすれば、「必然的存在者」の用語は廃棄されるべきであり、そうすれば、原因がなく作因者もない存在者に多性や差異性は不可能であることが明らかになる。だが、それを証明するものはない。彼らの質問だけが残る、「それ（多性がないこと）は彼が原因をもたないことの条件なのか」と。それは愚かな質問である。というのは、原因をもたないものについて、それがなぜ原因をもたないか、その条件を求めて説明する必要はない、ということはわれわれがすでに明らかにしているからである。

それは次のようにいう人の言葉と同じである。すなわち、「黒性は色が色であるための条件であろうか。もし条件であれば、赤はなぜ色といえるであろうか」と。そこでいうべきことは、その（色の）本質については、両者（赤と黒）のいずれか一つが条件とされるのではない。つまり、問題は思惟において色性の本質を定立することだからである。その存在については、条件はそのいずれか一つということになる。特定の一つである必要はない。つまり、類の存在は、種差があって初めて可能となる。二つの原因を定立し、それによって連鎖を断とうとする人についても同様である。彼はいう、「両者は種差によって異なり、種差の一つが確かに存在の条件であるが、それが特定のものに限定されることはない」と。

問――このことは色については可能である。というのは、色にはその本質に付加され追加される存在があるからである。しかし、そのようなことは、必然的存在者には不可能である。

そもそも彼には存在の必然性しかなく、存在が付加される本質はないからである。それは、黒の種差、赤の種差が、色性が色性であることの条件とはならないのと同じである。それが条件となるのは、色性が原因によって生起する存在においてである。他方では、必然的存在においては条件はない。というのは、第一者がもつ必然的存在は色がもつ色性のようなもので、色性に付加される存在とは異なるからである。

答――われわれは〔それを〕認めない。彼（第一者）は、われわれがこの後の「問題」において説明するように、存在といわれる本質をもつのである。「彼は本質をもたない存在である」との彼らの主張は、理解の外にある。議論の帰するところはこうである。彼らは二元論の否定の基礎を類的・種差的構成の否定に置き、さらにその基礎を存在の背後に本質を認めないことに求めている。われわれが基礎の基礎である後者の無効を証明すれば、彼らにとってすべてが無効となる。それは造りの弱い蜘蛛の巣のような建造物である。

第二の方法は、〔不可能事の〕必然的帰結〔による批判〕である。それはわれわれが次のようにいうことである、「もし存在と実体性と原理性が、「それは何か」との質問への答としていわれるものではないがゆえに、類ではないならば、君たちの考えによれば、第一者は離在知性であるということになる。それは、第一者の結果であり、彼らが天使と呼ぶ存在の諸原理である他の知性は、質料から分離された離在知性であるのと同様である」と。この実在

(haqīqah) は第一者とその第一結果を包括する。そもそも第一結果も単純体であり、その本質には特性以外に構成するものはない。両者は各々質料から離れた知性であることで共通している。これは類的な実在である。本体がもつ純粋知性は特性ではなく、本質である。この本質は、第一者と他の諸知性に共通するものである。もし両者の間に他に違いがないとすれば、君たちは何の違いもない二性を考えたことになる。もし違いがあるとすれば、その違いは共通性と思惟性の基になるものとは別のものである。そこでの共通性は本性におけるそれである。

そもそも第一者は、そのように考える人にとっては、その本質において質料から分離された知性であるという点で、自己を思惟し、他者を思惟する。第一結果についても同様である。それは、神が直接的に造った第一知性であり、その意味で共通点がある。その証明は、結果である知性にはさまざまな種があるということである。それらに共通することは、知性であることだけであり、それらの違いはそれ以外の種差である。同様に、第一者も知性であることにおいて、それらすべてと共通している。そこで彼らは、〔神の唯一性の〕原理と対立するか、それとも知性であることは〔第一者の〕本質を構成するものではない、との立場をとるか、の岐路に立たされることになる。そのいずれも、彼らの立場からは不可能なのである。

第八問題――第一者の存在は単純である。つまり純粋存在であり、彼には存在が付加される本質（māhiyah）や本性（haqīqah）はなく、彼の必然的存在は、他のものにとっての本質と同じものである。以上のような彼らの主張の批判

それに対する二つの面からの反論――その第一は、証明の要求である。いうべきことはこうである。君たちは何によってそれを知るのか。必然的にか、それとも論証によってか。必然的に、ではありえない。そこで論証の方法を述べなければならない、と。

問――その理由はこうである。かりに彼（第一者）に本質があるとすれば、存在がそれに付加され、それに従属し、それの特性（lāzim）となる。従属するものは結果である。となれば、必然的存在が結果となり、それは自己矛盾である。

答――これに対しては、「必然的存在」の用語を適用するという欺瞞の本源に戻ることである。われわれはいう。彼には本性があり、本質がある。その本性は存在している。つまり、それは非存在でも否定されるものでもなく、その存在はそれに付加されたものである。もしお望みなら、それを「従属者」「必然的に帰結するもの」と呼ぶがいい。その存在には行為者

(fāʻil) はないということが知られるなら、用語にこだわる必要はない。この存在は動力因をもたない無始なるもの (qadīm) ということである。もし彼が「従属するもの」「結果」ということで動力因をもつということを意味するのであれば、そうではない。もしそれ以外のことを意味するのであれば、それは認められるし、そこに不可能なことは何もない。証明することはただ、原因の無限連鎖の切断ということだけであり、その切断は存在する本性、定立された本質によって可能であり、本質の否定は何ら必要とされていないのである。

問——本質は存在の原因であり、その存在は本質に従属するものである。となれば、存在は結果であり、造られたものということになる。

答——生成するものにおける本質は、存在の原因ではない。もし彼らが原因ということで、それを造るものを意味するのであれば、どうしてそのようなことが無始なるものにいえようか。もし彼らがそれで何か別のこと、つまりそれなくしてはありえない、ということであれば、その通りであり、そこに不可能なことはない。不可能なことは原因の無限連鎖だけである。それが断たれるのであれば、不可能なことはなくなる。それ以外のことについては、何の不可能なことも知られていない。不可能なことがあるとすれば、それを証明することが必要である。彼らの証明はすべて恣意的判断であり、その根源は「必然的存在者」という用語を「不可分の特性をもつもの」の意味にとり、彼らが述べるような性質を必然的存在者がもつとの証明がある、との思い込みである。ところが、既述のように、事実はそうではないのである。

要するに、この問題に対する彼らの証明は、属性の否定、類的・種差的区分の否定の証明に帰するのである。ただし、それはひどく曖昧で弱いものである。なぜなら、このような多性の帰するところは単なる用語の問題でしかないからである。いい換えれば、存在する一つの本質を想定することは、理性的に可能であるのに、彼らはいう、「存在する本質のすべては多である。というのは、そこには存在と本質があるからだ」と。

これは誤謬の極みである。そもそも一なる存在者は、いかなるときでも思惟可能である。存在者にはかならず本質がある。しかし、本質の存在が一性を否定することはない。

第二の〔反論の〕方法として、われわれは次のようにいう。本質（māhiyah）も本性（haqīqah）もない存在は理解不能である。われわれがその非存在が想定可能な存在者との関係においてしか、非存在そのものを思惟できないのと同様、われわれが存在そのものを思惟できるのは、ただ特定の本質との関係において、それも特に一つの実体として特定されているときだけである。意味において他と異なり、しかも本性をもたない一つのものをいかに特定できるのであろうか。本質の否定は本性の否定である。存在者の本性が否定されれば、存在は思惟されない。それは、彼らが「存在があっても存在者はない」というようなものであり、それは自己矛盾である。

それを証明するものはこうである。かりにこれ〔本質の否定〕が思惟可能だとすれば、諸結果（ma'lūlāt）の中に本性をもたない存在がありうることになる。それが本性も本質ももたない点では第一者と共通するが、それには原因があるという点で異なる。第一者には原因がないからである。

では、なぜこのこと〔本質の否定〕は諸結果については想定できないのか。それはそれ自体、思惟不能であること以外に理由があろうか。それ自体思惟不能なことは、その原因を否定することで、思惟可能にはならない。また、思惟可能なことが、それに原因を想定することで、思惟可能でなくなるわけではない。

ここまでくるとは、彼らの暗愚も極みである。彼らはそのような言説によって、〔神の〕超越性を高めていると考えていたのであり、結局、彼らの議論は純粋な否定に終わった。というのは、本質の否定は本性の否定であり、本性の否定によって残るのは、存在という言葉だけとなり、それが本質と関係づけられないときには、何の実体もないのである。

問――その本性は、それが必然的であるということであり、それが本質なのである。

答――必然者に意味があるのは、ただ原因の否定だけである。それは否定であり、そこには実体の本性を構成するものは何もない。〔神の〕本性から原因を否定することは、この本性に不可欠なことである。そこで、その本性を思惟可能とせよ。そうすれば、それには原因がなく、その非存在は考えられないものとなろう。というのは、「必然性」（wujūb）に意味があるのは、ただこのことだけだからである。もっとも、必然性がもし存在に付加されるのなら、すでにそこには多があることになる。もし付加されないのなら、いかにしてそれが本質となり、存在が本質ではなくなるのか。それ（存在）に付加されないものも同様である。

第九問題——第一者は物体ではないことを彼らは証明しえないことについて

われわれはいう。このことが成立するのは、ただ物体（jism）は生成するもの（ḥādith）である、とする人々だけである。その意味は、生成するものは〔別の〕生成するものを欠きえないし、またすべて生成するものは、生成させるもの（muḥdith）を必要とするということである。ところが君たちは、その存在に始まりがないにもかかわらず、生成体を欠きえない、永遠なる物体を考えている。ならばどうして第一者が太陽や最高天、その他のような物体でありえないのか。

問——それは、物体が構成体であり、量的に二つに分割され、また概念的に質料と形相に、さらにそれに固有な性質に分割され、それによって他の物体と区別されるからである。他方、物体は物体であるという点ではみな等しいが、必然的存在者は一であり、以上のような面での分割は認められないのである。

答——われわれはすでに、君たちに対してこのこと（必然的存在者の分割性）が誤りであることを証明したし[30]、また君たちが証明とするのはただ、集合体があって、その諸部分が相互に他を必要とする場合、それは一つの結果となる、ということであることを明らかにした。それについての反証はすでに行なっている。そして、存在付与者をもたない存在者を想定することが不可能でなければ、集合者をもたない集合体や存在付与者をもたない諸存在者を想定することも不可能ではないことを、われわれは明らかにした。というのは、数や二元性の否定の根拠を君たちは構成の否定に求め、構成の否定の根拠を存在とは別の本質の否定に求めているからである。そして〔その〕最後の根拠については、すでにわれわれはそれを根源から否定し、そこにみられる君たちの判断の恣意性を暴露した。

問――身体に霊魂がなければ、行為者とはならない。もし霊魂があれば、それがその原因となり、身体が第一者となることはない。

答――君たちの考えでは、われわれの霊魂はわれわれの身体の存在の原因ではないし、天体の霊魂もそれだけではその天体の存在の原因ではない。両者が存在するのは、それ以外の原因による。だが、両者の存在が無始でありうるなら、両者に原因がないこともありうるのである。

問――霊魂と身体の結合はどのようにして起こったのか。

答――それは、第一者の存在がいかにして起こったのか、と問うことと同じである。こう答えよう。これは生成するものについての質問である。常に存在しているものについて、いかに生起したのか、と問うことはできない。身体とその霊魂についても同様である。各々が常に存在しているときに、どうして各々が造物主でありえないのか。

問――その理由はこうである。身体は身体としては、他のものを造ることはないし、身体と関係している霊魂も、その身体を媒介としてしか作用しない。ところが身体は、霊魂が物体や霊魂、また身体に適合しないものを造り出すにあたっては、その媒体となることはないのである。

答――諸霊魂の中には、身体やそれ以外のものを生み出すにふさわしい特性をもった霊魂がどうしてありえないだろうか。それが不可能だということは、必然的に知られることではないし、その証明もない。ただ、このようなことは観察されたことがないというだけである。観察されていないということは、不可能であることを証明するものではない。ところが、いかなる存在者にも関係づけられず、われわれが他にみたこともないようなことが、すでに第一存在者に関係づけられているのである。他にみたことがないということが、彼に不可能であるということを証明するものではない。身体およびその霊魂についても同様である。

問――最高天球（al-jism al-aqṣā）、太陽、あるいは計量される物体は、量によって計測される、増減可能なものである。そのような可能的な量の特定には、それを特定するものが必要であり、そのようなものが第一者になることはない。

答――その物体の大きさは、まさに全体の秩序のために不可欠のものであり、それより小さくても大きくても不可能である、という人を君たちはどうして否定するのか。これは君たちがこういうのと同じである。第一結果から最高天球が一定の大きさで流出する。その際、他のいかなる大きさも第一結果そのものとの関係では等値であるが、〔世界の〕秩序との関係で、ある大きさが特定される。こうして実際に生起した大きさは必然的なものであり、それ以外にはありえなかったのである、と。

結果以外のものが想定された場合も同様である。彼らの考えでは、最高天球の原因である第一結果の中に、かりに例えば、意志のような特定化の原理を認めたとしても、質問がそこで終わることはない。なぜなら、「別の大きさではなく、なぜこの大きさをそれが意志したのか」と問われるからである。それは、ムスリムたちがもの事を永遠なる意志に関連づける際に、彼らがムスリムたちに要求することと同じである。それと同じ議論をわれわれは、天体の運動の方角や二つの極点の特定について、彼らに投げ返したのである。

原因によって生起することについて、彼らは、相互に類似のものを区別することを可能とせざるをえないことが明らかとなれば、原因なしでの区別を可能とすることも、原因によってそうすることも同じとなる。というのは、あるもの自体について、「それはなぜこの大きさになったのか」と問うことと、その原因について、「それはなぜ別の類似の大きさではなくて、この大きさにしたのか」と問うこととの間には違いはないからである。もし原因についての質問に対して、〔世界の〕秩序が他ではなく、それと結びついているがゆえに、この大きさはそれ以外にはありえなかった、と答えることができるなら、そのもの自体についての質問にも同様に答えることが可能であり、原因は必要とならない。このことから逃れる道はない。そもそも、この現実の特定の大きさは、実際には起こらなかったものと類似であれば、「ものはそれと類似のものといかに区別されるか」との質問が出されよう。弁別のための意志を否定する彼らの原則に対しては、特にそうである。かりに類似性がそこになければ、〔弁別のための意志の〕可能性はなく、彼らの主張によれば、「同様に、永遠の原因がそうあったように、永遠の過去からそうあった」といわれるであろう。

この議論を考える人は、彼ら〔哲学者たち〕が提起した永遠なる意志の問題に対してわれわれが与えた返答から、また極点や天体の運動の方向について、われわれが彼らに加えた反論から学ぶべきである。

以上のことから、物体の生成性を認めない人は、第一者は物体でないということをけっして証明できないことが明白となった。

第十問題——世界には造物主や原因があることを彼らは証明できないことについて

われわれはいう。すべての物体は、〔他の〕生成するものを欠きえないがゆえに、生成するものである、との立場をとる人が、すべての物体は造物主や原因を必要とすると主張しても、その立場は理解できる。ところが、君たちについては、いったい何が唯物論者の立場をとるのを妨げているのだろうか。すなわち、世界は無始（永遠）であり、また原因も造物主もない。生成するものだけに原因がある。世界の中で物体は生成しないし、また消滅もしない。ただ、形相（ṣuwar）や偶有（aʻrāḍ）が生成するだけである。

そもそも、物体とは天体のことであるが、それらは永遠である。月下界の内容である四原素やそれらが構成する物体や質料（mawādd）は永遠である。混合や変化によってそれらの形象だけが変わるのである。こうして人間や植物の霊魂が生成する。これらの生成物の原因は、最後には〔天体の〕回転運動で終わり、回転運動〔自体〕は永遠であり、その始原は天体のもつ永遠なる霊魂である。そこで世界には原因はなく、その諸物体には造物主もない。世界、つまり諸物体は今あるままで永遠に、原因なくそうである。〔にもかかわらず〕これらの物体の存在は原因によるものであり、しかも永遠である、との彼らの主張の意味は何であるのか。

問――原因をもたないものはすべて必然的存在者であり、物体は必然的存在者ではありえない。そのことを明らかにする、必然的存在者の属性については、われわれはすでに述べた。(31)

答――君たちが述べた必然的存在者の属性の誤りについては、すでにわれわれは明らかにした。そして証明できるのは、〔原因の〕連鎖を断つことだけであることについても同様である。唯物論者にとっては、それはすでに最初から断たれているのである。というのは、物体には原因はない、と彼らはいっているからである。形相や偶有は相互に他の原因となり、結局は回転運動で終わるのである。それらが互いに他の原因となるのは、哲学者の立場も同様であり、連鎖は回転運動で終わるのである。われわれが述べたことを反省する人は、物体の永遠性を認めれば、そこに原因があることを主張できず、必然的に物質主義（dahr）と不信仰に陥ることを知るであろう。それはあるグループの人々が明白に主張している通りである。彼らこそ、まさにこれら（哲学者たち）の思弁の要件を充たしている人々である。

問――その証明はこうである。これらの物体は必然的存在者であるか、可能的〔存在者〕であるか、のいずれかである。必然的存在者であることは不可能である。そこで可能的とすれば、それはすべて原因を必要とするということである。

答――「必然的存在者」「可能的存在者」の用語は理解できない。彼らのすべての瞞着はこの二つの用語に隠されている。そこでわれわれは、その意味内容を考えることにしよう。それは、原因を認めるか認めないか、ということである。そうなると、彼らはこれらの物体には原因があるかないか、といっているようなものである。

唯物論者はいう、「それらには原因はない。何が問題なのか」と。もし「可能的」ということでこのことを意味するのであれば、われわれはいう、「それは必然的であって、可能的ではない」と。「物体は必然的ではありえない」との彼らの主張は、何の根拠もない恣意的判断である。

問――物体には部分があり、全体は部分によって構成されているだけであり、部分は本質において全体に先行する、ということは否定できない。

答――そうだとしよう。全体は部分とそれらの結合によって構成される。部分には原因はなく、それらの結合にもない。いや、それらは永遠であり、したがってそこには動力因はないのである。だが、このことを彼らが否定できるのは、彼らが述べた、第一存在者に対する多性の否定の必要性からだけである。われわれはすでに彼らに対して、そのことの誤りを証明しており、彼らには他に道はない[32]。

こうして物体の生成性を信じない者には、造物主を信じる根拠がまったくないことが明らかとなった。

第十一問題——哲学者の中で、第一者は他者を知り、類・種を一般知で知ると考える人々の無能さについて

われわれはいう。ムスリムにとって、存在は生成するものと永遠（無始）なるものに分けられ、「永遠なるもの」には神とその属性しかない。神以外のものは、神の意志と働きによって生成するものである。その生成は、彼ら（ムスリム）によれば必然的前提として、神の知の中に現われるものである。意志されるもの（murād）は、必然的に意志する者（murīd）に知られていなければならない。すべては神に知られている、との根拠はそこにある。なぜなら、すべては神に意志され、神の意志によって生成するものだからである。存在するもの（kā'in）はすべて、神の意志によって生成する。永続するものは神自身だけである。

神は意志する者であり、またその意志したものを知っていることが確定すれば、神は必然的に生きていることになる。すべて生きているものは他者を知る。となれば、当然自己を知る。こうしてムスリムにとって、すべては神に知られるようになる。このようにして彼らがそのことを知るのは、神が世界の生成を意志していることが明白になってからである。

ところが、君たち（哲学者たち）が「世界は永遠であり、神の意志によって生成したのでは

ない」というとき、いったい神が自己以外のものを知るということを、君たちはどうして知るのか。それには証明がなければならない。

イブン＝スィーナーがその議論の中で、それを証明するために述べたことを要約すれば、次の二つのテーゼになる。

(1) 第一者（al-Awwal）は質料の中にはない存在者である。質料の中に存在しないものはすべて純粋知性（ʻaql maḥḍ）である。純粋知性には、すべての知的対象が明かされている。すべてのものの認識を妨げるものは質料との関係であり、それとの関わりだからである。

人間の霊魂は質料、つまり肉体のコントロールに関わっている。この関係が死によって断たれ、しかも自然的事物に由来する肉体的欲求や悪しき性質によって、それが汚されていなければ、知的対象の真実がすべて明らかにされる。そのために天使たちはみな知的対象のすべてを知り、一つとして見落とすことがないようになっているのである。なぜなら、彼らもまた質料の中にない離在知性（ʻuqūl mujarradah）だからである。

われわれはいう。第一者は質料をもたない存在者だという君たちの主張の意味が、彼は物体ではなく、物体の中に刻印されているのでもなく、自らで存立するものであり、場所を占めず、特定の方向をとらないということであれば、それは認められる。だが、「このような性質をもつものは離在知性である」との君たちの主張は問題として残る。知性の意味は何か。

もしそれが他のものを思惟するというのであれば、それはまさにわれわれが問うているものであり、議論の対象なのである。どうして君は、それを議論の前提としたのだろうか。もしそれ以外のことを意味するのであれば、つまり自己を思惟するということであれば、君の同僚哲学者たちは、そのことを君に対して認めてくれるであろう。しかし、その落ち着くところは、自己を知る者は他者をも知るということである。そこでいいたいのは、「何ゆえに君はそういうこと（他者を思惟すること）を主張するのか」と。それは必然的なことではない。それをいうのはイブン゠スィーナーだけであって、他の哲学者ではない。どうして君はそれを必然的なこととして主張するのか。もしそれが論証的なことであれば、その証明は何か。

問――質料が妨げとなることは認めよう。しかし、それだけが妨げるものである、とは認められない。仮言的三段論法（al-qiyās al-sharṭī）の形式でその推論を示せば、以下のようになる――

A　もしこれが質料の中にあれば、それはものを思惟することはない。

B　しかし、それは質料の中にはない。

C　ゆえに、それはものを思惟する。

これは前件（muqaddam）の否定の採用であり、前件の否定の採用はかならずしも結論（muntaj）を生じるというものではない。それは、次のような推論と同様である――

A　もしこれが人間であれば、それは動物である。
B　しかし、それは人間ではない。
C　ゆえに、それは動物ではない。

このような推論は必然的ではない。なぜなら、それは人間ではなくて馬であるかもしれないし、そうなればそれは動物である。

確かに、前件の否定は、論理学でいわれるように、後件（tālī）の否定を帰結するが、それには条件がある。それは前件と後件との転換可能性（in'ikās）である。それは厳密にそうでなければならない。例えば、彼らがいうように――

A　太陽が昇っていれば、昼間がある。
B　しかし、太陽は昇っていない。
C　ゆえに、昼間は存在しない。

なぜなら、昼間の存在には原因として太陽の上昇しかないからで、それら二者の一つは他と転換可能だからである。

これらの形式や用語の説明については、本書の補遺としてわれわれが著述した『知の基準の書』（*Kitāb Mi'yār al-'Ilm*）で理解されよう。

問――われわれは〔両者の〕相互転換を主張する。つまり、妨げるものは質料に限定されていて、その他に障害がないからである。

答——これは独断である。その証明は何か。

⑵ 彼（イブン＝スィーナー）はこういっている、「われわれは、第一者が生成を意志するとも、すべては時間の中で生成するともいわない。われわれがいうのは、すべては第一者の行為（作用）であり、彼から生じたのだということである。ただ、第一者は行為者の属性を常にもっており、また常に行為者である。われわれが他の人々と違うのは、ただこの点においてだけである。行為の原則については違いはない。一致して認められるように、行為者が常にその行為について知っていることが必然であるなら、われわれの考えでは、すべては彼の行為ということになる」と。

二つの反論

第一の反論。行為には二つある。一つは、動物や人間の行為のような意志的なもの（irādī）、他は、照明における太陽の行為（作用）、熱化における火の行為、冷却における水の行為のような自然的なもの（ṭabī'ī）である。行為［の結果］についての知が必要なのは、人間が物を作る場合のような意志的行為においてのみである。自然的行為については不要である。

君たちの考えでは、神は自己からの必然的結果として、本性的必然として世界を造ったのであって、意志と選択によってではない。すべては神の本質の必然的結果である。あたかも光が太陽の必然的結果であるように。また、太陽には光を止める力はなく、火には熱作用を止める力がないのと同様である。第一者には、その行為を止める力はないのである（神よ、彼らの主張を大いに超えて高みにましまさんことを！）。このようなものをたとえ「行為」と呼ぶことができるにしても、それはけっして行為者に知を要請するものではない。

問――両者の間には違いがある。つまり、すべてがその本質から、それがもつすべてについての知によって出るということであれば、一般的秩序についての表象がすべての流出（fayaḍān）の原因であるということになる。すべてについての知は第一者の本質そのものである。すべてについての知以外にその原理はないからである。すべてについての知がなかったならば、すべてが彼から存在を得ることはないであろう。それが太陽から出る光と違うところである。

答――この点で君の同僚たちは君と意見を異にする。彼らはいう。神の本質とは、そこからすべての存在が本性的かつ必然的に一定の秩序で出てくる本体（dhāt）であって、神がそれらの知者であるからではない、と。〔神の〕意志を否定することにおいて君が彼らに同意している限り、このような立場を不可能とするものは何であろうか。それは、光が必然的に出るために、光についての太陽の知が条件とされず、光が必然的に太陽に従うようなものであるならば、第一者についても、そのような想定をすることができよう。それを妨げるものは何もないのである。

第二の反論。行為者からものが出るということでは、出るもの（ṣādir）についても知が要請される、ということが認められるとしても、彼らによれば神の行為は一つである。それは第一結果、つまり単純知性（'aql basīṭ）である。そこで神はそれしか知らないということになる。第一結果もまた、それから出るものしか知らないということになる。

こうしてすべては直接的に神から存在化するのではなく、媒介や相互作用（tawallud）[33]や必然的結果（luzūm）として起こるものである。したがって、神から一つのものしか出ないのに、神はどうしてそのものからさらに出るものについて、知らなければならないのだろうか。このようなことは、意志的行為においてさえ必然的でないとなれば、どうして自然的行為において必然的であろうか。

例えば、山頂からの石の運動は、時に意志的運動によって生まれるが、その際、運動の原理についての知が必要とされる。しかし、それから間接的に派生する衝突やそれによる他のものの破壊についての知は、必然的に要請されるものではない。これについても哲学者には答はない。

問——かりに神は自己しか知らないとわれわれが判断するなら、それは極度に恥知らずなことであろう。なぜなら、神以外のものが自己を知り、神を知り、神以外のものを知っているることになれば、彼は高貴さにおいて神より上になるからである。どうして結果が原因よりも高貴なことがあろうか。

答――ところがこのような恥知らずなことが、意志を否定し、世界の生成を否定する哲学の立場からは必然的に出てくるのである。こうして他の哲学者たちがしたように、そのような結論をあえて引き出すか、でなければ哲学説を放棄し、世界は意志によって生成したと告白するか、である。

さらにいえば、どうして君は哲学者たちの中で、それは高貴さを増すことにはならない、と主張する者を否定するのか。なぜなら、神以外のものが知を必要とするのは、それによって完全性を得るためだからである。そもそも人間はその本質において不完全である。人間は知的なものによって高貴になるが、それは現世と来世におけるよき結果を知るためか、あるいは暗愚で欠陥だらけの自己を完成させるためである。他の被造物についても同様である。

ところが、神の本質は完成を必要としない。完成をもたらす知を神に想定することになれば、神の本質が本質として不完全であるということになろう。これは、君が聞くこと、見ること、および時間の流れの中にある個物についての知についていっていることと同様である。なぜならば、君は次のことで他の哲学者たちと一致しているからである。すなわち、神はそのようなことを超越しており、時間の流れの中にあって過去と未来に区分される可変物については第一者は知らない。なぜなら、それは神の本質の中に変化や影響を必然的に帰結するからである。そのようなことを神に否定することは、欠陥ではなく、むしろ完全性を意味する。欠陥はただ、感覚とその必要性の中にのみある。もし人間的欠陥がなければ、彼は変化に身をさらす危険から自分を守るために感覚を必要とすることはないであろう。

個々の生成物についての知も同様である。君たちはそれを欠陥という。われわれが生成するものをすべて知り、感覚の対象をすべて知覚しているのに、第一者は個物については何も知らず、感覚の対象については何も知覚しない。しかもそれは欠陥ではないのである。さらに知的で普遍的なものの知についても、神以外のものには認められても、神には認められないのである。それでも神には欠陥はないとされるのである。この結論を逃れる道はない。

第十二問題——神は自己を知る、ということを彼らは証明しえないことについて

われわれはいう。世界の生成は神の意志によることを知れば、ムスリムたちは意志から知を推論し、意志と知の双方から生命を推論する。さらに生命から、すべて生命あるものは生きている限り自己を意識し、また自己を知ると推論する。このことは最高の確実さをもって知られるプロセスである。

ところが君たちは、意志とそれによる生成を否定し、神から出るものは、必然的かつ自然的な形で出ると主張するとき、神の本質はそこから第一結果しか出てこないような本体である、とどうしていわないのか。次に、第一結果から第二結果が必然的に出る、といったぐあいにして存在の秩序が完成する。しかし、それにもかかわらず、神は自己を自覚しない。それは火から熱が必然的に出、太陽から光が必然的に出るが、それらのいずれも他者を知らないのと同様、自己も知らないのである。ところが、自己を知る者はそれから出るものを知り、したがって他者を知る。神は他者を知らないとする彼らの立場をわれわれはすでに明らかにしたが、この点で彼らと対立する者（神は他者を知るとする者）でも、その前提からする判断

では、彼らと必然的に一致することになる、とわれわれは考える。こうして他者を知らなければ自己も知らない、ということが不可能ではなくなるのである。

問――自己を知らない者はみな死者である。第一者がどうして死者であろうか！

答――君たちの立場からすれば、すでにこのことは必然的な帰結である。なぜなら、君たちと、次のようにいう人との間には違いはないからである。すなわち、意志・力・選択によって行為せず、聞いたり見たりもしない者はすべて死者であり、また他者を知らない者も死者である、と。もし第一者がこれらの属性をすべて欠く場合がありうるとすれば、第一者が自己を知る必要がどこにあろうか。

質料から自由であるものはすべて、それ自体知性であり、したがって自己を思惟するという主張に彼らが立ち返ったとしても、われわれはすでにそれは独断であり、〔それに〕何の証明もないことを明らかにしてある。

問――それについての証明はこうである。存在者は生者と死者に区分され、生者は死者より永続的かつ高貴である。第一者はより永続的かつより高貴である。であれば、生者であるとすればよい。生者はすべて自己を知覚している。なぜなら、第一者自身は生者でないのに、その結果の中に生者がいるということはありえないからである。

答――これは独断である。なぜなら、とわれわれはいいたい、自己を知らない者から多くの仲介をへて、あるいは仲介をへないで、自己を知る者が必然的に出てくることがどうして不可能だろうか、と。これを不可能とするのは、結果が原因よりもより高貴になるからだとすれば、結果が原因よりより高貴であることが、どうして不可能なのだろうか。これは自明のことではない。

次に、第一者の高貴さは、すべてのものの存在がその本質に従属することにあって、その知にあるのではない、ということを君たちはなぜ否定するのか。それを証明するものは、たぶん彼以外の者は見たり、聞いたりすることで自己以外のものを知るが、彼は見たり、聞いたりしないということである。

もし誰かが、存在者は見る者と盲者、知者と無知者に分かれるというなら、見る者はより永続的であり、そして第一者は見る者であり、ものの知者であるとするがよい。しかし、君たちはそれを否定し、こういうだろう。高貴さは見ること、もの事の知にあるのではなく、見たり知ったりする必要のないこと、そして知者や見る者を含めてすべてがそこから出てくる本体であることにある、と。同様に、高貴さは本質がもつ知にあるのではなく、それが知の所有者たちの原理であるということにあるのであり、これが第一者に特有の高貴さである。

また彼ら（哲学者たち）は、必然的に第一者の自己知をも否定せざるをえなくなる。なぜなら、それを証明するものは意志の他には何もないし、また意志を証明するものは世界の生成以外に何もないからである。したがって、理性の観点からこれらのことを考える者には、世界の生成が誤りとなれば、それらすべてが誤りとなる。第一者の属性について、哲学者たちが述べたり、否定したりしたことのすべてには何の証明もなく、単なる推測と臆見にすぎず、法学者にとってさえその推測は軽蔑の対象となるような代物である。

当然ながら、理性が神の属性について困惑したとしても、何の不思議もない。ただ不思議なのは、哲学者たちが自分自身および彼らの証明に満足し、また誤解や混乱があるにもかかわらず、これらの事がらについて自分たちは確実な知をもっている、と信じていることである。

第十三問題――神は現在・過去・未来と時間によって区分される個物を知ることはない、との彼らの説（神よ、彼らの説を超越されんことを！）の批判

この点では彼らはすでに一致している。彼らの中で、神は自己のみ知るとの立場をとる人については、その立場からこのことは明らかである。他方、神は他者を知るとの立場――それはイブン＝スィーナーが採用したものであるが――を採用する人は、すでに次のように主張している、「神は超時間的で、過去・未来・現在によって変化しない普遍的な知で諸事物を知る」と。それにもかかわらず、彼らは、「「天と地にある一粒子の重さも神の知から逃れることはない」（一〇：六一、三四：三参照）。ただ神が個物を知るのは普遍的な知によってである」と主張する。

そこでまず、彼らの立場の理解が不可欠であり、その後でその批判に取りかかることにしよう。われわれはこれを具体例によって説明する。例えば、太陽が欠けていない状態の後に欠けるとしよう。次に姿を現わす。するとそこには日蝕をめぐる、三つの状態が起こるのである。一つは、日蝕がまだなく、その出現が期待されている状態。つまり、未来形である。

新刊案内

2015年12月

平凡社

第二は、それが存在している状態。つまり、進行形である。第三が、それが存在しない状態であるが、それ以前には存在していた状態である。われわれにはこれら三つの状態に対応して異なる三つの知があることになる。すなわち、われわれが知るのは、第一に、日蝕が存在せず、やがて存在するであろうということ、第二に、それがいま進行中であるということ、そして第三に、それが以前に存在して、今は存在しないということである。

これら三つの知は複数であり異なる。同じ基体にそれらの状態が相次いで生起することは、必然的に知る主体に変化を生み出す。なぜなら、かりにある人が日蝕が終わった後に、日蝕がいま存在していると考えたとすれば、それは無知であって知ではない。またかりにそれが存在しているときに、それはないと考えたとすれば、それも無知である。こうして、これら〔の知〕のあるものが別の知の役割をすることはないのである。

そこで彼らは主張する。これらの三つの状態の中でも神の状態は変化しない、と。なぜなら、それは〔神の〕変化を意味するからである。状態の変わらないものが、これら三つの事がらを知るとは考えられない。というのは、知は知の対象に従うからである。知の対象が変われば、知も変わる。知が変われば、すでに知者も変わったことは確かである。

神に対しては、変化は不可能である。それにもかかわらず、彼（イブン＝スィーナー）は主張する、「神は日蝕とそのすべての属性や偶性を知る。しかし、その知は神が永遠にわたってもつとされ、変化しないものである。例えば、神は次のようなことを知っている——太陽が存在し、月が存在する。両者は彼らの用語では、「離在知性」(al-ʻuqūl al-mujarradah) と呼ばれる天使を媒介として、神から流出する。これらの天体は回転運動をし、この二つの天球は二点、つまり頭と尾で交差し、ある状態のときに両者は二つの交点で結合する。こうして太陽は蝕となる。つまり、月の球体が太陽と観察者の目の間にきて、太陽が人の目から隠れるのである。太陽が一定の時間、例えば、一年で交点を過ぎると、ふたたび太陽は日蝕となる。その蝕は太陽のすべての場合もあれば、三分の一、あるいは半分の場合もある。蝕は一時間続くこともあれば、二時間続くこともある。その他、日蝕のすべての状態や偶性にいたるまで、神の知を逃れるものは一つもない。しかし、これについての神の知は、日蝕の前、その最中、その後においても一様であって変わることはなく、その本質の中に変化を必然化することはない。

すべての生成体についての神の知も同様である。それら〔の現象〕はただ原因によって生成するが、それらの原因にも別の原因があり、その連鎖は天体の回転運動で終わる。〔天体の〕回転運動の原因は天体霊であり、霊魂の運動の原因は神や「側近くの天使たち」[34]に倣おうとする欲求である。すべては神に知られている。つまり、すべては彼に、時間によって左右されない、相互に連関した一つのものとして開示されているのである。にもかかわらず、日蝕の状態のとき、神はそれがいま存在していると知っており、その後ではそれがいま終わったことを知らない、ということはないのである。その認知において時間との関係を必然化するものを、神が知ることはいっさい考えられない。なぜなら、それは変化を必然化するからである。以上は、時間によって区分されるものについてである。

個々の人間や動物のように、質料や場所によって区分されるものについての彼らの立場も同様である。彼らはいう、「神はザイドやアムルやハーリド（いずれも人名）の偶然的性質についてはは知らない。知っているのは、人間一般を普遍的知で知り、その偶然的性質や特性を知り、その身体は肢体によって構成され、あるものは打つために、あるものは歩くために、あるものは知覚のために、またあるものは対になり、あるものは単独でなければならないこと、その力はその部分に分散していなければならないこと、といった人間の内外における性質や、またそれに付随する属性や特性を知っており、一つとして神の知を逃れるものはない。しかし、彼がそれを知るのは一般的にである」と。

ザイド個人については、彼がアムル個人と区別されるのは、感覚によるのみであって、理性によるのではない。区別の基本を示すのは特定化の方向においてであるが、理性は一般的・絶対的な方向と一般的場所を思惟するにすぎない。われわれがいう「これ」「あれ」は、その知覚の対象と知覚者の間に起こる近さや遠さや特定の方向を表示するものである。それは神については不可能である。

以上が彼らの信じる原理であり、彼らはそれによって聖法をすべて根絶しようとしたのである。というのは、その内容はこうだからである。例えば、ザイドがかりに神に服従したり、あるいは背いたりした場合、神は彼の状態の中で変化したことについては、知らないことになるからである。というのは、神はザイド個人を知ってはいないからである。そもそも彼は個人であり、その行為はなかった後に生起しているのである。個人を知らなければ、彼の状態も行為も知ることはないし、またザイドの不信仰（kufr）も、彼の帰依（islām）も知ることはない。知るのは、人間の不信仰や帰依を一般的・絶対的に知ることであって、特定の個人について知ることではないからである。

そこでこういわなければならなくなる。ムハンマド（彼の上に神の祝福と平安あれ！）は〔自分は〕預言者である、との主張をもって挑戦した。しかし、神はその状態のとき、ムハンマドがそのようにして挑戦したことを知らなかった。すべての特定の預言者についても状況は同様である。神が知るのはただ、人間の中には預言者であることをもって挑戦する人がいるということである。特定の預言者個人については、神は知らないのである。それが知られるのは感覚を通してであり、神は彼から出る状態については知らないからである。というのは、状態は特定の個人については、時間によって区分され、その変化に従ってその知覚は変化を生むからである。

以上は、まず彼らの立場の紹介、次にその説明、第三にそこから必然的に帰結する恥ずべき事がらについて、われわれが述べたかったことである。そこでこれから彼らの混乱ぶりと、その誤りの諸相について述べよう。

彼らの混乱は、これらは三つの異なる状態であり、異なるものが同一の基体に継続して現われれば、そこに必然的に変化を生む、とすることにある。日蝕の状態のとき、それ以前のように、「それは起こるであろう」と知る人は、無知者であって知者ではない。

もし日蝕が進行中であることを知り、それ以前では彼はそれがまだ起こっておらず、起こるであろうと知っていたとすれば、彼の知が変わり、彼の状態が変わったことになり、そこに変化が必然的に帰結する。変化に意味があるとすれば、それはただ知者の変化ということである。あるものを知らなかった人がそれを知るようになれば、彼は変化したということである。彼には進行中のことについての知はなかったが、次にその知が存在する状態が生まれたのであり、彼は変わったのである。

彼らはこれを、状態（ḥāl）は三つあるということで証明しようとした。一つは、君が右にいるか左にいるか、のような純粋な関係である。これは本質的な記述に関わるものではなく、純粋な関係である。君の右にあるものが左側に移ったとなれば、君との関係は変わるが、君自身はまったく変化なしである。これは、実体に対する関係の変化であって、実体の変化ではない。

同様に〔第二に〕、君が目の前に存在するものを動かすことができ、そしてそれらのもの、あるいはそれらの一部がなくなったとしても、君の本性的能力や力は変わらない。というのは、そもそも力とは、まずもの一般を動かす力であり、次に第二に、物体である特定のものに対する力である。力がもつ特定の物体に対する関係は本質的記述ではなく、純粋な関係である。それがなくなることは、必然的に関係の消滅を生むが、力の主体に変化を生むことはない。

第三が本質（dhāt）における変化である。それは、知者でなかった人が知ること、あるいは能力者でなかった人が能力者になることである。これは変化である。知の対象の変化は、必然的に知の変化を生む。そもそも知そのものの本性は、特定の知の対象と関係をもつことにある。特定の知の本性とは、その特定の知の対象とそれがあるがままに関わることだからである。別の形でのその関わりは、必然的に別の知となるのである。知の継続的生起は、必然的に知者の状態の変化を生む。したがって、本質には一つの知しかなく、それが「あるものがあるであろう」との知であった後に、「今あること」の知となるのである。次にそれは、そのものが「進行中である」ことの知であった後に、それが「あった」との知となるのである。知は一つであり、状態は類似である。しかし、それに対する関係は変わったのである。というのは、知における関係は、知の本質そのものであり、それの交代は必然的に知そのものの変化を生み、そこから必然的に変化が出てくる。これは神については不可能である。

二つの面からの反論

その一つは、次のようにいうことである、「至高なる神には、例えば、特定の時間に日蝕が起こるという一つの知があり、その知は日蝕が起こる前ではそれが起こるであろうとの知であり、またその同じ知はそれが起こっているときでは、それが起こっているとの知であり、またそれが終わった後では、それが終わったとの知である、という人を君たちはなぜ否定するのか」と。これらの違いは、結局、関係に帰着するもので、知自体の変化を必然的に生むものではない。したがって、知者の本質に変化を生むものではないし、それは純粋な関係の問題だということである。

一人の人間が君の右側にいて、次に君の前に返り、さらに君の左に移る。こうして君に対して関係は相次いで継起する。変わるのは移動するその人であって、君ではない。神の知における状態も、同様に理解されなければならない。神はもの事を永遠の過去・未来において、一つの知によって知るのであって、その状態は変化しないことをわれわれは認める。彼ら

（哲学者たち）の目的は変化の否定であって、その点ではみな一致している。いま進行中であるとの知や、その後では終わったとの知を認めることから、必然的に変化が出てくる、との彼らの主張は認められない。

それを彼らはどこから知るのであろうか。かりに神がわれわれに、明日、日の出とともにザイドがやって来るとの知を造り、この知が持続し、神がわれわれに別の知やこの知に対する忘却を造らないとすれば、われわれは日の出とともに、彼が今やって来るとの、以前とまったく同じ知、そしてその後では彼は以前にやって来たことについての知で知っていることになる。持続するその一つの知だけで、これら三つの状態について知るに十分なのである。

残るのは次のような彼らの主張である。特定の知の対象との関係はその本質の中にはいる。したがって関係が変われば、その関係を本質的とするものも変わるのである。変化や持続的生起が〔知の対象に〕起こる場合には、常に変化が〔知者に〕起こっているのである、と。

これに対してわれわれはいう。もしこれが正しければ、彼らは次のようにいう同僚哲学者たちと同じ道をたどることになろう、「神は自己のみを知り、神の自己知は自己そのものである。なぜなら、かりに彼が人間一般、動物一般、鉱物一般——これらは確かにさまざまである——を知っているとすれば、それらとの関係は確かにさまざまとなる。しかし、一つの知がさまざまなものについての知とはなりえない。というのは、関係づけられるものはさまざまであり、関係もさまざまであり、知の対象との関係は知にとって本質的だからである。となれば、それは多性と相違を必然的に帰結する。ただし、類似のものに対しては多性を生むことはない。というのは、類似のものは互いに他の位置を占めるからである。〔他方、〕動物の知が鉱物の知の位置を占めることはないし、白についての知が黒の知に代わることはない。両者は異なるのである」と。

これらの種や類や一般的偶性には限りがない。それはさまざまである。さまざまに異なる知がどうして一つの知に包含されようか。しかも、その知は知者そのものであり、それ以外ではないのである。知りたいものだ。知性ある人がどうして自ら、さまざまな類と種のすべてに関わる知の一体性を不可能とせずに、その状態が過去・現在・未来に区分される一つのものについては、知の一体性を不可能とすることができるのだろうか。しかも互いに異なる類や種の間の違いや相違は、時間の区分によって分けられる同一のものの間に生じる違いよりも大きいにもかかわらず、である。前者が多性や相違を必然化しないのに、どうして後者が多性や相違を必然化するのだろうか。時間による違いは、類や種によるそれよりも少ないものであること、しかも後者が多性や相違を必然化しないことが証明によって確定しているとき、前者もまた相違を必然化することはない。もしそれが相違を必然化しないときは、永遠の過去と未来において存続する一つの知によってすべてを知悉することは可能となる。でなければ、それは知者の本質の中に変化を必然化することになる。

第二の反論は次のようにいうことである、「君たちの原則に立てば、神はたとえ変化することがあっても個物を知る、ということを否定するものは何であろうか。君たちは、この種の変化は神には不可能ではないと信じてはいないのか。ムータズィラ派のジャフム〔・イブン＝サフワーン[35]〕が、神の生成物についての知は、生成するものであるとしたように。また、同じグループのなかの後のカッラーミー派が、神は生成するものの基体であると信じていたように。そして、大部分の正統派の人々が彼らを否定するのは、変化するものは変化を免れないし、変化や生成物を免れないものは生成するものであり、永遠なるものではない、という点においてである。君たちの立場は、世界は永遠であり、かつ変化を免れないということである。君たちが変化する永遠者を考えるのであれば、そのような信仰を君たちがもつことを妨げるものは何もない」と。

問――われわれがそのようなことを不可能とするのは、ただ次の理由による。神の本質の中に生成する知は彼自身から生成するか、他から生成するかであるが、彼自身から生成するとすることは誤りである。われわれが明らかにしたように、永遠なる者から生成するものが出ることはないし、彼が行為者でなかった後に行為者になることはない。それは変化を必然化するからであり、そのことは世界の生成の問題の中で、われわれが確定したことである。

他方、もしそのようなこと（変化）が他者から彼の本質の中に起こるとすれば、他者が彼の中の作用者となり、彼を変化させるものとなり、その結果として彼の状態が他者から必然的・強制的に変えられる、ということになるが、そのようなことがどうしてありえようか。

答——二区分のいずれも、君たちの原則からみて、不可能ではない。永遠なる者から生成するものが出るということは不可能である、という君たちの主張に対しては、われわれはすでにその問題についての議論の中で批判しておいた(36)。君たちの考えでは、永遠者から生成体が流出することは不可能である。その場合の生成体とは、最初の生成物であるが、それが不可能である条件は、それが最初の生成物であることとするのはなぜか。

もしそうでないとすれば、これらの生成物には無限に連鎖する原因はないので、回転運動を通してある永遠なるものに終わらざるをえない。つまり、天球霊とその生命である。天球霊は永遠であり、その回転運動はそれから生まれる。運動の各部分は生成しては消滅する。そして後のものが確実に新たに生まれる。そこで、君たちによれば、生成物が永遠者から出るということになる。

しかし、永遠者の状態は相互に類似しているので、それからの生成物の流出も恒常的に類似している。同様に、状態の類似している永遠者から出るゆえに、こうして彼らのすべてのグループが、永遠なるものからの生成物の流出は、それが統一的・永続的であるときには可能である、と告白していることが明白になった。

第二の区分、つまり神の中のこの知が他者から出る場合のことであるが、それについてはわれわれは、「君たちの考えでは、それがなぜ不可能なのか」と問いたい。それについて考えられるのは、次のような三つの場合だけである。

その第一は、〔神の知の〕変化である。君たちの原則からすれば、そのこと〔変化〕は必然的であることを、われわれはすでに証明している。

第二は、他者が変化の原因である場合である。これは、君たちによれば不可能ではない。となれば、ものの生成をそれについての知の生成の原因とすればよい。それは君たちが、次のようにいうようなものである、「有色の個体が瞳の前に現われることが、瞳と視覚対象の間の透明な空気を通して、目の硝子体にその個体の像が押印される原因である」と。無生物〔の存在〕が、瞳にその形姿が押印される――それが視覚作用の意味である――原因となりうるとき、どうして生成物の生成が、それについての第一者の知が生起する原因となりえないのであろうか。そもそも視力に知覚の準備が十分にあり、有色の個体が現われ、そこに瞼が開かれることが知覚の生起の原因なのである。

君たちの考えによれば、第一原理の本質もそのように知を受け取る準備ができており、その生成物の存在によって可能態から現実態へと移行する、とするがよい。もしそこに永遠者の変化があるとしても、変化する永遠者は君たちの考えによれば、不可能ではない。それは必然的存在者には不可能であると君たちがいうなら、君たちがもつ必然的存在者の存在証明は、前述のように、ただ原因と結果の無限連鎖を断つことだけである。われわれがすでに証明したように、それは変化する永遠者によっても可能なのである。

第三のこと、つまり永遠者が他によって変化するという問題であるが、それは服従や他者による支配と同じだということである。そこでいわれるべきことはこうである。君たちの考えでは、これがどうして不可能なのか、と。それによれば、神は媒介を通して生成物の生成の原因となる。次に、生成物の生成が、それらについての知が彼に生成する原因となる。それはあたかも、彼自身が媒介を通してではあるが、自らに知が生起する原因であるようなものである。

「それは服従と同じである」との君たちの言葉であるが、そうだとしよう。それは君たちの原則にふさわしいからである。というのは、神から出るものは必然的かつ自然的に出るのであって、それを中断する力は神にはない、というのが君たちの主張だからである。これも一種の服従に相当する。そしてそのことは、神はそこから出るものについて、強制された者と同じであることを示している。

問——それは強制ではない。なぜなら、神の完全性はすべてのものの始原であることにあるからである。

答――これは服従ではない。というのは、神の完全性はすべてのものを知っていることにあるからである。かりにすべての生成物に結びつく知がわれわれに生起するなら、それはわれわれにとって完全性であって、欠陥や服従ではない。神についてもそうであってよい。

第十四問題——天体はその回転運動によって至高なる神に従う生き物であることを、彼らは証明しえないことについて

彼らはいう。天体（samā'）は生き物であり、霊魂をもつ。それと天体との関係は、われわれの霊魂と身体の関係と同じである。われわれの身体は霊魂の始動によって、その目的に向かって意志的に動く。天体も同様である。その本質的運動による天体の目的は、われわれがこれから述べるように、諸世界の主への崇拝（'ibādah）である。

この問題に関する彼らの教説について、その可能性は否定できないし、それが不可能であると断定することもできない。というのも、神はすべての物体に生命を造ることができるし、物体がいかに大きくても、それが生命あるものになったり、丸くなったりすることを妨げるものはないからである。また、特定の形が生命の条件であることもない。生き物は形が異なっていても、生命の受け手である点で共通している。

しかし、彼らは理性の証明によってそのことを知ることはできないし、またかりにそのようなことが正しいとしても、それはただ神からの霊感（ilhām）や啓示（waḥy）を通して、預言者たちだけが知ることである、とわれわれは主張する。理性による推論でそれを証明する

〔第一部〕 234

ことはできない。確かに、そのようなことを証明によって——もしそれが見つかり、有益であれば——知ることは不可能ではないかもしれない。しかし、あえていえば、彼らが証明としてもち出したものは、蓋然的な知を与える程度にすぎず、確定的な知にはいたらないのである。

彼らの混乱は、次のような主張にある。すなわち、天体は動いている。これは感覚的な前提である。すべて動く物体には〔それを〕動かすものがある。これは理性的な前提である。なぜなら、かりに物体が物体であるがゆえに動くのであれば、すべての物体は動いていることになるからである。

すべて動かすものは、動くもの自体からのものと外からのものの二つがあり、前者は石の運動の下方へ向かう性質や動物の運動における力と意志のようなもの、後者は石を上に投げるように、強制的な形で動かすことである。

すべてその本体の中の何かによって動くものについて、そのものがその運動を意識していない場合、われわれはそれを「性質」(ṭabī'ah)と呼ぶ。例えば、下方への石の運動。それ（運動）を意識している場合は、われわれはそれを「意志的」(irādī)、「心理的」(nafsānī)と呼ぶ。このように限定された区分によれば、各々が否定か肯定かで、運動は強制的か、自然的か、意志的かに区分される。もし二つの区分が成立しなければ、第三が決定される。

〔最初の動者が〕強制的（qasrī）であることは不可能である。というのは、強制的な動者はそれ自体自らの意志で動くか、他からの強制で動く別の物体であり、結局は意志に終わることは確実だからである。天体の中に意志によって動くものがあるということになれば、目的は達成されたことになる。強制的な運動を措定することで何の益があろうか。こうして最終的には、意志によらざるをえないのである。

それ（天体）は強制によって動くのであり、神がその直接の動者であるとの主張については、それは不可能である。というのは、天体は、もしそれが物体であり、神がその創造者であるということで動くのであれば、すべての物体が動くということが必然的に帰結するからである。そこで、その運動には特別な性質があって、それによってその天体が他の物体から区別されることにならなければならない。その性質こそ意志によるか、自然的本性による「側近くの動者たち」（天使）である。神が意志によってそれを動かすとはいえない。なぜなら、神の意志は物体とは一様にしか関わらないからである。なぜ他ではなくこの物体だけを動かすことが望まれるように、特に配慮されたのであろうか。そのようなことは偶然ではありえない。というのは、世界の生成の問題で述べたように、そのようなことは不可能だからである。

この物体の中には一つの属性、つまり運動の原理がなければならない、ということが確定すれば、第一の区分、つまり強制的運動の想定は成立しないことになる。そこで〔次に〕残るのは、それは自然的性質だということであるが、それは不可能である。というのは、自然的性質はそれだけでは運動の原因とはならないからである。そもそも運動とは、ある場所から離れ、別の場所に向かうことである。物体が存在する場所がそれに適合的であれば、それはそこを離れようとはしない。

このために空気でふくらんだ皮袋は水面上では動かない。しかし、水中に沈めると、水面に向かって動く。そしてそこに適合する場所を見出して止まる。自然的性質は持続する。しかし、それが自らに適合しない場所に移されると、そこから適合するところへと逃れる。それは〔空気の皮袋が〕水中から空気面へ逃れるのと同じである。回転運動が自然的であるとは考えられない。なぜなら、それは、離れようとしているすべての場所や位置に返ることだからである。本性的に離れようとするものは、本性的に求められることはない。そのために空気の皮袋は水中に向かわないし、地上に止まった後は空中に返ることもない。こうして残るのは第三の区分、つまり意志的運動である。

われわれの反論――われわれは君たちの立場の他に、三つの可能性があることを想定するが、それらのいずれにもその誤謬を証明するものはない。

第一に、別の物体がその強制的運動を意志し、それによって永続的に回転させられている天体の運動を想定することである。そのように動かす物体は球体ではなく、円形でもない。したがって、それは天体ではない。そこで、天体の運動は意志的であり、天体は生き物である、との彼らの主張は誤りとなる。われわれが述べたこのことは可能的であり、それを否定するのは単なる臆測にすぎない。

第二に、その運動は強制的であり、その源は神の意志である、とすることである。われわれはいう。石の下方への運動もまた強制的であり、それは神がその中に運動を造ることによって起こるのである、と。動物ではない他の物体の運動についても同様である。彼らの残る難詰はこうである。他の物体も物体性においては共通であるのに、意志はなぜ特別にそれに関わったかである。だが、われわれがすでに明らかにしたように、永遠なる意志の役割はまさに、あるものを類似のものの中から特定することであり、また彼ら自身、〔天体の〕回転運動の方向の特定や軸と点の位置の特定を役割とする属性を定立せざるをえないのである。

そこでわれわれは繰り返すことはしないが、簡単に述べればこうである。属性による差異化ではなく、意志による物体の特定化はありえない、と彼らがいうならば、それはその属性による差異化を主張する彼らにそっくり返される。われわれはいう。なぜ天体は、それを他の物体から区別するその属性で自らを区別するのか。他の物体もまた同じ物体であるのにである。どうして他においてて起こらないことが、それに起こるのか。もしかりにそれが別の属性によって生み出されたとすれば、問題はさらに別の属性へと向かい、それが無限に続くことになる。こうして彼らは最後には意志についての判断を迫られ、原理の中にはあるものをそれと類似のものから区別し、特定化する属性があることを認めざるをえなくなる、と。

第三に、それは、天体には一つの属性があり、その属性が運動の原理であることを認めることである。ちょうど彼らが低いところへの石の落下について信じているように。ただし、石と同様に、それを意識することはない。本性的に求められるものは、本性的に離れようとするものと同じではない、という彼らの主張はまやかしである。なぜなら、彼らによれば、数的に分割される場所は存在しないからである。むしろ、物体は一つであり、その回転運動も一つである。物体は現実には部分をもたず、運動も同様である。それが部分に分かれるのは単なる想像にすぎない。その運動は場所を求めるためではなく、また場所から離れるためでもない。それ自体の中に回転運動を要請する何かがあり、その運動自体がその要請の結果であるようなことは可能であるが、そのものの要請が場所を求め、それに到達しようとする運動であることはありえない。すべての運動は場所に向かうか、それともそれから離れるか、であるという君たちの主張が、もし必然的なものであれば、それはあたかも君たちが場所に向かうことを自然の要請とし、運動をそれ自体で意図されたものではなく、その場所にいたるための手段にしたようなものである。

われわれはいう。運動が要請の対象そのものであって、場所に向かうためではない、ということは不可能ではない。何がそれを不可能とするだろうか。彼らが述べたことは、他の可能性よりも蓋然性が高いと考えるとしても、他の可能性を否定するほど確定的なものでないことが明らかとなった。こうして、天体について、それを生き物だとする判断はまったくの独断であり、何の根拠もないということになった。

第十五問題——天体を動かす目的について彼らが述べたこととの批判

彼らはいう。天体はその運動によって神に服従し、近づいている。なぜなら、すべて意志による運動は目的のためである。そもそも行為と運動が動物から出ると考えられるのは、ただ行為をすることがしないよりも目的にとってより有益だからである。かりに行為をすることとしないことが同等であれば、行為をすることは考えられない、と。

神への接近の意味は、〔神の〕満足を求め、その怒りに用心することではない。神は怒りや満足といったことを超越した高みにおられる。もしそのような表現が用いられるとすれば、処罰の意志と褒賞の意志を表わす比喩としてである。「接近」ということが、場所的に神に近づくことではありえない。それは不可能だからである。残るのは、性質における近さを求めることだけである。

最も完全な存在は神の存在である。その存在に比すれば、すべての存在は不完全である。欠陥には段階や違いがある。天使は性質において神により近い。場所的にではない。それが、「側近くの天使たち」の意味である。つまり、変化したり、消滅したり、変形したりすることがなく、もの事をあるがままに知る知的実体のことである。人間は性質において天使に近くなればなるほど、それだけ神に近くなる。人類の極限は天使に等しくなることである。

これが神への接近の意味だということが確定すれば、それは性質において神に近づこうとすることに帰着する。それは人間にとっては、もの事の真実を知り、人間に可能な限り最も完全な状態に永続的にあるようにすることである。最高の完全さにあるのは神〔のみ〕である。「側近くの天使たち」はすべて彼らに可能な限りの完全性にある。それは彼らとともに常に現在している。というのは、彼らには、潜在的でやがて現実態となるようなものは何もないからである。こうして彼らの完全性は、神以外のものとの関係では、極限のレベルにあるのである。

「天の天使」とは、天体を動かす霊魂を表わし、その中には潜在的なものがある。それらの完全性は〔二つに〕区分される。まず、第一に、球形の姿や形のように現実態であるもので、それは現在する。第二は、可能態にあるもので、位置や場所における形である。いかなる特定の位置もそれは可能的でしかない。しかし、それにとって他の位置が現実態であることもない。すべての位置を〔同時に〕結合することは可能ではない。個々の位置を永続的に占めることができないときは、種によってそれを占めようとする。そこでそれは位置や場所を一つずつ求め、この可能性はけっして断たれず、この運動も断たれないのである。その意図はただ、それに可能な限りの最高の完全性を得ることで、第一原理に似ることである。それが天の天使の、神への服従の意味である。

天使たちにその近似化が二つの点ですでに生起している。一つは、種としてそれに可能なすべての位置の充足である。それが第一義的な狙いである。他は、その運動によって形成される三角形、四角形、合や対座（muqābalah）[37]における関係の違い、地球との関係における惑星の上昇の違いである。そしてそこから月下界に善が流出し、そこからすべてこれらの出来事が生起する。以上が、天体霊が完成する様相である。すべての知的霊魂はそれ自体、完成を求めているのである。

以上に対する反論——本書の序論で、論争可能なことはすでに述べられている。そこで、われわれはそのことについて長々と論じることはせず、君たちが最後に特定した目的に返ることにしよう。われわれはそれを二つの点で批判したい。

(1) 可能な限りのあらゆる場所を占めることで完全性を求めることは愚行であって、〔神への〕服従ではない。これはただ、何の仕事もなく、欲求や必要を充たすものがすべて備わっている人で、町や家の中を歩き回ることで、自分は神に近づいていると主張する人と同じである。というのは、彼は自らを可能な限りの場所に置くことによって自己を完成させることができると考えているからである。そして、「さまざまな場所にいることは私に可能である。

しかし、それを〔具体的な〕数と結びつけることはできないので、〔共通の〕種との結合で十分と考える。そこに完成と〔神への〕接近があるからである」と彼は主張する。この点で彼の知性は愚かと判断され、馬鹿者と非難されよう。ある位置から別の位置へ、ある場所から別の場所への移動は、意義のある求めるべき完全性ではない、というべきであろう。彼らのいうことは、これと何の違いもない。

(2)　君たちがいう目的は、東回りの運動で実現されている。つまり、なぜ最初の運動が東回りであるのか、またなぜすべてのものの運動が一方向でないのか。それらの違いに目的があるのなら、それを逆にして違いがあるのか。つまり、東から西への方向と西から東への方向である。彼らが述べた、三倍、六倍、その他、〔回転〕運動の違いによって起こる現象がすべて逆の形で起こりうるのである。彼らが述べた位置や場所を充たすことについても同様である。それらが別の方向をとることが可能であるとき、どうしてそうでないことがあろうか。すべて可能なことを実現することに完全性があるとすれば、それに可能なことを実現するために、ある時は一つの側から、またある時は別の側から動くということがどうしてないことがあろうか。

このことは、これらが実質のない想像の産物であり、天界の秘密はこのような空想事で知ることはできない、ということを証明している。ただ、神やその預言者や聖者だけが、論証によってではなく、霊感（ilhām）によって知るのみである。そのために、哲学者たちは最後の一人まで、運動の方向とそれの選択の原因を説明できないのである。

彼らのある人たちはいう。それらの完成はどの方向であれ、〔回転〕運動によって実現され、地上の出来事の秩序が運動の違いと方向の特定化を要請するとき、それらが運動の原理に求めるものは、神への接近であり、運動の方向に求めるものは下界への善の流出である、と。

これは二つの点で誤りである。第一に、それが想像可能だとしても、神の本性が求めるものは静止であって、運動や変化を避けることであり、それが真に神に似ることである、と判断すべきである。というのは、神は変化を超えた高みにあり、運動は変化だからである。しかし、神は善の流出のために運動を選ばれた。神以外のものがそれを利用するからであるが、神には運動は何の苦にもならず、何の疲れももたらすものではないからである。このような想像を何が妨げるというのか。

第二に、さまざまな出来事の基礎は、運動の方向の違いから生じる関係の違いである。そこで、最初の運動を西回りとし、それ以外を東回りとするがよい。それによって違いが生じることになり、その結果、関係の違いが生まれる。どうして一つの方向に特定されるのであろうか。これらの相違が要請するのは、ただ相違という原則だけである。方向そのものについては、この目的においては優劣はないのである。

第十六問題――天体の霊魂はこの世界に起こる個々の事象のすべてを知っていること、「〔天に〕護持された書板[38]」の意味は天体霊であること、世界の個物がそこに刻まれているということは、人間の脳の記憶力の中に記憶されるものが刻印されることと同様であり、若者が書板の上に書くように、ものが書き込まれる幅のある固い物体ではないということである。というのは、書くことが多ければ、書かれる場所が広くなければならなくなるからである。書かれるものが無限になれば、それが書かれる場所も無限となる。無限の物体は考えられないし、無限の線を物体に書くことは不可能であり、限られた線で無限のものを説明することは不可能である、と。このような彼らの主張の誤りについて

彼らは主張する。天の天使たちは天体霊であり、側近くの大天使たちは自立的な実体であり、空間を占めず、物体の中で活動することのない離在知性である。これらの個別の諸形相

がそれから天体霊に流出する。それら(知性)は天の天使よりも高貴であるが、それはそれらが与えるものであるのに対して、これらは受け取る側であるからで、与えるものは受け取るものよりも高貴だからである。そのためにより高貴な方が「ペン」と表現され、至高なる御方は「ペンで教えた」(九六:四四)といわれた。というのは、彼は教師のように知を刻み込む刻印者と同様であり、受け取るものを「書板」に喩えたのである。以上が彼らの立場である。

この問題についての議論は、その前の問題についての論争とは異なる。というのは、彼らが以前に述べたことは、不可能ではないからである。そこでいわれていることは、せいぜい、天体は目的のために動く動物であるということで、それは可能的なことである。ところが、こちらの方では、その帰するところは、限りのない個物についての知を被造物に認めることである。これはおそらく不可能と信じられていることである。われわれは彼らにその証明を求める。

それを証明するために彼らはいう——回転運動は意志的であり、意志はその対象に従い、一般的意志はその一般的対象を求めるだけであり、一般的意志からは何も流出しない、ということは確定している。現実に存在するものはすべて特定の個物である。一般的意志の個々の個物との関係は一様であり、それからは個々のものは流出せず、特定の運動のためには個別の意志が不可欠である。そこで天球には、特定の点から特定の点にいたるまでの個々の特定の運動のすべてに対して、その運動のための個々の意志があるのである。そのためには、そのような身体的能力による個々の運動についての表象がかならずなければならない。なぜなら、個々のものは身体的力によってのみ知覚されるからである。

そもそもすべての意志は必然的にその意志の対象についての表象、つまり個別的であれ一般的であれ、それについての知をもつ。天球に個々の運動についての表象と知があれば、確実にそれらの運動から必然的に出てくる地球との関係の違い、つまりそのある部分は人々の頭上の中天にあり、またある部分は他の人々の足下にあるということを知る。同様にまたそれは、運動によって更新される関係の違いから必然的に生起すること、すなわち〔運動の〕三倍増、六倍増、対座や合などといった天体の現象を知るのである。地上の他の現象も直接的に、あるいは一つか多数の媒介によって、天体の現象に帰せられるのである。

要するに、すべて生成するものには生成する原因があり、その連鎖が断たれるのは永続的天体運動――そこでは互いに他の原因となっている――に上昇してからである。その運動を表象するものはそれらの必然的帰結、そしてさらにそれらからの帰結というぐあいに、その連鎖の最後までを表象するものである。こうしてそれは生成するものをすべて知るのである。

将来起こるであろうすべてのことについて、その原因が実現されたときは常に、それらが生成することはその原因から必然的である。われわれが将来起こるであろうことを知らないのは、ただわれわれがそのすべての原因を知らないからにすぎない。かりにすべての原因を知れば、われわれはその結果を知ることができるのである。

例えば、火が木綿と一定のときに一緒になるということを知っていれば、常に木綿は燃えるということをわれわれは知っている。また、ある人がものを食べるということを知っていれば、常にわれわれは彼が満腹することを知る。軽いもので覆われた宝が置かれている誰かの部屋に、一人の人が踏み込むことをわれわれが知っているとき、彼がそこに実際に侵入し、その人の足がその宝に躓いてその宝に気づいたとすれば、われわれは彼がその宝を所有することで豊かになるであろうことを知る。しかし、われわれはこれらの原因を知らない。たぶんその一部を知るかもしれない。そこで、われわれにその結果が起こるであろう、との推測が生まれる。もしわれわれが原因の大部分、大多数を知れば、起こることについての明確な推測が起こる。かりにわれわれにすべての原因についての知が生じたとすれば、すべての結果についての知が生まれる。ただ天体の数は多く、しかもそれらは地上の出来事と結びついているので、人間の能力ではそれを知ることはできない。天体霊がそれを知っているのは、それらが第一原因とその必然的帰結、その帰結の帰結、そしてその連鎖の最後まで知っているからである。

このために彼らは主張する。睡眠者は夢の中で将来起こることを知る。それは、彼が「〔天に〕護持された書板」にいたり、それを読むからである、と。人があるものを見れば、たぶんそれはそのまま記憶の中に保持される。そしておそらく記憶の力が直ちにそれを模倣してしまう。そもそもその本性は、相互に関連する類似の像でものを写し取り、あるいはそれとは逆のものに対しては、真実の知覚を記憶から抹消することだからである。したがって、類似のイメージだけが記憶に残るのである。そこで想像力がイメージしたものは解釈する必要がある。例えば、人間を木で、妻を靴で、奉公人を幾つかの家具で、慈善財産や喜捨の管理人を種油で表わすようなものである。というのは、種は明かりの原因であるランプにとって、原因となるからである。夢解き術はこのような原則から派生したものである。

彼らの主張では、そのような霊魂との接触は開かれていて、そこに覆いはない。しかし、われわれは醒めている間は、感覚や欲望が生み出すものに惑わされている。これらの感覚的な事がらへの関わりが、われわれのそれとの接触を妨げるのである。そこで睡眠中に感覚による障害が少しでも除かれると、それによって接触の準備ができるのである。

彼らの主張によれば、預言者はこのような方法によっても、冥界のことを知るのである。もっとも、預言的霊力が時に非常に強力となり、外的感覚の支配がなくなると、他人が睡眠中に見ることを覚醒時でも見るのである。さらに、想像力はまた彼が見たことをイメージで捉え、ある時はものそのものが記憶に残り、ある時はそのイメージが残る。この霊感のイメージは解釈を必要とするが、それはあの夢のイメージが解釈を必要とするのと同じである。かりにすべての存在が「護持されている書板」の中に確定して存在するのでないとすれば、預言者たちは覚醒時でも睡眠中でも冥界を知ることはないであろう。しかし、ペンは復活の日にいたるまでの出来事を記すまで乾くことはないのである。その意味はわれわれがすでに述べたことである。以上が、彼らの立場の説明としてわれわれが述べたいと望んだことである。

われわれの反論——預言者は神による一方的な教示によって冥界のことを知る、という人を君たちは否定するのであろうか。夢の中で見る人についても同様で、彼はただ神の教示か、あるいは天使の教えによって知るのである。したがって、君たちが述べたようなことは何も必要としないのである。それについての証明は何もないし、また聖法が述べる書板やペンについて、そのような意味に理解する必要はけっしてないのである。君たちの中には、聖法の問題に厳格な人はいない。ただ理性の道への固執が残っているだけである。君たちが述べたことは、たとえその可能性は認められるとしても、知の対象に限度はないことが条件とされない限り、その存在は知られないし、確証されないのである。それについての方法はただ聖法から知られるということであって、理性によってではない。

まず、君たちが述べた理性的証明については、多くの前提に基づいているが、われわれはそれらを長々と批判することはしない。ただその中の三つの前提について反論したい。

第一の前提は、天体の運動は意志的である、という君たちの主張である。われわれはすでにこの問題を終え、それについての君たちの主張の誤りを証明している。(39)

第二の前提は、かりに一歩譲ってそのこと（天体の意志的運動）が認められるとしても、個々の運動には個々の表象が必要である、との君たちの主張は認められない。むしろ君たちの考えでは、物体には部分はない。それは一つのものであり、それが部分に分けられるのは想像においてだけである。運動についても同様である。それは連続した一体のものである。彼らが述べるように、可能な限りの空間を占めたい、とのそれの欲求だけで十分であり、また一般的表象と一般的意志で十分なのである。

そこで、彼らの目的を説明するために、一般的・部分的意志についての例をあげよう。例えば、ある人に「神の家」（メッカ）への巡礼をするという一般的目的があるとき、この一般的意志からは運動は出ない。というのは、運動は個別的に一定の方角で一定の程度でしか起こらないからである。むしろ、その人には常にその「家」に向かって歩いて行く場所と通行する方向において、次から次へと表象が更新され続ける。そして個々の部分的表象に続くのが、一つの運動で到達した場所から離れるための、〔別の〕運動に対する部分的意志である。これが、部分的表象に続く部分的意志ということで、彼らが意味することである。

このことは認められる。というのは、メッカに向かっての方向は数が多いからである。また距離も一定していない。そこで一定の場所や方角の決定には、また別の部分的意志が必要となる。〔しかし〕天体の運動には一つの方向しかない。というのは、運動は意志されていても球体は自転するだけで、その場所を動くことはないからである。そこには一つの方向と一つの物体と一つの方角しかない。それは石の下方への落下と同じである。それは最短の方法で大地を求め、最短の道は直線である。こうして直線が決定される。そこでは、中心を求める一般的性質のほかに、限界への遠近や接近・離反を伴う生成する原因の更新は必要とされない。同様に、その運動には運動への一般的意志だけで十分であり、それ以上のものは必要とされない。つまり、これは彼らが恣意的に設定した前提だということである。

第三の前提は、きわめてひどい独断である。それは次のような彼らの主張である。個々の運動が想定されれば、それに必然的に続いて生起することもまた想定される、と。これは次のような言説と同様、まったくの狂気の沙汰である。すなわち、人間が動き、その運動を知れば、彼の運動から必然的に派生する平行や交差が知られる、と。つまり、彼とその上や下、またその側にある物体との関係である。彼が太陽の方に向かって歩めば、彼はその影が落ちる位置、落ちない位置、その影からそこでの光の遮断によって生じる冷気、足の下の大地の一部に生じる窪みやその分離、運動によって熱に変化したことから、体内の体液に生じること、体の一部が汗に変化することなどなど、運動が原因となり、条件となり、あるいはそれが準備し、その身体および身体以外に起こるすべてのことが知られるというのである。これは知性ある人間が想像もできない狂気であり、愚者以外それに惑わされることはない。以上が、このような恣意的判断の帰結である。

しかし、われわれはさらにいう。天体霊に知られているこれら個別の諸部分は存在するもの〔に限定されるの〕か、それとも将来に起こることが期待されることも、それに追加されるのか。もしそれを現在存在するものに限定するのなら、冥界を知り、預言者たちが覚醒時に、またそれ以外の人々が夢の中で、将来起こるであろうことを間接的に知ることはできなくなる。そして証明が要請することも成立しなくなる。というのは、それは、あることを知れば、それの必然的な帰結を知ることであり、したがって事物の原因のすべてをわれわれが知れば、将来起こることのすべてを知る、という恣意的な判断だからである。

すべての出来事の原因はいま存在している。というのは、それは天体の運動のことであるが、それが結果を要請するのは一つまたは多数の媒介を通してである。もし将来へと踏み出せば、終わりはなくなる。終わりのない将来の個別の事がらの詳細をどうして知りえようか。

その数において限りがなく、その単位において極まりのない個別の部分的知を、順序もなく一度に、被造物（人間）の霊魂の中に集めることがどうしてできようか。その不可能性を証言できないような知性の持主は、その知性を放棄するがいい。

もし彼らが、神の知についてこのような議論をわれわれに向けたとしても、等しく神の知とその対象との関係は、被造物がもつ知の関係とは異なる。むしろ、天体霊が人間の霊魂と同じ役割を果たすのであれば、それは人間の霊魂と同じ種となる。つまり、媒介を通して個物を知覚することにおいて共通するのである。確定的にそうではないとしても、蓋然的には同類ということになる。蓋然的でないとするなら、それは可能的である。そしてその可能性が、彼らが確定的とするその主張を否定するのである。

問――人間の霊魂にはその本質において、すべてのものを知る力がある。しかしそれは、欲望・怒り・貪欲・ねたみ・怨み・空腹・痛みがもたらす諸結果、要するに、肉体に起ることや感覚が生み出すことに関わっている。そして人間の霊魂はあることに関心が向けば、それ以外のものへの関心はなくなるのである。しかし、天体霊はこのような属性から自由であり、妨害するものに出会ったり、心配事や痛みや感情に取り込まれることもない。こうしてすべてのことを知っているのである。

答――それ（天体霊）に関心事がないとどうして知るのか。それの第一者への崇拝や憧憬がその関心を取り込み、個別の部分的なものを考えなくしているのではないのか。どうして怒りや欲望やこれら感覚的関心事のほかに、別の関心事が想定できないのか。関心事はわれわれが身の周りで見る程度のものに限定される、とどうして知られるのか。知性ある人々には、高い理想や支配欲といった、幼児には想像もできない関心事があり、また関心を逸らしその障害となる、とは彼らがまったく信じていないような関心事もある。天体霊についても、同様のことがありえないとどうして知るのか。

以上が、彼らが「形而上学的」と称する知について、われわれが述べたいと思ったことである。

164 〔第二部〕〔自然学〕

自然学（ṭabīʿīyāt）と呼ばれる学問の数は多い。われわれはその区分について述べるが、それは、聖法がそれらについての議論やその否定を要請しているのは、ただわれわれがこれから述べる箇所だけであることを知ってもらうためである。それは原則と派生的問題に分かれ、原則は八つに分かれる。

(1) そこでは物質としての物質に関わること、つまり分割・運動・変化、および運動に付随する時間・場所・虚空（khalāʾ）について述べられる。それは『自然学』に含まれる。

(2) 世界、つまり天体の主要区分の状態や月下界にある四原素（地・水・火・風）とその性質、それらの各々が特定の場を占めることを要請する原因が説明される。それは『天体論』に含まれる。

(3) 生成と消滅、相互作用と作用関係（tawālud）、成長と腐蝕、変化の諸相、天体の東と西からの二つの運動による個体の消滅と種の存続の様態が説明される。それは『生成消滅論』に含まれる。 165

(4) 四原素の混合から現われる状態について。そこから生まれる雲・雨・雷・雷光・暈・

虹・雷鳴・風・地震といった気象学的影響。
(5) 鉱物について。
(6) 植物に関する法則について。
(7) 動物について。それは『動物誌』に含まれる。
(8) 動物的霊魂と知覚能力について。人間の霊魂は肉体の死とともに死ぬことはない。それは霊的実体であって、消滅することは不可能である。

派生的問題は七つある。
(1) 医学。その目的は人体の原理とその状態、つまり健康と病気、その原因と兆候を知り、病気を癒し、健康を保持すること。
(2) 星々についての法則。星座の形態とその混合状態から世界の情勢や領国、出生や年齢について何を示しているかを推定すること。
(3) 人相学（ʻilm al-firāsah）。それは外見から性格を判断すること。
(4) 夢判断（taʻbīr）。それは夢の中のイメージから、霊魂が目撃し、想像力が別のイメージで写し取った冥界のことを読み解くこと。
(5) 護符術（ʻilm al-ṭalismāt）。それは、天体の力を地上のある物体と結びつけ、それから地上界に不思議な作用を及ぼす力を作り出すこと。

166

(6) 呪術（'ilm al-nīranjāt）。それは、地上の物体の力を混ぜて、不思議な力を生み出すこと。

(7) 錬金術（'ilm al-kīmiyā'）。その目的は、鉱物の性質を変え、特殊な技法でそこから金銀を得ようとすること。

これらの学問において、彼らに反対することが聖法上必要なわけではない。これらの学問全体の中で、われわれが彼らに反対するのは、ただ四つの問題だけである。

(1) 原因と結果の間に存在するとみられるこの結びつきは、必然的に成立する結びつきであり、結果なしの原因の存在、原因なしの結果の存在は〔神の〕力の対象ではなく、またその可能性もない、との彼らの判断。

(2) 人間の霊魂は自立的実体であって、身体に刻印されたものではなく、死とはそれと身体との関係が断たれ、それへの支配が及ばなくなることで、死の状態の中でも霊魂自体は自立的に存在している、との彼らの主張である。彼らは、それは理性的証明によって知られている、と主張する。

(3) 彼らの主張によれば、これらの霊魂が消滅することはありえない。それらは、ひとたび存在すれば永続的で、その消滅は考えられない。

(4) 彼らの主張によれば、これらの霊魂を肉体に戻すことは不可能である。

第一の問題で議論が必要なのは、ただ杖を蛇に変えたり、死者を蘇生させたり、月が裂けたり（shaqq al-qamar）[40]といった、〔自然の〕慣行（majārī' al-'ādāt）を破る奇跡の定立の基礎がそこにあるということである。もし慣行の流れを必然的なものとすれば、そのようなことはすべて不可能とすることになる。

彼らは、コーランに述べられている死者の蘇生を比喩的に解釈して、その意味は、知という生命によって無知という死を除くことであるという。そして杖が魔術師たちの魔法の品を飲み込んだことについて、それをモーセの手によって現わされた神の証明が、〔神の〕否定者たちの疑念を払拭することと解釈したのである。月の分割については、彼らはしばしばその事実を否定し、それは多数の伝承によって伝えられたものではない、と主張した。

哲学者たちは、慣行を破る奇跡については、次の三点しか認めない。一つは、想像力（al-quwwah al-mutakhayyilah）についてである。彼らの主張によれば、それが支配的となり、強力となり、感覚や関心事がそれを乱すことがなくなれば、それは「〔天に〕護持された書板」を目にし、将来に起こる個々の出来事の形象がそこに刻印される。それが預言者たちには覚醒時に、他の人々には夢の中で起こることである。これが、想像力がもつ預言者性の特性である。

第二が、思弁的・知的能力の特性である。それは直観力に帰着するが、一つの知の対象から別の対象へのすばやい移行のことである。多くの聡明な人々に指示対象が述べられると、直ちにその指示物に気づき、また指示物が述べられると、直ちにその対象に気づく。要するに、媒概念が心に浮かべば、直ちに結論に気づく。心に結論の二概念が浮かべば、結論の二つの名辞を結合する媒概念が念頭に現われる。

これに関して人々は、幾つかのグループに分かれる。ある人は自らそれに気づく。ある人は最小の指示でそれに気づき、またある人は指示されても大きな苦労によって初めて気づく。気づきの最も少ない極限が、直観力がまったくなく、指示があっても知的対象の理解の準備ができていないことだとすれば、直観力が増大する極限は、最も早く最小の時間で、知的対象のすべて、ないしはその大部分に気づくことである。

このことは量において、求めるもののすべてか一部かで異なり、またその様態においても異なり、時間の速さや近接においてもさまざまである。清浄で神聖な霊魂の直観力は、すべての知的対象に最速の時間で関わるのである。彼こそは、思弁の力が及ばない奇跡をもつ預言者なのである。彼は知的対象について、自ら学ぶかのように、努力して学習する必要はないのである。彼こそは、「その油は火に触れずとも自らにして燃え出さんばかり。光の上に光を加えて照りまさる」(二四：三五)と述べられた人である。

第三が、実践的・霊的力である。それは、時に自然界に影響を与え、それらが思いのままになるほどにいたることがある。例えば、われわれの霊魂(心)があることを想像すると、肢体やその中の力がそれに仕え、想像の中で望んだ方向に動かされる。そこで、何か美味しいものを想像すると、口の両端が湿り、涎《よだれ》を出す力が起こって、その根源から涎を溢れさせる。性交のことを考えると、力が生まれて性器を勃起させる。かりに人が、広い空間の中で両端を二つの塀の上に置かれた丸太の上を歩くとき、彼の落下の心配は強くなる。その心配に体は作用を受け、落下する。それがかりに地上のことであれば、彼はその上を歩いても落下することはないであろう。それは、肉体と肉体的力は心に従順に仕えるために造られているからである。そしてそれは、心の清浄さとその力の違いによって、異なってくるのである。精神の力が極度に強くなり、体の外の自然界の力がそれに奉仕するまでになることは、不可能ではない。というのは、霊魂はその肉体に刻印されているとしても、それには肉体をコントロールしたいという一種の欲求があり、それはその本性として造られているものである。

人間の肉体の諸部分が霊魂に従うということが可能であれば、肉体以外のものがそれに従うことも不可能ではなくなる。そこでその人の霊魂が、風が吹き、雨が降り、雷が落ち、あるいは大地が揺れて人々が死ぬ、といったことを思い浮かべるとする。そのようなことが起こるのは、〔通常は〕寒さや暑さ、ないしは空気中のある動きによるが、そのような暑さや寒気が彼の霊魂の中に起これば、そこから外的な自然の原因がなくても、このようなことが外界に生じるのである。それが預言者に現われる奇跡である。しかし、それが起こるのは、それを受け入れる用意のできた状況の中だけであり、木材が動物に変わったり、裂けるはずもない月が割れたりすることはない。

以上は、奇跡についての彼らの立場である。われわれは彼らが述べたことを否定するものではないし、それは預言者たちに起こるであろうということも同様である。ただ、われわれが否定するのは、そこだけに限定して、杖を蛇に変えたり、死者を蘇生させたり、などといったことを彼ら（哲学者たち）が否定していることである。そこで、奇跡やそれ以外の問題、つまり神はすべてのことができるという、ムスリムたちが一致して認めていることを擁護するために、この問題に踏み込むことが必要となったのである。今や、目指すところに向かって進もう。

〔第十七〕問題――〔因果律と奇跡について〕

通常、原因（sabab）と考えられているものと、結果（musabbab）と考えられているものの間の関係は、われわれの考えでは、必然的なもの（ḍarūrī）ではない。二つのものがあり、一方が他方ではなく、他方が一方でなければ、一方の肯定は他方の肯定を含意せず、一方の否定は他方の否定を含意しない。また、一方の存在から他方の存在が必然的に出てくるものではなく、一方の否定から他方の否定が必然的に出てくるものでもない。例えば、水を飲むことと喉の渇きの癒し、食事と満腹、火との接触と燃焼、太陽の上昇と光、斬首と死、服薬と治癒、下剤の服用と下痢、などといった医学・天文学・技術・工芸において観察される諸事象間の関係がそうである。

それらの相互の関係は、一定の順序に従ってそれらを創造しようとする、神（彼に栄光あれ！）の先行的予定（taqdīr）によるのであって、その関係自体が必然的であって、切り離せないからではない。したがって、食事をしなくても満腹を造り、斬首しなくても死を造り、斬首されても生命を存続させたりすることは神には可能であり、同様のことはすべての関係についていえるのである。ところが、哲学者たちはその可能性を否定し、そのようなことはありえないと主張する。

数限りないこのようなことについて議論すれば長くなるので、一つの例に限定しよう。例えば、火を近づけたときの木綿の燃焼である。われわれは、両者の接触があっても、燃焼が起こらないことがありうるとし、また火との接触がなくても、木綿が燃えて灰になることは可能だとする。ところが彼らは、その可能性を否定するのである。

この問題の議論に対する三つの見方(41)

第一に、それは、燃焼を造るもの（fāʿil）は火だけであるとする対者の主張である。しかも火は、選択（ikhtiyār）によってではなく、自然の性質（ṭabʿ）によるのである。火がその作用を受ける基体にひとたび接触すれば、その性質としてそこから起こることを控えることはできないのである。

われわれはこの考え方を否定してこういう。綿の中に黒を造り、それを部分に分け、それを燃やしたり、灰にしたりするのは神である、と。それには天使を介することもあれば、介さないこともある。火は無生物（jamād）であり、それには何の作用もない。火が作因者であるという証拠は何か。彼らが証拠とするものは、火に接したときに燃焼が起こる、という観察だけである。観察が示すことは、接触の際に（ʿinda）〔燃焼が〕起こるということであって、接触による(bi)ということではない。また、それ以外に原因('illah)はない、ということでもない。というのは、霊魂や知覚能力・運動能力が動物の精液に入り込むのは、寒・熱・乾・湿に限定された自然的性質(tabā'i')から生まれるのではない、ということに異論はないからである。また、父親が子宮の中に精液を入れることによって子を造るのではなく、また彼がその生命・視覚・聴覚その他、子の中にあるものを造るのでもないからである。それらは、彼がいるときに存在することが知られているが、誰も彼によって(bi-hi)それが存在するとはいわない。むしろ、それらの存在は第一者から直接的に、あるいは生成する事物を委託された天使を介してくるのである。これは、造物主を認める哲学者たちが明確に主張していることであり、われわれの議論は彼らと一致する。

こうして明らかになったことは、あるものとともに('inda)存在するということは、それによって(bi)存在するということを証明するものではない、ということである。このことをわれわれは、一つの例で示そう。今、生まれながらに目に覆いがかかっている盲人がいて、誰からも昼と夜の違いについて知らされていないとする。ある日の昼間、その彼の両目から覆いがとれ、目を開けてさまざまな色を見たとすれば、そこに目に映じるさまざまな色をした事物の形象を知覚するであろう。そこで彼は、そのようなことをさせたのは、自分が目を開けたからであり、したがって目が健康で開いており、障害物がなく、向かい側にある個体が色をもつものであれば、かならず見ることができるし、見えないことは考えられない、と思うかもしれない。ところが、日が沈んであたりが暗くなって初めて、太陽の光が目の中にさまざまな色が刻印される原因であるということを知る。いったいどうして対者は、存在の原理には原因や根拠があって、これらが結合することでそこから、これらの諸事象が現出する、と安心していられるのか。もっともそれらは恒常的なもので消滅しないからで、運動したり、なくなったりすれば、われわれはその違いに気づき、われわれが観察するものの背後に、一つの原因があることを理解するのである。これは、彼らの原則からの類推によって逃れえないことである。

このために哲学者の中でも真理の探究者たちは、諸物体の接触、つまり一般的にそれらの関係の変化に際して起こる、これらの偶然的事象や出来事は、ただ形相の付与者、つまり天使からのみ流出するということで一致している。さらに彼らは、目の中に色をもった形象が刻印されるのは形相の付与者からであり、太陽の上昇、健康な瞳、有色の物体はこれらの形相を基体が受け取るための装置や仕組みにすぎないという。そして彼らは、これをすべての事象に拡大するのである。こうして、火が燃焼を造り、パンが満腹を造り、薬が健康を造る原因である、と主張する人の見解が否定されるのである。

第二に、これらの事象は、現象の原理から流出するが、形相を受け取る態勢は、現存して観察されるこれらの原理によって起こる。ただ、それらの原理から諸事物が発出するのも、太陽から光が出るように、必然的かつ自然の性質によってであって、熟慮や選択によるものではない。受け取る側の基体（場）の違いというのは、ただ基体の準備態勢の違いにすぎない。磨かれた物体は太陽の光を受けてそれを反射し、別の基体がそれによって光る。土は〔光を〕受け取らないが、空気は光の通過を妨げず、石はそれを妨げる。あるものは太陽によって柔らかくなるが、あるものは硬くなる。あるものは漂白職人の衣服のように白くなるが、あるものはその人の顔のように黒くなる。原理は一つであっても、その結果は、基体の態勢の違いによって異なってくる。

このように存在の原理は、それから出るものをすべて流出させ、そこにはいっさいの障害もなく、出し惜しみもない。不足があるとすれば、それはただ受け取る側にあるのみである。もしそうだとして、われわれが火とその性質を考え、そして二片の同じ木綿が同じように火に触れた場合を考えれば、選択がありえないのに、一方が燃えて、他方が燃えないということが、どうして考えられるであろうか。

このような観点から、アブラハムが火の中に落ちて、火が火のままでありながら、焼けないことがありうる、ということを彼らは否定する。そして彼らは、それが可能なのは、一つには、火から熱がなくなることによるが、それは火が火でなくなることである。あるいは、アブラハム自身の体が変質して石となるか、火の作用が及ばないものになるかであるが、これらはいずれも不可能である。

これに対する二つの反論

第一に、われわれがいいたいことは、〔第一〕原理は選択によって作用せず、神は意志によって行為しないということを、われわれは認めないということである。これに関連する彼らの主張については、われわれはすでに世界の生成の問題の中で論駁している。作因者は綿が火に触れた際に、その意志によって燃焼を造るということが確定しているとき、燃焼は接触の存在とともに造られるということは、理性的に可能である。

問――これは恥ずべき不可能事をあえて犯すことである。原因から結果が必然的に出ることを否定し、それを造物主の意志に結びつけ、しかもその意志は一定の恒常的形式すらなく、しかもそれが多種多様になりうるとすれば、われわれは皆、次のことが可能であるとするがよい。ある人の目の前に獰猛な野獣がいたり、燃えさかる火があったり、巨大な山があったり、武器を手にして待っている賊がいても、それらの視覚的認識を至高なる神が造らないがゆえに、彼はそれらを見ないことがある、というのである。

ならば、家に一冊の書物を置いてきた人が、家に帰ってみるとそれが、まだ髭の生えていない、しかし自由に振舞う知的な若者、あるいは動物に変わっていることもありうるとするがよい。また、家に若者を残してきたのなら、彼が犬に変わっていたり、灰を残してきたとすれば、それが麝香《じゃこう》に変わっていたり、石が金に、金が石に変わることがありうるとするがよい。このようなことについて尋ねられれば、「今、家の中に何があるのか、私は知らない。私が知っていることはせいぜい、私は家に一冊の書物を残してきたが、たぶんそれは今頃、馬となり、糞尿で書斎を汚しているかもしれない」というか、あるいは、「私は家に水差しを残してきたが、たぶん、それは今頃、リンゴの木に変わっているかもしれない」といわなければならないだろう。

神はあらゆることをなしうるのであり、馬は精液から造られるということがその必然性(ḍarūrah)ではないし、木は種子から造られることがその必然性ではない。両者が何かあるものから造られるとしても、それがその必然性ではない。たぶん神は、以前に存在しなかったものを造ったであろう。いま初めて見た人に対して、この人は〔親から〕生まれたのだろうか、と問われても、躊躇してしまう。そこで、「たぶん市場にあった一個の果物が人間に変わり、それがこの人であるのかもしれない」というがよい。神は何でも可能的なこと(mumkin)はできるからである。そこで、その人は躊躇せざるをえないのである。このようなことを考える余地は十分にある。それについては、この程度で十分であろう。

答――存在可能なものでも、それが存在することはけっしてない、という知が人間に造られないと確定していれば、このような不可能事（muḥalāt）は必然的に生じるものである。われわれは、君たちがあげたような想定を疑うことはしない。ところが、神はわれわれに、これらの可能的な事がらをなし給わないという知を造っているのである。われわれは、これらの事がらが必然的であるとはいわない。それらは可能的であって、起こることもあれば、起こらないこともあるのである。ただそれらが一度、また一度と習慣的に継続して起こることによって、われわれの頭の中に、それらが過去の習慣通りに生起することが固定して、もはやそれ以外に考えられなくなるのである。

預言者たちの一人が、彼らの述べる方法で、ある人が明日旅から帰ることはない、と知ることは可能である。彼の帰郷は可能的なことであるが、預言者はその可能的なことが起こらないことを知っている。それはあたかも彼が一人の民衆を見て、その人が不可視界のことについては何も知らず、学ぶことがなければ、知的な事がらを理解することはない、と知るようなものである。それにもかかわらず、その人の霊魂と直観力（ḥads）が強化され、預言者たちが知るようなことを、知るようになることは否定できない。彼らはその可能性を認めるが、その可能的なことが実際に起こったことがないことも知っている。

もし神が慣行を破って、それらを生起させたとすれば、その慣行が破られた時点で、これらの知が心から離れ、神がそれらを造らなかったということになる。そうであれば、なおかつその可能性（imkān）にもかかわらず、神はその時点でそれをすることはないだろう、という先行知があり、神がその時点でそれをすることはない、との知をわれわれに造ることはありえないことではない。したがって、前述のような主張の中には、純粋に恥ずべきことしかないのである。

第二に、次のことにこれらの恥ずべきことを避ける道がある。それは、火にはある性質が造られており、それによって、同じ二つの木綿が火に触れると、二つのものがあらゆる点で同じであるとき、両方とも燃え、両者は区別されない、ということをわれわれが認めることである。

それにもかかわらず、われわれは一人の預言者が火中に投ぜられても、火の性質が変化するか、預言者の性質が変わるかして、彼が焼かれないことはありうると考える。すなわち、神ないしは天使から火にある性質が現われ、それが火の熱を火そのものに留めて、それ以外のものに届かないようにする。その結果、火は熱をもち、火の形象と本質を保持しているが、その熱とその効果は他に及ばないのである。あるいは、預言者の身体にある性質が現われ、彼が肉や骨をもっていることに変わりはなくても、それが火の効果を排除するのである。

われわれは、体を石綿で覆い、熱せられた釜の中に坐っても、火の作用を受けない人を見ている。それを見たことがない人は、それを否定する。もし対者が〔神の〕力の中には、火の中、あるいは体の中に、燃焼を妨げるある性質を造り出すことが含まれるのを否定するとすれば、それは石綿とその作用を見たこともない人が、〔それを〕否定するのと同じである。神の力の対象には、神秘的で不思議なことがあり、われわれはそのすべてを見たわけではないのである。とすれば、どうしてわれわれはそれらの可能性を否定し、それらを不可能と断じなければならないのであろうか。

同様に、死者の復活、杖の蛇への変換はこのようにして可能となるのである。それは質料があらゆるものを受け入れるからである。土や他の諸原素が植物になり、植物が動物に食べられて血液となり、血液が精液となり、それが子宮に注入される。するとそれが動物となる。これは、慣行に従って、長い時間の中で起こることであるが、どうして対者は、質料がこれらの過程を、普通知られているよりも短い時間で、繰り返すようにすることが神にできないとするのだろうか。もしより短い時間でそれが可能であるならば、最短の時間でそうすることを妨げるものはない。そこで、これらの諸力の作用が早められると、それによって奇跡となるものが預言者に起こるのである。

問――これは預言者が自分の預言者性をいい出した際に、預言者自身から起こるのか、それとも別のある原理から起こるのか。

答――君たちは、預言者自身の霊力によって、降雨・雷光・地震が起こる可能性を認めるが、それらは彼から起こるのか、それとも別の原理から起こるのか。それについてのわれわれの主張は、これについての君たちの主張と同じである。われわれにとっても、君たちにとっても最もふさわしい主張は、直接的にせよ、天使を介するにせよ、それを神に結びつけることである。しかし、まさにそれが起こるにふさわしい瞬間に、預言者の念力（himmah）がそれに対して放出され、それらの出現の中に善の秩序が定まり、それによって聖法的秩序が持続するのである。そこでこれが、存在への方向の決定因となる。ものそれ自体は可能的であり、〔第一〕原理は寛容かつ寛大に存在を与える。しかし、その原理から〔存在が〕流出するのは、ただあるものの存在が必要であることが決定され、その中に善があることが確定したときだけである。また、その中に善の存在が確定するのは、ただ善の流出のために自己の預言者性を証明する上で、預言者がそれを必要としたときだけである。

これらすべては、預言者には人々の慣行に反する特性がある、と彼らが主張するときの、その議論の傾向にふさわしく、また彼らがかならずすることでもある。この特性の程度を、理性によって確定することはできない。にもかかわらず、多数の伝承が伝え、その真実性を聖法が明らかにしているものを、どうして誤りとする必要があろうか。

要するに、動物の形相を受け取るのは精液だけであり、そこに動物の諸能力が流出するのは天使——彼らにとって、それは存在の諸原理のことである——からだけであり、人間の精液からは人間しか造られず、馬の精液からは馬しか造られない。こうして、馬が馬から生じるということが、他の諸形相に対して、馬の形相が最も適合的であることを必然的に決定する。したがってそれは、このようにして決定された形相しか受け取らないのである。そのために、大麦からは小麦が、梨の種からリンゴが生じることはない。

次にわれわれは、ミミズのように土から生まれるが、自らは増殖することのないさまざまな動物を見ている。また、動物の中には、鼠や蛇、サソリのように単独で生まれ、そして増殖するものがある。単独で生まれるのは、土からであり、それらが形相を受け取る態勢はさまざまに異なるが、われわれの目につかず、人間の能力では知りえない事がらによるのである。というのは、彼らによれば、形相は天使から、好きなように、また恣意的に流出しているのではなく、あらゆる基体に対して、それ自体の準備ができているがゆえに、それの受け入れが決定されたものだけが流出するのである。この準備はさまざまであるが、その原理は、彼らによれば、星辰の交錯であり、天体の運動における関係の相違である。

以上のことからすでに明らかなように、受け入れ準備のための諸原理の中には、不思議な驚くべきことがある。そこで、鉱物体の特性についての知や、星についての知から、呪符の専門家は、天上の諸力を鉱物の特性と結びつけ、この地上的なものから形象を取り出し、それらに相応する特定の星を探し出し、それによって地上に不思議な事がらを生み出す。〔こうして〕たぶん、彼らは蛇やサソリを町から追放したり、南京虫を町から追放したり、といったような護符学から知られるようなことをしたのである。

受け入れ準備のための諸原理を把握し、その奥義を究めることがわれわれにできず、またそれらを究める道がないときに、ある物体に最短時間でさまざまな段階をへて、以前受け入れる準備がなかった形相を受け入れる準備ができ、それが奇跡として現われるようなことがどうしてありえないと知りえようか。これを否定するとすれば、それはただ狭量と天上的存在に不慣れなことと、創造と自然における神（彼に栄光あれ！）の秘密に対する無感覚のためにほかならない。もろもろの学問の不思議を究めてみれば、預言者たちの奇跡として伝えられていることが、神の力にとって、いかなる場合でもけっして不可能ではない、と考えられるだろう。

問――われわれは、次のことで君たちを支持する。すべて可能的なものは神の力の対象である。また君たちは、すべて不可能なことは神の力の対象ではない、ということを支持している。事物の中には、その不可能性（istiḥālah）が知られているもの、その可能性の知られているもの、また理性がいずれとも判断できないものがある。この後者については、理性は不可能とも可能とも判断できないのである。

ところで、君たちの考える「不可能なもの」(muḥāl) の定義は何であるのか。もしそれが、同一のものについて、否定と肯定を結合することに帰着するのであれば、次のようにいうがよい。二つのものがあれば、一方は他方ではなく、他方は一方ではない。そうであれば、一方の存在が他方の存在を要請することはない、と。また、こうもいうがよい。神は意志の対象についての知なくして意志を造ることができるし、また生命なしに知を造り、死者の手を動かしたり、死者を坐らせたり、その手で何巻もの書物を書かせたり、さまざまな仕事をさせることができる。しかもその間、目を開け、視線は対象の方に向けられているが、「それを」見ることなく、そこに生命もなく、その対象への力もない。ただ、これらの秩序立った行為は、その手を動かして至高なる神が造るものであり、運動も神からくるものである。

このようなことが可能だとすれば、意志的運動と震えの間の区別はなくなり、秩序ある行為が知や行為者の力を示すこともなくなる。また、類を変え、実体を偶有に、知を力に、黒を白に、音を匂いに変えることができなければならなくなる。同様に、無機物を動物に、石を金に変えることができるし、また無数の不可能事も必然的に帰結することになる。

答――「不可能なもの」とは、神の力の対象ではないもののことである。不可能なものとは、あることを肯定するとともに否定することである。あるいは、一般を否定して特殊を肯定すること、または、二を肯定して、一を否定することである。このようなことに帰着しないものは、不可能ではない。不可能でないものは、神の力の対象である。

黒と白の結合は不可能である。なぜなら、基体に黒の相を肯定することから、われわれは白の相の否定と黒の存在を理解するからである。白の否定が黒の肯定から理解されれば、白の肯定と同時にそれを否定することは、不可能となる。

一人の人間が二つの場所に存在しえないのは、ただ彼が家にいることから、家以外の場所に存在することがない、ということをわれわれは理解するからである。彼が家にいながら、家以外のところに〔いることを〕想定することは不可能である。前者は、彼が家以外のところにいることの否定を理解させるからである。

同様にわれわれは、意志があることから、そこに知られるものを求めることがあることを理解する。なぜなら、知なくして求めることを想定しても、それは意志ではなく、その中にはわれわれの理解することの否定があるからである。無生物の中に知を造ることは不可能である。というのは、無生物とは、知覚しないもののことである、とわれわれは理解しているからである。もしその中に知覚が造られるとすれば、それをわれわれの〔通常〕理解する意味で、無生物と呼ぶことはできない。また、もし何の知覚もないのに、そこに生じるものを知と呼ぶこと、そしてその基体がそれによって何も知覚しないなら、それは不可能である。これがその不可能性の一側面である。

類の転換については、ある神学者はいっている。それは神の力の対象である、と。しかし、われわれはいう、あるものが別のものになるのは、理解できない、と。例えば、黒が力に変わったとすれば、黒は残っているのか否か。もし残っていないとすれば、転換ではなくて、一つが消滅して、他が現われたのである。もし力とともにそれが存在しているとすれば、転換ではなくて、それに別のものが加わったのである。もし黒が残って力がなくなるとすれば、転換ではなくて、以前のものがそのまま残ったことになる。

血が精液に変わった、とわれわれがいうとき、その意味は、その質料自体が一つの形相を脱ぎ捨て、別の形相をとったということである。それは結局のところ、一つの形相がなくなり、別の形相が現われたということであり、持続する質料の上に二つの形相が相次いで現われた、ということである。

われわれが、水が熱によって空気に変わったというとき、その意味は、水の形相を受け取る質料が、この形相を投げ捨て、別の形相を受け取ったということである。質料は共通であるが形相は変化しているのである。杖が蛇に変わり、土が動物に変わった、とわれわれがいうときも同様である。しかし、偶有と実体の間には共通の質料がなく、また黒と力の間にも、また他の種の間にも、共通の質料がない。したがって、このような転換は、この観点からは不可能である。

神が死者の手を動かし、彼を生きている人のように起こし、坐らせて字を書かせ、こうして彼の手の動きから、整然とした書が生まれるというようなことは、それ自体としては不可能ではない。ただそれは、われわれがその事象を何らかの選択者の意志に関係づけるときだけである。それが否認されるのは、ただそのようなことは慣行の流れに反するからである。しかし、確定した行為は行為者の知を示すということが、それによって否定されるとする君たちの主張は、正しくない。なぜなら、目下の行為者は神であり、神は〔行為を〕確定させる存在であり、彼はそれ（確定されたもの）を知っているからである。

震えと意志的運動の間に区別はない、という君たちの主張については、われわれはいう。われわれはそのことを自ら知っており、それはただわれわれが両者の状態の違いを自ら目にしており、その区別を力〔の有無〕によって表わすにすぎないのである。そこでわれわれは、二つの可能的な区分のうち、一方はある状態で起き、他方は別の状態で起こることを知る。つまり、ある状態では力とともに運動が生み出され、別の状態では力がなくても運動が生み出されるのである。われわれは他人を見て、〔そこに〕多くの秩序立った行動を見るとき、彼には力があることを知る。これらは、慣行の流れに従って、至高なる神が造る知であり、それらによって、可能性の二つの区分のうち一方の存在が知られるが、前述のように、第二の区分の不可能性が、それによって明らかになるわけではない。

〔第十八〕問題——人間の霊魂は空間を占めない自立的な霊的実体であること、それは物体ではなく、また物体の中に刻印されたり、肉体と結合も分離もしていないこと、また神が世界の外にあるのでも、その中にあるのでもないこと、天使についても同様であること、これらを彼らは理性によって証明しえないことについて

この問題にはいる前に、動物および人間の諸能力についての、彼らの立場を説明しておく必要がある。彼らによれば、動物の能力は運動能力と知覚能力の二つに分けられる。知覚能力はさらに、内的と外的の二つに分けられる。外的知覚能力とは五感のことであり、それは身体の中に入れ込まれたもの、つまりこれらの諸能力のことである。

内的知覚能力には三つある。一つは、前脳にあって、視覚能力の背後にある表象力（al-quwwah al-khayālīyah）である。目を閉じた後でも、目にしたものの像が残るのは、その中においてである。それだけではない。五感が捉えたものはその中に刻印され、そこに集められる。そのためにそれは共通感覚（al-ḥiss al-mushtarak）とも呼ばれる。もしそれがなければ、

白い蜂蜜を見て、その甘さを味覚によってしか知らない人が、ふたたびそれを見たとき、彼は最初のときと同じように、それを味わってみなければ、それが甘いことを知らないだろう。ところが、この白いものは甘いものだ、という判断を下す何かが彼の中にあるのである。つまり、彼には二つのもの、すなわち色と甘さを結びつけるある判断者があり、それら二つのいずれかが存在するとき、他のものの存在を判断するのである。

第二の内的知覚能力は評価力 (al-quwwah al-wahmīyah) である。第一の能力が形象 (ṣūrah) を認識することであるのに対し、それは観念 (maʻānī) を理解するものである。形相とは、その存在のために質料、つまり物体を必要とするものである。他方、観念はその存在のために物体を必要としないものである。しかし、時には、敵意や好意のように、物体の中に存在することもある。

羊は狼の色や形や状態を知覚するが、このようなことは物体の中にしか存在しない。それはまた、その狼が自分に敵対的であることをも知覚する。仔羊はその母親の形や色を知覚し、それが自分に好意的であることを知る。そのために、仔羊は狼から逃れ、親の方へと走る。敵意と好意は、色や形のように必然的に物体の中になければならないわけではない。しかし、それらが時に物体の中に存在することもあるのである。こうして、この能力は先の能力(表象力)とは異なるのである。この能力の位置は、脳の後凹部である。

第三の内的知覚能力は、動物については想像力（mutakhayyilah）といわれ、人間については思考力（mufakkirah）といわれる能力である。その役割は、知覚化された形象を相互に組み合わせ、形象から観念を構成することである。その位置は、〔脳の〕中央凹部、つまり形象の記憶力と観念のそれの間にある。このために人間は、空を飛ぶ馬を想像したり、頭は人間で体は馬である、といった類の組み合わせで、たとえ実際に見たことがないものでも、想像できるのである。このような能力は、視覚能力ではなく、後述のように、運動能力の中に分類する方がより適切であろう。これらの能力の位置を知ることができるのは、医学によってだけである。というのは、これらの凹部に欠陥が現われると、これらのことが起こらないからである。

哲学者たちの主張によれば、五感によって知覚された対象の形象は表象力に刻印され、その形象は保持され、受容の後までも残る。ものがものを保持するのは、それを受け取る能力によってではない。蠟はそれが柔らかいときに受け取り、硬くなって保持する点が水と異なる。このような観点から、記憶は受容とは別であり、この能力を記憶力（ḥāfiẓah）と呼ぶ。同様に、観念は評価力の中に刻印され、保持力（dhākirah）と呼ばれる能力がそれを保持する。こうして内的知覚能力は、想像力を加えると、外的能力と同様に、五つになる。

運動能力は二つに分かれる。一つは、運動を動機づけるもの、他は運動に直接関わり、実行するものである。動機づける運動能力とは、欲求力・衝動力のことである。前述の表象力の中に欲求の対象、または避けるべき対象の形象が現われると、運動の実行力が目覚める。

これはさらに二つに分かれる。一つは、欲求（quwwah shahwanīyah）と呼ばれる。それは、運動を起こさせ、それによって快楽を求め、それに必要不可欠なもの、または有用なものとして表象された事がらに近づこうとする能力である。他は、怒り（quwwah ghaḍabīyah）と呼ばれる。それは有害で妨げになると表象されたものを斥け、運動を起こさせ、それによってその支配を求めようとする能力のことである。この能力によって、意志的と呼ばれる行為の完全な統合が完成する。

行為能力としての運動能力は、神経や筋肉に現われる力のことであり、その働きは筋肉を収縮させ、肢体と結びついた腱や靭帯を力の現われた部位の方向へ引っ張ったり、あるいはそれらを緩めて長くしたりして、腱や靭帯が反対の方向に向くようにすることである。以上が動物霊魂の諸能力の概要であるが、詳細は割愛する。

人間の理性的霊魂（al-nafs al-ʻāqilah）については、哲学者たちの間では、「言葉を話す」（nāṭiqah）霊魂と呼ばれるが、「言葉を話す」という意味は「理性的」（ʻāqilah）ということである。なぜなら、発話ということは、理性のもつ最も特徴的な外的成果であり、そのようにしてそれは理性に関連づけられるからである。

それには二つの能力がある。知的能力(quwwah 'ālimah)と実践的能力(quwwah 'āmilah)である。この各々が時として「理性」('aql)と呼ばれるが、それはその言葉の多義性による。実践的能力とは、人間に固有な熟慮によって、人間の身体を動かし、均整のとれた技芸を生み出す原理である。知的能力は、思弁的能力(naẓarīyah)とも呼ばれるが、その働きは質料や場所や方向とは無関係な知的対象の本質を認識することである。つまり、一般知のことであり、神学者たちはこれをあるときは「様態」(aḥwāl)[42]と呼び、あるときは「側面」(wujūh)と呼ぶが、哲学者たちは抽象的普遍概念(al-kullīyāt al-mujarradah)と呼ぶ。

そこで、二つの方向との関連で、霊魂には二つの能力があることになる。一つは、天使との関連で思弁的能力と呼ばれる。というのは、それによって天使から真実の知が得られ、常に上からの働きを受けなければならないからである。

霊魂のもつ実践的能力は下方に関係する。それは、身体とその統制、性格の改善の方向である。この能力は他の身体的諸能力を支配し、これらがその訓練によって調教され、それに従属するようになり、最後にはこの〔実践的〕能力がそれらによって作用と影響を受けるのではなく、それらの諸能力がその作用を受けるようにならなければならないのである。そうなれば、霊魂の中に悪徳と呼ばれる、肉体的属性に従順な性格が形成されることはなくなる。むしろ、実践的能力が支配的となれば、それが原因で、有徳と呼ばれる性格が形成されるのである。

以上が、哲学者たちが動物的能力、人間的能力について詳論し、長々と述べていることの要約である。もっとも、植物的能力について述べることはしなかったが、それは、われわれの目的にとって、その必要性がないからである。

以上、彼らが述べたことは、聖法に照らして何ら否定すべきことではない。なぜなら、それらは、神が生起させる慣行として、目にすることだからである。

さて、われわれが彼らの主張について批判したいのは、ただ霊魂が自立的実体であることを、理性的証明によって知りうる、とする彼らの主張だけである。そのようなことには神の力は及ばないとか、それは聖法に矛盾する、と考えるからではない。むしろわれわれは、聖法はそのことを確証しているということを、終末や復活について詳論する際に明らかにすることになろう。われわれが批判するのは、理性だけでそのことを証明でき、それについては聖法に依拠する必要はない、という彼らの主張である。そこで、われわれは彼らにその証明を求めることにするが、彼らはそれについて多くの証明をしている。

第一の証明

彼らはいう。理性的知は人間の霊魂に内在する。それ（知）は限定されていて、そこには分割されない単位がある。したがって、その基体もまた分割されないものでなければならない。ところが、すべての物体は分割される。このことから、知の基体は分割されないものであることが証明される。

以上のことは、論理学の条件や形式を用いて表現することが可能である。最も適切ないい方をすれば、次のようになろう——

A　もし知の基体が分割される物体であれば、そこに内在する知も分割される。

B　しかし内在する知は分割されない。

C　ゆえに、基体は物体ではない。

これは仮言的三段論法であり、〔大前提の〕後件の否定によって、前件の否定が必然的に帰結する。〔以上の〕三段論法の形式の正しさについても、また二つの前提についても問題はない。その第一は、次のようなわれわれの主張である。すべて分割されるものに内在するものは、その基体の分割に応じてかならず分割される。これは自明のことであって、誰も疑いえない。その第二は、次のようなわれわれの主張である。人間に一つの知が内在するとして、それ（知）は分割されないということである。そもそも、それの無限分割は不可能である。もしその分割が有限であるとすれば、それはかならずもはや分割できない単位を含むことになるからである。要するに、われわれはあるもの事について知っている場合、その一部が消えて、他が残るといったようなことは想定できない。知には部分はないからである。

二つの面からの反論

第一に、知の基体は、不分割で空間を占める原子（jawhar fard）[43]である、という人をいかに批判するのであろうか。そして事実、このことは神学者の立場として知られているのである。〔哲学者は〕それを不可能とするしかないが、それは、すべての知が一つの原子に内在し、その周りのすべての原子には、たとえ隣り合っていても、まったく知がないというようなことがどうしてありえようか、と問うことであろう。

しかし、そのような〔哲学者の〕批判は効果がない。なぜなら、彼らの立場に対して、次のような反論が向けられるからである。すなわち、霊魂はいかにして、空間を占めず、指示することもできず、身体の中にも外にもなく、物体と結合もせず、離れもしない一つのものでありうるのか、と。

ただ、われわれはこの〔第一の〕批判を優先させたいわけではない。というのは、不分割の部分（原子）の問題についての議論は長く、また哲学者たちには、それを批判する長々しい幾何学的証明があるからである。その中の一つは、次のような彼らの議論である――二つの原子の間に一つの原子があるとする。〔その場合〕真ん中の原子の一端が接するものは、他の一端が接するものと同一であるか否か。もし同一であるとすれば、それは不可能である。なぜなら、そうなれば、両端が接することにならざるをえないから。つまり、AがBに接し、BがCに接すれば、AはCに接することになるからである。もし異なるとすれば、それは複数性（ta'addud）と分割性を認めることになる。これは、解決に長い議論を要する困難な問題である。したがって、われわれはそれに深入りする必要はない。別の立場からの批判に移ろう。

第二に、われわれはいう。すべて物体に内在するものは分割される、との君たちの陳述は誤りである。その証拠は、羊が狼の敵意を知覚する能力である。それは、分割が考えられない一つのものについての判断だからである。敵意に部分があって、そのある部分が認識され、他の部分が認識されない、ということはないのである。しかもその敵意の知覚は、君たちによれば、身体的能力の中で起こっているのである。そもそも、動物の霊魂は肉体の中に刻印されているもので、死後も存続することはない。このことは彼らが一致して認めるところである。そこで、彼らがあえて五感や共通感覚、および表象を記憶する能力によって知覚されたものに、分割を想定することを可能としても、質料の中にあることを条件とはしないこれらの観念に、彼らが分割を想定することは不可能である。

問――羊は質料からまったく抽象された敵意一般を知覚するのではなく、特定の個としての狼の敵意を、その個体と形に結びつけて知覚しているのである。それに対して理性的能力は、質料や個体を離れた本質を知覚するのである。

答——羊は狼の色や形を知覚し、次にその敵意を知覚する。もし色が視覚能力の中に刻印され、形も同様だとして、それが視覚の基体の分割とともに、分割されるとすれば、何によって羊は敵意を知覚するのだろうか。もし物体によって知覚するとすれば、それを分割すればよい。そして分割された場合、その知覚の状態とはどのようなものか、知りたいものだ。その一部とはどのようなものであろうか。それは敵意の一部の知覚であろうか。いかにして敵意に部分がありうるのか。あるいは、知覚の各部分に敵意の全体があるのか。そうなれば、その結果として、敵意は基体の各部分にそれの知覚が成立するたびに、何度も知られることになる。こうして、これは、彼らの証明における困難な疑問となり、その解決が求められる。

問——これは知的対象における矛盾とされるものであるが、知的対象自体には矛盾はない。したがって、二つの前提、つまり一つの知は分割されないこと、分割されないものは分割可能な物体の中に内在することはできないこと、に疑問がなければ、君たちはその帰結についても疑うことはできない。

答——われわれの本書執筆の目的は、ただ哲学者たちの議論にみられる矛盾や撞着を明らかにすることである。そしてそのことはすでに達成された。というのは、次の二つのいずれか、つまり「理性的霊魂」(al-nafs al-nāṭiqah) について彼らが述べたことと、「評価力」について彼らが述べたことのいずれかが、成立しないからである。

次にわれわれがいいたいことは、次のことである。すなわち、このような矛盾が明らかにしていることは、彼らは推論の過程における欺瞞の箇所に気づいていないということである。その誤謬の箇所とは、次のような彼らの言い分であろう、「知は、色のあるものの中に色が刻印されるように、物体の中に刻印されており、色をもつものの分割によって色が分割されるように、知もその基体の分割によって分割される」と。

問題は「刻印」(inṭibāʻ) という用語にある。なぜなら、知とその基体の関係は、色と色をもつ対象との関係と同じではありえないし、したがって知がその基体一面に広がり、その中に刻印され、そのあらゆる側面に拡散していて、基体の分割とともに分割される、というようなことはありえないからである。知と基体との関係は、おそらくもっと別の形であろう。むしろ、つまり、基体が分割されても〔知そのものの〕分割はありえないような形であろう。知と基体との関係は、敵意の知覚と物体の関係のごときものであろう。

性質とその基体との関係のあり方は、一様なものとして限定されているわけではないし、かといってその具体的なあり方がわれわれに確実な知として知られているわけではない。したがって、関係の細部にわたる知もなしになされた判断は、信頼できる判断ではないのである。

要するに、哲学者たちが述べたことは、蓋然性の高いものであることは否定できないかもしれない。だが、それが確実な知、つまり誤謬の可能性がなく、疑問のはいり込む余地のない知として知られるか、ということになればそれは否定される。この程度の疑問はそこに残るのである。

第二の証明

彼らはいう。もし単一な理性的知の対象——質料をもたない知の対象——についての知が、偶有が物質的実体の中に刻印されるように、質料の中に刻印されているとすれば、前述のように、物体の分割とともにその知も必然的に分割されることになる。もしその知が質料の中に刻印されておらず、またその上に拡散したものでもないとしよう。もし「刻印」という用語が好ましくないとすれば、われわれは別の用語に代えよう。そこでわれわれはいう。知と知者の間に関係があるのか否か、と。まず、その関係を否定することは不可能である。なぜなら、もし関係を否定するとすれば、ある人がその知によって知者であることが、他の人がそうであるよりも、よりふさわしいということがなぜ起こるのか。もし関係があるとすれば、それは次の三つのいずれかということになる。

(1) 基体の各部分に関係がある。
(2) 基体のある部分にあって、他にはない。
(3) 部分のどれにも関係がない。

ところで、(3)部分のどれにも関係がない、ということはありえない。なぜなら、どの単位にも関係がないとすれば、それらの総体にも関係がないということになる。無関係のものをいくら寄せ集めても、無関係のものでしかないからである。

また、(2)基体のある部分に関係がある、ということも誤りである。なぜなら、関係をもたない部分は、ものの概念の一部を構成することにはならないし、われわれの議論の対象ではないからである。

また、(1)〔基体の〕想定される各部分に〔知の〕本質との関係がある、ということも誤りである。なぜなら、もし知の本質全体との関係が〔各部分に〕あるとすれば、各部分の知の対象は、その対象の一部ではなくなり、あるがままの対象〔そのもの〕ということになる。こうして、そのようなことが現実に無限に思惟されることになる。

もし〔基体の〕各部分が、他の部分とは別の関係を知そのものに対してもつとすれば、知そのものが意味において分割されることになる。しかし、われわれがすでに明らかにしたように、いかなる点からも一つの対象についての知は、意味において分割されることはない。

もし各部分が知そのもののあるものに対してもつ関係が、他の部分のそれと異なるとすれば、知そのものがこのようにして分割されることは、より一層明白であり、それは不可能なことである。

以上のことから、五感に刻印される感覚対象は、分割された部分的形象の映像にすぎないということである。なぜなら、そもそも知覚（idrāk）とは、知覚する者の霊魂の中に知覚対象の映像が起こることであり、知覚対象の映像の各部分は身体的器官の部分と関係があるからである。

〔反論〕

これに対する反論は、前に述べたことと同じである。たとえ「刻印」という言葉を「関係」に代えても、彼らが述べたように、羊の評価力の中に刻印される狼の敵意に関する困難は、払拭されないからである。

そもそも知覚には関係がかならずあり、その関係には君たちが述べたようなことが必然的に伴う。ところが、敵意は量や大きさで計量されるものではない。したがって、大きさをもつ物体の中にその映像が刻印され、映像の諸部分が物体の諸部分の中に関係づけられることはないのである。そこで、狼の姿が一定の大きさをもっていると評価するだけでは、〔敵意の知覚を説明するのに〕十分ではない。

羊は狼の姿以外に何かを知覚しているのである。それが対立・反意・敵意であり、形象を超えた敵意には大きさはない。ところが、羊は大きさをもった物体によってそれを知覚したのである。以上のようにして、この説明にも、前の場合と同様に、疑わしい点があることが判明した。

問――知は、空間を占めるが、分割されない実体としての物体、つまり原子に内在する、といういい方で君たちは、どうしてこれらの証明を批判しなかったのか。

答――それは、原子についての議論は幾何学的な問題が絡んでいて、その解決には長い議論が必要であり、さらにその中には当面の難点を解決するものはないからである。かりにそうなれば、必然的に力と意志が共にその部分になければならないことになる。人間がある行為をする場合、それが考えられるのはただ力と意志によってであり、意志が考えられるのは知によるのみである。〔ところが〕字を書く力は手と指にある。しかし、そのための知は手の中にはない。なぜなら、手を切っても知は残るからである。また意志も手の中にはない。なぜなら、手が麻痺しても人は時に字を書こうと意志することがあるが、それができないのは意志の欠如ではなく、力が欠如しているからである。

第三の証明

彼らはいう。もし知が物体の一部にあるとすれば、知者とはその部分を指す言葉であって、人間の他の部分ではないことになろう。ところが、その人間が知者と呼ばれている。こうして「知者であること」（'ālimīyah）は、人間が全体としてもつ一つの属性であって、それは特定の場所との関係に由来するものではない。

〔反論〕

これは戯《ざ》れ言である。人は「見る者」「聞く者」「味わう者」と呼ばれ、動物も同じである。そのことは、感覚の対象の知覚は肉体によってではない、ということを証明するものではない。それは一種の比喩である。例えば、「何某《なにがし》はバグダードにいる」というが、それはその人がバグダードの一部にいて、その全体にいるわけではない。だが、彼はその全体と関連づけられるのである。

第四の証明

もし知が、例えば、心臓や脳の一部に内在するとすれば、無知はそれに対立するものであるから、心臓ないし脳の中の別の部分に内在することが可能とならなければならない。つまり、人間はあることについて知者であると同時に、無知者であることになる。これが不可能であるとなれば、無知の基体は知の基体であるということになる。基体は一つであるから、そこに対立する二つのものを結合することは不可能となる。もし基体が分割可能であれば、無知がその一部に、知が別の一部に内在することは不可能ではない。というのは、ものがある場所にあっても、その対立物が別の場所にあれば、両者が対立することはないからである。それはあたかも一頭の馬にまだらがあるようなもので、白と黒が同じ個体にあっても、別の場所にあるのである。

感覚の場合には、かならずしもそうはならない。というのは、感覚的知覚には矛盾はないからである。あるとすれば、それは時に知覚し、時に知覚しないことであって、両者の間には存在と非存在の対立しかないからである。確かに、われわれは「目や耳のような感覚器官の一部で知覚する」というが、その際、身体の他の部分では知覚していなくても、そこには矛盾はない。

次のように君たちがいったとしても、以上のことが否定されるわけではない。すなわち、「知者であること」は「無知者であること」（jāhilīyah）に矛盾する、と。その判断は身体のすべてに一般的に妥当するものである。なぜなら、その判断は原因がある基体以外には当てはまりえないからである。知者とは、知が内在する基体である。かりにその言葉を〔その人〕

全体に適用するとすれば、それは比喩としてである。それは、ある人がバグダードのある場所にいても、「彼はバグダードにいる」といい、また見るという行為が足や手に起こらないで、目だけに特有のものであることをわれわれは知っていても、「彼は見る者である」というようなものである。これらの判断の対立は原因の対立と同じである。なぜなら、判断は原因の基体に限定されるからである。

以上のことは、論者が次のようにいっても妥当する。すなわち、人間の中で知と無知を受け入れる場所は一つであり、両者はそこでは対立する。なぜなら、君たちの考えでは、生命をもつすべての肉体は知と無知を受容するものであり、その際生命以外にいかなる条件も君たちは認めないし、身体の他の部分は知の受け入れにおいては一様だからである。

反論

以上の議論は、欲求・希望・意志に関して、君たちにそっくりお返ししたい。そもそも、このような事がらは、動物と人間に共に認められるものであり、それらは肉体の中に刻印されたものであり、欲求するものを忌避することは不可能である。しかし、欲求がある場所にあり、忌避が別の場所にあれば、同一のものについての忌避と欲求が同一の肉体において結合できるのである。

このことは、それらが肉体に内在しないということを示すものではない。なぜなら、これらの能力は、たとえ数は多くても、さまざまな器官に分散しているからである。だが、それらを結合するものが一つあり、それが霊魂である。それは動物と人間に共通である。そこで、紐帯が一つであれば、それと矛盾するような関係は不可能である。このことは、動物と違って、〔人間の〕霊魂は肉体の中に刻印されたものではない、ということを示すものではない。

第五の証明

問――哲学者たちはいう。もし知性が肉体的な器官によって対象を認識するのであれば、それはそれ自体を思惟できない。ところが、この後件は成立しない。なぜなら、それは自己を思惟するからである。したがって、前件は誤りとなる。

答――われわれはいう。後件の否定（istithnā'）は前件の否定を帰結するということは認められる。しかし、それは、後件と前件の間に必然的関係が確立しているときである。そこでわれわれは問いたい。後件の必然的帰結がどうして認められるのか。その証明は何か、と。

問――その証明はこうである。すなわち、見ることが身体にあるとき、見ることが見ることと〔自体に〕関わることはない。つまり、見ることは見られないし、聞くことは聞かれないし、他の感覚についても同様である。知性もまた身体によってしか知覚できないとすれば、自己を知覚できないことになる。ところが、知性は、他者を思惟するのと同様、自己をも思惟する。そしてまた、他者を思惟すること、および自己を思惟することをも思惟するのである。

答――二つの点で君たちのいうことは誤りである。第一に、見るということ（ibṣār）は、われわれの考えでは、それ自体に関わることは可能であり、したがってそれは他者およびそれ自体を見ることがありうるのである。あたかも一つの知が他者の知であり、また自己知でもあるのと同じである。しかし、慣行としてはそれとは逆であるが、その慣行を〔神が〕破ることは、可能であるとわれわれは考える。

第二に、より強力な批判としては、われわれは感覚についてはこれ（自己知覚の不可能性）を認めるが、それがある感覚には認められないとき、どうして別の感覚もそうでなければならないのであろうか。五感について、それらが共に身体的であるという点で共通しているにもかかわらず、知覚の面で判断の違いが出てくることに、何の困難があろうか。例えば、視覚と触覚についてみると、後者では触覚器官がその対象に触れることによってのみ知覚が得られるのであり、その点では味覚と同じであるが、視覚はこの点で異なる。というのは、視覚においては、距離が条件となるからである。したがって、人は瞼を閉じると、瞼そのものの色は知覚できない。瞼と視覚器官（目）の間に距離がないからである。

しかし、この違いは、身体の必要性における違いを何ら要請するものではない。したがって、身体的感覚の中に知性と呼ばれるものがあり、他の感覚との違いは、それらがただ自己を知覚しないことにある、ということは不可能なことではない。

第六の証明

問――彼らはいう。視覚作用のように、もし知性が身体的器官によって知覚するとすれば、他の感覚と同様、知性もその器官を知覚することはないであろう。しかし、それは脳や心臓や、その器官とされるものを知覚している。このことは、知性に器官や基体がないことを証明している。でなければ、それを知覚することはないであろう。

答――これについての批判は、前の証明の批判と同じである。われわれはいう。視覚作用がその基体を知覚することは不可能ではない。ただ、それは通常の慣行を中断することである。あるいは、われわれはいう。前述のように、五感は身体に刻印されているという点では、共通しているにもかかわらず、この点で感覚の間に違いが出てくることがどうして不可能であろうか、と。

いったい身体に内在するものが、その基体である身体を知覚することは不可能である、と君たちはどうしていえるのか。特定の個別的事例からどうして、普遍的・一般的なことについての判断が必然的に帰結するのだろうか。

誤謬であることが普遍的に知られ、かつ論理学で指摘されていることは、個別的原因、ないしは多くの個別例によって、一般的な判断を下すことである。その例として彼らがあげるのは、人が次のようにいう場合である、「すべての動物は、ものを嚙むとき下あごを動かす。なぜなら、動物をすべて調べてみて、皆そのようにすることがわかったからである」と。ところが、その場合、鰐《ワニ》のことが見落とされているのである。鰐は上あごを動かすのである。

これらは、五感だけの検証である。そして彼らは五感がこれまで知られている通りであることを確認し、そこから一般的判断を下す。ところが、知性は別の感覚であり、それが他の感覚に対してもつ関係は、鰐が他の動物に対してもつ関係のようなものかもしれない。となれば、感覚は、共に身体的であるにもかかわらず、その基体を知覚するものと、しないものに分けられることになる。ちょうど、それが、視覚のように接触なくしてその知覚対象を知覚するものと、味覚や触覚のように接触によってしか知覚しないものに、分けられるようにである。彼らが述べることは、臆見を生むことはあっても、信頼に足る確実な知を生むものではないのである。

問――われわれは、感覚からの帰納（istiqrā'）だけに依拠しているのではなく、論理的証明に基づいているのである。そこでわれわれはいう。心臓ないしは脳がかりに人間そのものとすれば、両者の知覚が人間からなくなることはない。したがって、人間がかならず両者を共に思惟することは避けられない。それは、人間が自己自身を知覚しないことがないのと同様である。なぜなら、自己自身が自己自身でなくなることはないし、むしろ永遠に自己自身の中に自己を定立しているからである。

しかし、人間は、心臓や脳についての話を聞くか、他人の解剖によってそれらを見るかしない限り、それらを知覚しないし、それらの存在を確信することはないのである。もし知性が身体の中に内在するのであれば、その身体をそれが永遠に思惟するか、あるいは永遠に知覚しないか、のいずれかでなければならない。しかし、そのいずれも正しくはないのである。むしろ、知性はあるときは思惟し、あるときは思惟しないのである。

以下がその証明である。すなわち、基体に内在する知覚作用がその基体を知覚するのは、ただそれが基体に対してもつ関係のためである。ところが、それが基体に対してもつ関係として考えられるのは、基体に内在することだけである。そこでそれは、永久に基体を知覚するとすればよい。しかし、もしこの関係だけで十分でないなら、それは永久に知覚しないことにならざるをえない。なぜなら、そこには基体との間に別の関係はありえないからである。それはあたかも、知性が自己を思惟するとき、それは永久に自己を思惟し、一瞬たりともそれを怠ることはないのと同じである。

答――われわれはいう。人間は自己を意識し、それから注意を逸らさない限り、彼は自分の身体や肉体を意識している。確かに、その際、心臓という名称やその姿や形が彼に確定しているのではなくても、身体としての彼自身を認め、さらに衣服を着て、家にいる自己を認めることである。彼らがいう自己は、家や衣服とは無関係である。

そこで、身体によって自己を認めることは、人間に必然的なことであるが、その際身体の形や名称に対する不注意は、嗅覚の所在に対する不注意と同じである。ちなみに、それは前脳の凸部に付加されたもので、二つの乳首に似たものである。

すべての人間は、匂いをその身体で知覚することを知っている。しかし、知覚作用の場所が彼に思い浮かび、特定されるわけではない。もっとも、それは踵《かかと》よりも頭に近く、また頭部全体の中では耳よりも鼻に近いところにあることは知覚されるかもしれない。同様にして、人は自己を意識し、自己の存在を支えている自己性は、足よりも、その心臓や胸に近いところにある、ということを知っている。というのは、人は足がなくても、自己の存続を考えることはできるが、心臓がなくてはそれを考えることはできないからである。こうして、人は身体については、気づかなかったり気づいたりする、との彼らの陳述は成立しないのである。

第七の証明

彼らはいう。身体的諸器官による知覚能力には、知覚のための、長時間にわたる継続的使用によって、疲れが現われる。というのは、運動の継続は身体の体液を損ない、それを疲労させるからである。また、明確で強力な知覚を生むものも、同様に知覚能力を弱め、時にはそれを損ない、それに続くより微《かす》かで弱い刺激を知覚しなくなる。例えば、聴覚に対する大きな音、視覚に対する強い光がそうである。大きな音や強い光の直後では、しばしば感覚が損なわれ、微かな音や微細な視覚対象の知覚が妨げられるからである。また、強い甘さを味わった人は、その後に弱い甘さのものを甘いとは感じないのである。

知的能力については、事情は逆である。なぜなら、いくらそれが知的対象についての考察を続けても、それは疲れないし、明白な必然的事項の認識はそれを強化して、隠れた理論的事項をも認識させることはあっても、それを弱めることはないからである。かりにそこに疲労が現われることがあるとすれば、それは想像力を利用し、その助力を求めるからである。想像力の器官が弱まると、それは知性に奉仕することはなくなる。

反論

これも前の議論と同型である。われわれはいう。これらの事がらについて、身体的諸器官は一様でないということはありうることである。それらのある器官についていえることが、かならず他の器官にもいえるというわけではないのである。身体はさまざまであり、その中にはある種の運動によって弱まるものもあれば、またある種の運動によって強まることはあっても、弱まることのないものもある。かりに影響を受けることがあっても、それによって弱まることのないものもある。そこで、何か器官の能力を更新する原因があって、その影響が知覚されない、ということがありえないことではない。すべてこのようなことは、ありうることである。あるものに定立された判断が、かならずしもすべてのことに定立されるわけではないからである。

第八の証明

彼らはいう。身体の諸部分はすべて、四十歳で成長の極みに達して止まり、その後その能力は弱まる。視力、聴力、その他の能力は弱まるが、知的能力はたいていの場合、その後になって強くなるのである。以上のことから、身体が病気になっても、また老齢のために耄碌《もうろく》していても、知的対象についての思索が不可能になるとは、必ずしもいえないのである。こうして肉体の弱化にもかかわらず、時に知的能力が強くなるということが明らかになれば、それは自立的存在であることが明らかになったことになる。

肉体の劣化とともに、知的能力が劣化したとしても、それは必ずしも知的能力が肉体に内在することを意味するものではない。なぜなら、〔仮言的三段論法において〕後件が否定されても、〔前件の否定は〕帰結しないからである。われわれはいう——

A　知的能力がもし身体に内在するならば、身体の弱化は常に知的能力を弱化させる。

B　この後件は不可能である。

C　ゆえに、前件は不可能である。

以上について、ある場合に後件が成立する、とわれわれがいっても、必ずしも前件が成立することにはならないのである。その原因は、霊魂には独自の作用があるということである。もし何の障害もなく、何の妨げもなければ、霊魂には二つの作用がある。一つは、身体に関わる作用で、身体を統治し、支配する作用である。他は、その原理、本質に関わる作用で、知的対象の認識である。

これら両者は対立・矛盾するものである。霊魂が一方に関わっているときは、他方を忘れる。したがって、両方を結合することは不可能である。身体の側からの障害としては、感覚作用・想像・欲求・怒り・恐怖・悲しみ・苦痛がある。ひとたび知的対象についての思索を始めると、これら他の事がらはすべて作用を停止してしまう。逆に、単なる感覚作用が時に、知性の認識や思索を妨げることがある。それは、知性の器官が損なわれたり、知性そのものに欠陥が生じたりしたわけでなくてもそうなのである。これらすべての原因は、霊魂が一つの作用に関わっていると、他の作用が無視されることにある。そのために、苦痛や病気や恐怖の中にあっては、知性による思索は停止するのである。それはまた、脳の病気でもあるからである。

霊魂の作用が、同一の方向でもその多様な現われが時に対立を必然化するのに、二つの方向で異なる場合に、どうして対立はありえないと考えられるのであろうか。すなわち、恐怖は苦痛を忘れさせ、欲求は怒りを、一つの知的対象についての思索は、他の知的対象を忘れさせるのである。

身体に現われる病気は、知の基体に作用するものではないという証拠は、健康を回復すれば、知の習得を最初からやり直す必要はなく、以前あった霊魂の状態が回復されれば、新たに学習を始めなくても、以前にあった同じ知がそのまま戻ってくる、ということである。

反論

能力の強弱・増減には、限定できないほどの多くの原因がある。ある能力は人生の初期に強くなり、ある能力は中期に、またある能力は晩年に強くなる。知性の場合も同様で、たぶんこうだろう、といういい方しかできないのである。

嗅覚と視覚について、両者は身体に内在しているという点では等しくても、前者が四十歳を過ぎて強くなるのに対して、後者は弱くなる点が違う、ということがありえないことではない。同様に、それらの能力は動物によっても差がある。すなわち、ある動物は嗅覚が強く、あるものは聴覚が、またあるものは視覚が強い。それは動物の体液の違いによるが、それを正確に理解することは不可能である。

諸器官の構造も個体ごとに、また状況によって変わり、知性よりも視覚が先に弱くなる原因の一つが、視覚の方が先に発達するからだ、といえないこともない。というのは、人間は生まれて最初の時期に、ものが見えるようになるのに、知性が完成するのは十五歳、あるいはもっと高齢になってからである。この点に関して、人々の間に違いがあるのは、よくみられる通りである。こうして、頭髪が白くなるのは、髭《ひげ》が白くなるよりも早いといわれるが、それは頭髪の方が早く生えるからである。

これらの原因を人が探究しても、これらの事がらを一定の慣行の流れに帰着することができなければ、それを信頼できる知の基礎にすることはできない。なぜなら、もろもろの能力が強くなったり、弱くなったりする原因を探る方向には、限りがないからである。したがって、このような事がらからは確実な知は生まれないのである。

第九の証明

彼らはいう。人間とは、肉体ともろもろの偶性のことである、とどうしていえるのであろうか、と。これらの肉体は不断に分解し、分解したものは栄養によって補塡される。したがって、母親から離れた嬰児がしばしば病気になって衰弱し、また太って成長するのをわれわれはみるが、そのようにして四十歳を過ぎると、生まれたときにもっていた身体の部分は何一つ残っていない、ということができよう。もっとも、厳密に人間が最初にもっていたものは、精液の部分だけであるが。精液のいかなる部分も彼の中に残っていない。それはすべて分解し、別のものに変わってしまい、今あるこの身体は以前のあの身体ではないのである。そこでわれわれはいう、「この人間はあの人間と同じであり、彼の身体的部分がすべて変わってしまっていても、彼には幼児期からの知がそのまま残っている」と。このことは、霊魂が身体とは別の存在をもち、身体は霊魂の道具である、ということを証明している。

反論

このことは、動物や植物の成長した状態と初期のそれとを比較した場合には成立しない。というのは、両者はまったく同一であるといわれるからであり、人間の場合も同様だからである。しかし、このことは、そこに肉体とは別の存在があるということを証明するものではない。知について述べられたことは、記憶されるイメージの持続を考えると成立しない。なぜなら、たとえ脳の他の部分が変わってしまっても、それは幼児期から大人になるまで残るからである。もし彼らが、脳の他の諸部分は変わっていないというのなら、心臓の他の部分についても同様である。両者は共に身体の一部であり、どうしてすべてが変わってしまうと考えられようか。

むしろわれわれはいう、「たとえ人間が、例えば、百歳まで生きたとしても、精液の一部は残っているはずである」と。完全になくなるということはありえない。彼がその人であるのは、残存している部分があるからである。それは、「これがあの木である」「これがあの馬である」というのと同様である。多くの分解と代替にもかかわらず、精液は残るのである。

例をあげよう。一リットルの水を器に注ぐ。次にもう一リットルの水をそこに注いで混ぜ合わせる。そしてそこから一リットルの水を取り去る。次に別の一リットルの水を注ぎ、また一リットル取り去る。こうして千回これを繰り返す。そして最終回でも、最初の水の一部は残っており、取り去られた一リットルごとの水の中にも、その最初の水の一部がかならず含まれている、とわれわれは判断する。なぜなら、それは第二回目に存在するし、第三回目は第二回目に近い分量で、第四回目は第三回目に近い分量で、というぐあいに最終回まで続くからである。これは、彼らの原理からすれば、必然的なことである。なぜなら、彼らは物体の無限分割を認めているからである。そうであれば、食物の体内摂取と肉体の諸部分の分解は、この器に水を注いだり、取り出したりすることに対応するのである。

第十の証明

彼らはいう。知的能力は、神学者たちが「様態」（aḥwāl）と呼ぶ、知的・一般的普遍概念を認識する。こうして、それは、感覚が特定の人間の個体を見たとき、〔そこに〕「人間一般」(al-insān al-muṭlaq) を認識する。しかし、それは目で見る個人とは別のものである。目にするものは、特定の場所にいて、特定の色、特定の大きさ、特定の姿勢をもったものである。ところが、思惟された人間一般はこれらから自由である。そこに内包されるものは、たとえ目に見える色や大きさや姿勢や場所がなくても、「人間」という名称が適用されるものすべてである。将来においてもその存在が可能なものが、その中に含まれる。たとえ人間がなくなってしまったとしても、これらの特性 (khawāṣṣ) を離れた人間の本質は知性の中に残るのである。感覚が個体として目にするすべてのものについても同様である。そこから知性に現われるのは、質料や状況から抽象された普遍的なものとしての、その個体の本質 (ḥaqīqah) である。

ものの属性 (awṣāf) は二つに区分される。第一は、本質的なもの (dhātī) である。例えば、木や動物がもつ物体性、人間がもつ動物性。第二は、偶有的なもの ('araḍī) である。例えば、人間や木がもつ白さや長さ。「本質的」「偶有的」との判断が下されるのは、人間や木や〔その他〕知覚されるものの類に対してであって、観察される個体に対してではない。こうして、感覚的性質から抽象された普遍概念が人間の思惟の対象であり、それが知性の中に存在する、ということが示された。

知的対象であるこの普遍概念には、方向も位置も大きさもない。ところで、普遍概念の位置や質料からの抽象化は抽象される個体によるのか、抽象する者によるのか、のいずれかである。まず、前者はありえない。なぜなら、抽象される個体自体に位置や場所や大きさがあるからである。となれば、後者であり、それは思惟する霊魂である。となれば、霊魂に位置や方向や大きさがあってはならない。そうではなくて、かりに霊魂にもそれらがあるとなれば、そこに内在するものも同様ということになるからである。

反論

知性に内在するものとして君たちが想定する普遍概念は、認められない。感覚の中に内在するものだけが知性に内在する。しかし、それは総体として感覚の中に内在するのであって、感覚がそれを分析できるわけではなく、知性がそれをするのである。

次に、それが分析されると、知性の中でその状況から分離され分析されるものは、部分的であることにおいては、状況と結びついているものと同じである。ただ、知性の中にあるものは、思惟の対象やそれと類似のものと一様な関係をもち、この意味において、それは「普遍的」(kullī) といわれるのである。つまり、知性の中には、まず感覚が捉え、状況から分離された思惟対象の像があり、その像と同一種の他の個体との関係が一様なのである。すなわち、別の人間を見ても、そこに別の形が現われるわけではない。同様に、人間の後に馬を見ると、そこに二つの異なる像が現われる。

このようなことは、時として感覚だけに起こる。すなわち、人が水を見ると、その人の想像力の中に一つの像が現われる。その後に血を見ると、別の像が現われる。しかし、別の水を見ても、そこには別の像は浮かばない。その人の想像力の中に刻印される水の像は、個々の水のそれと同じである。それが時として、このような意味で「普遍的」と考えられる。同様に、例えば、手を見ると、想像力と知性の中に、部分が相互にくっついている手の部分の配置が浮かぶ。それは広がった手の平であり、そこには分かれた指があり、指の先に爪がある。これとともに、大きい手や小さい手があり、色がある。別の手を見ても、あらゆる点で同じであり、別の像が新たに生まれるわけではない。二度目の観察によって、表象力の中に新しいものが生まれることはない。同様に、同一の容器の中で別の水を見た場合も同じである。また、時に色や大きさの異なる別の手を見ると、そこに別の色と別の大きさ〔のイメージ〕が現われるが、手そのものの新しい像が生まれることはない。なぜなら、小さい黒い手は、大きい白い手とは、色や大きさでは異なるが、部分の位置においては共通だからである。前の手と等しいものについては、その像は更新されることはない。なぜなら、前の像と後の像とは同一であり、異なるものの像だけが更新されるからである。

これが知性と感覚の双方における「普遍」の意味である。知性は、動物から物体の表象を知覚すると、木を見ても、そこから物体性における新しい表象を得るわけではない。それは、異なった時に二つの水を見ても、水の像に違いがないのと同様であり、二つの類似のものすべてについても同様である。しかし、このことは、まったく位置をもたない普遍の肯定を許すものではない。

もっとも、知性は時として、方向や位置のないものの存在を認めることがある。例えば、世界の創造主の存在のように。しかし、それが物体の中に内在することは考えられないのはなぜか。この区分では、質料から分離されるものは、思惟や思惟者ではなく、思惟対象そのものである。質料から抽象されるものについては、その様式はわれわれが前に述べた通りである（本書二八一頁以下参照）。

第十九問題――人間の霊魂は生成後は消滅不可能であり、それは永続的で消滅は考えられない、との彼らの説の批判

それに対する証明を求められると、彼らは二つの証明をあげる。

証明（1）

霊魂が消滅するとすれば、それは次のいずれかによる。

(1) 肉体の死によって消滅する。

(2) 対立するものがそこに現われることによる。

(3) 力をもつものの力による。

(1)肉体の死による消滅は成立しない。なぜなら、肉体は霊魂の基体ではないからである。肉体は、その中にある諸力を介して霊魂が利用する道具である。そこで、道具が無効になっても、それが必然的に道具の使用者を無効にするわけではない。もっとも、動物霊魂や肉体の諸能力のように、肉体に内在し、そこに刻印されている場合はこの限りではない。

さらにまた、霊魂には、その道具とは共通しない作用と、それと共通する作用がある。道

具と共通してもつ霊魂の作用は、想像・感覚作用・欲求・怒りである。これは確かに、肉体の衰えとともに衰え、肉体とともに消滅する。

肉体とは共通しない霊魂独自の作用は、質料から分離された知的対象の認識である。霊魂が知的対象を知覚するのに肉体を必要とせず、むしろ肉体に関わることはその知的対象の〔認識の〕妨げとなる。肉体がなくても霊魂は作用し、肉体がなくても霊魂は存在するのであれば、その存在は肉体を必要としないのである。

(2)霊魂は対立するものによって消滅する、ということも誤りである。実体には対立するものはないからである。そのために、世界の中で消滅するのは、ものに引き続き現われる偶有や形相だけである。すなわち、水性の形相は、その対立者、つまり空気性の形相によって消滅する。しかし基体である質料はけっして消滅しない。

すべて実体は基体にはなく、したがって対立者によってそれが消滅することは考えられない。基体の中にないものには対立者はないからである。対立者とは、同一の基体に連続して現われるものである。

(3)力によって消滅する、ということも誤りである。なぜなら、非存在はものではなく、したがって力によってそれが生起することは考えられない。

以上は、世界の永遠性の問題について、彼らが述べたこととまったく同じである。われわれは、それについてはすでに論述し、批判もしている。

反論

これに対してさまざまな側面からの批判が可能である。第一に、それ（彼らの証明）は、霊魂は肉体に内在しないがゆえに、肉体の死によって死なないという主張、つまり前の問題(44)の議論に基づくもので、われわれはそれを認めない。

第二に、霊魂は、彼らによれば、肉体に内在しないが、肉体とは関係をもっており、その関係は肉体の生成によってしか生成しない。これはイブン＝スィーナーや真理の探究者たちがとった立場である。彼らは、霊魂は永遠の過去からあるものであり、肉体との関係は偶然的なものとするプラトンの主張を、次のような批判的論証によって否定した。すなわち、肉体との結合以前に霊魂が一つであったとすれば、どうして分割されるのか。大きさも量もないものに分割は考えられない。分割されるのではない、というのであれば、それは不可能である。なぜなら、ザイドの霊魂はアムルのそれとは別である、ということは必然的に知られているからである。また、かりに一つであるとすれば、ザイドの知っていることは、同時にアムルにも知られていることになるだろう。知は霊魂の本質的属性の一つであり、本質的属性は本質とともにあらゆる関係に関わる。もし霊魂が複数であるとすれば、どのようにして複数になるのか。それは質料によって、場所によって、時間によって、また属性によっても多となることはない。なぜなら、霊魂の中には、肉体の死後の霊魂とは違って、属性の違いを必然化するものは何もないからである。なぜなら、霊魂の存続を認める人にとって、霊魂が属性の違いによって多となるのは、それが肉体からさまざまな形質を獲得するからで、二つとして同じ霊魂はないのである。霊魂の形質は性格からくるし、性格は互いに等しくなることはない。それは、外的特徴がけっして等しくないのと同じである。もし等しくなるとすれば、われわれにとってザイドとアムルの区別がつかなくなってしまう。

このような証明によって、子宮の中に精液が生じ、その体液が、支配者となる霊魂を受け入れる準備ができたときに霊魂が生成し、それを精液が受け取るのである。しかし、それは霊魂がただ霊魂であるからではない。なぜなら、同じ子宮の中で、時に双生児となる二つの精液があって、それらが同時に霊魂を受け取る準備ができていて、それら両者に間接的に、あるいは直接的に、第一原理から生まれる二つの霊魂がそれらと関係をもつようになることがあるからである。こうして、一方の霊魂が他方の肉体を支配したり、また他方の霊魂が一方の肉体を支配したりすることはない。特定化が起こるのは、特定の霊魂とその特定の肉体との特定の関係によるのみである。そうでなければ、双生児の一人の身体が、他方よりもこの霊魂を受け取るによりふさわしいということにはならないであろう。また、もしそうでなければ、二つの霊魂が同時に生成し、二つの精液が共に「霊魂の」支配を受け入れる準備ができたことになる。そうなれば、何が両者を区別することになるのだろうか。

そのような特定化の要因がもし肉体への刻印であるとすれば、肉体がなくなれば、それもなくなることになる。もしそこに別の理由があって、それによって二つの霊魂とこの肉体の間に特定の関係が生じ、その関係が霊魂の生成の条件となるのだとすれば、その関係が霊魂の存続する条件である、としていけないことがあろうか。こうして、関係が断たれると、霊魂も消滅する。次にその存在が返ってくるのは、聖法が復活について述べているように、神（至高なる彼に栄光あれ！）が復活の形でそれを繰り返すことによってでしかない。

問――霊魂と身体の関係は、自然的傾向や本性的欲求という形でしかありえない。それは特にこの関係に向かうものとして霊魂の中に造られ、その欲求が他の身体ではなく、その身体に霊魂を結びつけ、一瞬たりともその関係を解かないのである。したがって、その本性的欲求によって、霊魂は特定の身体と結合して存続し、他の身体からは離されるのである。

このことは、本性的に身体を支配しようとする霊魂が、身体の消滅とともに消滅することを必然的に帰結するものではない。確かに、時として、その欲求は身体から分離した後も残ることがある。もし生きているとき、身体に霊魂があまりにも深く関わりすぎ、欲望の制御と知的対象の追究を怠ったならば、欲望にその対象を与えてそれを充たす道具がなくなると、霊魂はその欲望とともに苦しめられることになる。

霊魂が生成し、ザイドの霊魂がザイドの個体に特定されるのは、一つの原因、つまり身体と霊魂の間の適合性によることは間違いない。したがって、例えば、この身体が他の霊魂よりもこの霊魂によりふさわしいのは、両者の間の適合性がより大きいからで、それゆえにその関係の特定化が優先される。人間の力では、その特定の関係は知りえない。しかし、われわれがその細部を知りえないとしても、それを特定するものが必要である、という原理は疑いえない。また、霊魂は身体の消滅によって消滅するものではない、とのわれわれの主張を損なうものではない。

答――特定化を要請するその関係がわれわれからなくなれば、次のようなことがありえないことではない。つまり、その知られていない関係というのは、霊魂の存続のために身体の存続を必要とするようなものであり、したがって肉体の消滅が霊魂の消滅となるということである。知られていないものに対して、それが〔両者の〕必然的関係を要請するか否か、について判断することはできない。その関係はおそらく霊魂の存在に必要不可欠であるかもしれない。そしてもしそれが消滅すれば、霊魂も消滅することになろう。こうして、彼らの述べる証明は信頼できないのである。

第三の反論として、世界の永遠性の問題についてわれわれが確定したように（本書九六頁以下参照）、それ（霊魂）は至高なる神の力によって消滅する、ということも不可能ではない。

第四の反論として、その消滅については、これら三つの方法に尽きる、と君たちはいうが、それは認められない。ものの消滅は、これら三つの方法のいずれかによってしか考えられない、ということの証明は何か。区分が否定か肯定か、というのでなければ、それが三つや四つ以上であっても、不都合ではない。おそらく君たちが述べたことのほかに、第四、第五の消滅の方法があるかもしれない。その方法はこれらの三つに限定されるということが、証明によって知られているわけではない。

証明（2）

彼らが依拠する第二の証明について、彼らはいう。基体の中にない実体にはすべて消滅は起こりえない、と。つまり、単純体（basā'iṭ）はけっして消滅しないのである。この証明によってまず確定されることは、身体の死によって、前述の理由から（本書三二〇頁参照）、霊魂の消滅が必然的に帰結することはない、ということである。その後では、それが別の原因によって消滅することも不可能である、といえる。なぜなら、すべて消滅するものは何らかの原因——それが何であれ——によって消滅する。消滅の前にはその中に、潜在的消滅がある。つまり、消滅の可能性が消滅に先行する。同様に、存在が現われる生成物について、その存在の可能性（imkān al-wujūd）は存在に先行する。そして、存在の可能性は潜在的存在

(quwwah al-wujūd) と呼ばれ、非存在の可能性 (imkān al-ʻadam) は潜在的消滅 (quwwah al-fasād) と呼ばれる。

存在の可能性は関係的な性質であって、それはものの中にしか存在しない。したがって、それは存在との関係における可能性である。非存在の可能性についても同様である。そのために、すべて生成するものは、先行する質料を必要とし、その中に生成するものの存在の可能性と潜在性がある、といわれる。これは、世界の無始性の問題について述べた通りである(本書七七頁以下参照)。

存在の潜在性をもつ質料は、生起する存在を受け取る。受け取るものは受け取られるものとは別である。したがって、受け取るものは、受け取られるものが到来したときに、それとともに存在するものとなるが、両者は別である。

非存在を受け取るものについても同様である。それは、非存在が到来したときに存在していて、ものがその中に存在していたのと同様に、ものがそこから消滅するのである。そして、消滅したものは、残存しているものとは別である。残存しているものは潜在的非存在、非存在の受容とその可能性をもつものである。同様に、存在が到来したときに残存しているものは、到来したものとは別であり、到来するものを受け取る潜在性をもつものであったのである。

非存在が到来したものは、非存在化したものと、非存在を受け取り、非存在の到来にもかかわらず存続するものから成り立っていなければならない。(45) そして、後者は、非存在が到来する前に、非存在の潜在性をすでにもっているのである。非存在の潜在性をもつものは質料に対応し、そこから消滅するのは形相に対応する。

しかし、霊魂は単純体であり、質料から分離された形相であり、そこには合成はない。その中にもし形相と質料の合成が想定されるとするならば、われわれは第一の基体であり、根源である質料についての説明を繰り返さなければならなくなる。

そもそも説明は根源にまでいたらねばならず、われわれはその根源が消滅することはありえないとする。それが「霊魂」と呼ばれるものである。それは、物体の質料を消滅不可能とするのと同様である。それは永遠に続くものであり、形相がそこに現われたり、消滅したりする。その中には、形相がそこに到来する潜在性、および形相消滅の潜在性がある。なぜなら、それは、相対立する両者を等しく受け取るからである。以上のことから明らかになったことは、本質において一なる存在者すべての消滅は不可能ということである。

これを別のいい方で説明することができる。すなわち、ものがもつ存在の潜在性は、そのものの存在以前からあり、そのものとは別のものである。また、そのものは存在の潜在性自体でもない。例えば、健康な目をもつ人は、潜在的に見る人である、といわれる。つまり、彼の中には見る能力がある。その意味は、見ることが正しく行なわれるには、目の中になくてはならない属性が存在するということである。

しかし、見ることが遅れたとすれば、それは他の条件の遅れによる。例えば、黒を見る潜在性は、現実に黒を見る前に目の中に存在する。そして、もし現実に黒を見ることになった場合、その黒を見る潜在性はその見る行為の存在するときには存在しない。なぜなら、見る行為が起こっているときは常に、現実にそれが存在するとともに、それが潜在的に存在するとはいえないからである。存在の潜在性は、現実に生起した存在の現実性（haqiqah al-wujūd）とはけっして両立しえないからである。

このような前提が確定したなら、単純体（al-shay' al-basīṭ）がかりに消滅したとすれば、消滅の可能性は消滅の前に、そのものに起こっている、とわれわれはいう。それが潜在性の意味である。そして、存在の可能性もまたそのものに生起するのである。消滅が可能なものは、必然的存在者ではない。それは可能的存在者である。「存在の潜在性」によってわれわれが意味するのは、存在の可能性ということだけである。こうして、同一のものにおいて、存在そのものの潜在性とその存在の現実的生起とが結合することはない。つまり、ものの現実的存在とは、存在の潜在性そのものだということにはならないのである。

見ることの潜在性は、見ることとは異なる目の中にあり、それは見ること自体の中にあるのではない、ということをわれわれはすでに明らかにした。なぜなら、それはものが潜在的にあり、同時に現実的にあるということになり、両者は相矛盾するものだからである。そうではなくて、ものは潜在的であるときは、常に現実的ではないし、現実的であれば、常に潜在的ではない。単純体に対して、消滅の前に消滅の潜在性を認めることは、存在しているときに、存在の潜在性を認めることと同じで、不可能である。

以上は、世界の無始性と無終性という二つの問題において、哲学者たちが質料と諸原素の生成の不可能性、それらの消滅の不可能性に訴えた際に、われわれが紹介したこととまったく同じものである。誤謬の根源は、彼らが可能性を、それが内在する基体を必要とするものとした点である。われわれはすでにそれに対しては、十分に納得のいくように批判を加えたし、それを繰り返すことはしない。なぜなら、両者は同じ問題であり、議論の対象が質料的実体であるのか、霊魂的実体であるのかに違いはないからである。

第二十問題――肉体の復活（baʻth）、肉体に霊が返されること、物質的な地獄の存在、天国やフール[46]の存在、その他、人間に約束されている事がらを哲学者たちが否定することに対する批判。また、すべてそれらは、一般の人々に霊的な賞罰――これらは物質的な賞罰より高い地位にある――を理解させるためになされた比喩である、との彼らの主張の批判

これはすべてのムスリムたちの信条に反するものである。そこでわれわれはまず、来世のことについての彼らの信条を紹介し、次にそのすべてがイスラームの教えに反することを批判しよう。

彼らはいう。霊魂は死後も永久に持続する。それは喜びの中にいるか、苦しみの中にいるかのいずれかであるが、それらの大きさの程度については、描き尽くすことはできない。その苦しみについては、永遠であることもあれば、永い時間の流れの中で消えることもある。苦しみや喜びの段階における人々の違いに限りはなく、現世での人々の段階とその喜びが限りなくさまざまであるのと同じである。永遠の喜びは清浄で完全な霊魂のためにあり、永遠

の苦しみは汚れた不完全な霊魂のためにある。有限な苦しみは、完全ではあっても汚れている霊魂のためである。絶対的な幸福は、完成と清浄と純化によってしか得られず、完成は知により、清浄は実践によってしか得られない。

知が必要とされる根拠は、知的能力の糧と喜びが知的対象の知覚であるということである。それは欲求能力の喜びが欲求の対象の獲得にあり、視力の喜びが美しい像を見ることにある、といったことと同様である。知的対象の認識を妨げるのは、ただ肉体とそれへの関わり、その感覚や欲求である。現世での生活における無知な霊魂の当然の有り様は、霊魂の喜びの喪失による苦しみである。しかし、肉体への関わりによって自己を忘れ、苦しみから逃れることはできる。恐怖が苦痛を感じさせず、痺れが火を感じさせないのと同じである。霊魂が不完全なままで持続しても、身体への関わりがなくなるまでは、痺れの状態にあるのと同じである。火に触れても、苦痛を感じない。だが、ひとたび痺れがとれると、一度に激痛の襲来を感じる。

知的対象を認識する霊魂はそれに対して喜びを感じるが、時にそれが本性的に可能な程度にまで達しない弱いものに終わることがある。それもまた、身体への関わりとその欲求に霊魂が慣れることによる。それは、口に渋みをもつ病人のようなものである。彼は甘い美味しいものもまずいと感じ、彼にとって最高の喜びの元である食物も不快なものとなるのである。

こうして彼は自分の病気のゆえに、それに喜びを感じないのである。

他方、知によって完成した霊魂は、死によって身体の重荷とその障害がなくなると、最高に美味しい食物や最上の珍味に出会った人のようである。今までは病気という障害によって、それを味わうことが妨げられていたが、その障害が除かれ、一度に大きな喜びを感じるようなものである。いま一つの例をあげれば、ある人に強く愛する人がいて、その人が眠っているか、失神しているか、酩酊している間に、その愛する人が寝台の上で自分の横に寝ている。その人が突然にそれに気づき、永い間待っていた後にようやく、その愛する人との性交の喜びを感じるようなものである。[47] このような喜びは、知的・霊的な喜びに比べれば、卑しいものではあるが、それを説明するには、人々がこの世の生活で目にする例によってしかできないのである。

これは次のようなことと同じである。かりにわれわれが子供や不能者に性交の喜びを理解させようとする場合、われわれにできることはただ、子供の場合は、それを彼が最も喜ぶ遊びに喩えることであり、不能者の場合は、それを極度の空腹の中で食べる美味しい食物の喜びに喩えることである。こうして彼が喜びの存在という原理を認め、その上で彼らが喩えによって理解することは、性交の喜びという真実を伝えるものではなく、それは自らそれを味わうことによってしか知りえないことを教えるのである。

知的喜びは、物質的喜びよりもより高貴であることを証明するものとして、二つのことがある。その一つは、天使の状態は野獣や豚のような動物の状態より高貴であり、天使には性交や食事といった感覚的喜びはないということである。天使にあるのは、自らに固有な完全性と美を知る喜びだけである。そしてそれは、ものの真実を知り、空間においてではなく性質において、また存在のレベルにおいて、万世の主に近づくことにある。そもそも存在するものは、順序と階位の中で神から出るものであり、その階位においてより近いものが当然、より高いのである。

その第二は、人間もまた感覚的喜びよりも知的喜びを、時に優先するということである。敵を征服し、そこに快を見出すことのできる人は、そのためには妻帯や美食の喜びを棄てることもある。また時には、チェスやバックギャモン（西洋すごろく）での勝利というささいな喜びのために一日中食べずにいても、空腹の苦しみを感じなかったりする。

名誉と支配を求める人についても同様である。彼は、例えば、名誉を棄てて恋人との約束を守るか――その場合、他人はそれを知り、噂は広まる――、それとも名誉を守り、恋人との約束は棄て、恋人をないがしろにして自己の尊厳を守るかで迷う。しかし、彼にとっては、間違いなく後者の方がより喜ばしいことである。勇者は、死の危険をも顧みずに、ただ死後に予想される賞讃と讃美の歓喜を求めて、大勢の敵の勇者に向かってゆくであろう。

このように来世的な知的喜びは、現世的な感覚的喜びよりも優れているのである。もしそうでなければ、神の使徒（彼に神の祝福と平安あれ！）は〔神の言葉として〕こうはいわれなかったであろう、「私（神）は私の正しい僕《しもべ》たちに、目が見たことも、耳が聞いたことも、人間の心に浮かんだこともないものを用意してある[48]」と。至高なる神もいっておられる、「彼らのために、いったいどれほどの楽しみが密かに用意されているか、誰一人知る者はない」（三二：一七）と。

以上が、知が必要であることの理由である。その中でも有用なのは、純粋な知性的知である。すなわち、神とその属性、その天使や啓典、そして神から諸物がいかに出てくるか、についての知である。それ以外の知については、かりにそれにいたるための手段であれば、そのゆえにそれは有用である。かりに、文法学・言語学・詩学やその他さまざまな学問のように、それへの手段でなければ、それはその他と同様の技芸である。

実践や崇拝行為（ʻibādah）の必要性については、それは霊魂の浄化のためである。そもそも霊魂はこの肉体の中にあって、諸物の真実を知覚することを妨げられている。それは、それが身体に刻印されているからではなく、それが常に欲望に関わっており、欲望は常にその対象を求めて動くからである。この傾向や欲求は霊魂の形態であり、長期にわたって欲望の充足を続け、快い感覚の対象に慣れ親しんだ結果として、そこに深く根を下ろし、それを支配しているのである。それが霊魂を支配するようになり、そのうえ肉体が死ぬと、これらの性質が霊魂を支配するようになり、二つの点でそれが有害となる。一つは、霊魂に固有の喜び、つまり天使と一体となり、神的・美的なことを知ることが妨げられ、しかも生前のように、苦痛を遠ざけ、忘れさせてくれる肉体はもはや存在しないのである。

第二に、彼に残されるのは、現世とその財や楽しみへの欲求と傾向であるが、彼にはそれを充たす手段がすでに奪われている。

彼の状態は、次のような人のそれと同じである。すなわち、妻を愛し、権力にも慣れ、子供たちと親密で、財産も豊かで、名誉にも満足している。ところが、彼の敵対者たちがその愛する人を殺し、権力を奪取し、子供や女たちや財産を奪ってしまい、彼の名誉は完全に失われてしまう。彼はあからさまな苦痛を味わうことになる。現世では、彼はこのようなものを取り返す希望は断たれてはいない。しかし、現世は去ってしまった。死によって肉体は失われ、希望が断たれたときはどうなるのか。

このような形の結末から救われるには、霊魂の欲求を制御し、現世から逃れ、力の限りを尽くして知と敬虔さを身につけ、この世にいる間に、現世的事がらとのつながりを断ち、来世的事がらとのつながりを強める以外に方法はない。そして死ぬときには、牢獄から釈放された人、すべての願望、つまり天国を手にした人のようになることとである。

霊魂からこれらの性質をすべて否定し、完全に消し去ることは不可能である。肉体的必要性がそれを求めるのであり、せいぜいその関係を弱めることができるくらいである。そのために至高なる神はいっておられる、「お前たち一人残らず、一度はかならずあそこ（地獄のふち）まで降りて行かねばならない。これはもう主にとっては、絶対に抜き差しならぬ、決定済みのことなのだ」（一九：七一）と。[49] ただ関係が弱くなれば、分離の苦しみは激しくはなく、死によって知る神的事がらについての喜びは大きく、それが現世とそれへの傾倒の影響をすぐに取り除いてくれる。

それは、自分の故郷を出て偉大な地位、高い王位についた人と同じである。彼が家族や故郷を離れたとき、彼の心は張り裂けんばかりであり、苦悩がそこにはあった。しかし、それは彼が得る王位と権力による喜びによって、帳消しにされるのである。

このような性向を否定することは不可能であることから、性格について聖法は相反する両極端の中庸を行くように定めている。というのは、温かい水とは熱くもなく、冷たくもなく、それら両方の性質から離れた水のようである。そこで極端に財を貯め込み、財産欲に取りつかれてはいけないし、他方では、度を超して消費をする浪費家となってもいけない。あらゆることに控え目となって、臆病になってはいけないし、他方では、何事にも首を突っ込んで蛮勇になってもいけない。むしろ、寛大さ（jūd）を求めるがよい。それは吝嗇（bukhl）と浪費（tabdhīr）の中庸だからである。また勇気（shajāʻah）を求めなさい。それは臆病（jubn）と蛮勇（tahawwur）の中庸だからである。すべての性格についても同様である。

倫理学〔の説明〕は長々しいし、聖法は細部にこだわりすぎる。しかし、性格を正す方法としては、実践において聖法の規範を尊重する以外にない。そうすれば、人は自分の思惑に従い、「その思惑を自分の神とする」（二五：四三、四五：二三）ようなことはなくなるであろう。むしろ、聖法に従い、自分の意志ではなく、聖法の指示に従って進み、かつ退くのである。それによって彼の性格は矯正される。性格と知の双方において、この徳を欠いた人は破滅者である。そのために至高なる神はいわれた、「それ（霊魂）を清める者は成功し、それを汚す者は滅びる」（九一：九―一〇）と。

知的徳と実践的徳の二つを結合する者は、知者にして崇拝者であり、絶対的な幸福者である。知的徳はあっても実践的徳を欠く人は、罪ある知者であり、一時的に罰を受けるが、永続的にではない。というのは、その霊魂は知によって完成しているが、霊魂の本質に反して、肉体的障害がそれを一時的に汚しているからである。そのようなことを起こさせる原因の繰り返しはないので、時間がたてばそれは消滅する。実践的徳があって知的徳に欠ける人は、救われて苦しみから逃れることはできるが、完全な幸福を享受することはない。

彼らはいう。人は死ぬと、そこで彼の復活が起こる、と。聖法が述べているさまざまな出来事は、このような喜びを理解できない人々のための喩えなのである。彼らが理解できるものをもって喩えとし、そのような〔真の〕喜びは、そこに述べられた以上のものである、と彼らに説くのである。これが彼らの立場である。

われわれはいう。これらの大部分は聖法に反するものではない、と。来世には感覚的喜びよりも大きな、さまざまな種類の喜びがあることを、われわれは否定しない。また、霊魂は肉体を離れても持続することも、われわれは否定しない。しかし、われわれがそれを知るのは、聖法によってである。それは聖法が来世のことを伝えており、来世が理解されるのは、霊魂の存続があってのことだからである。

われわれが以前から否定しているのは、そのようなことを理性だけで知ることができる、とする彼らの主張だけである。なかでも聖法に反することは、肉体の復活の否定、天国における肉体的喜びと地獄における肉体的苦しみの否定、コーランに述べられているような天国と地獄の存在の否定である。霊的幸福と肉体的幸福の双方を真実とし、不幸についても同様にし、また神の言葉、「いったいどれほどの楽しみが密かに用意されているか、誰一人知る者はない」(三二：一七)や〔預言者の〕言葉、「私(神)は私の正しい僕たちに、目が見たことも、耳が聞いたことも、人間の心に浮かんだこともないものを用意してある」(三三二頁)を真実とすることを、何が妨げるというのであろうか。同様に、そのような高貴な事がらが存在したからといって、それ以外の事がらが否定される、ということを証明するものではない。両者を結合することがより完全であり、約束されたことは最も完全なことであり、また可能なことであり、聖法に従ってそれを信じることが義務である。

問――そこに述べられていることは、人々の理解力に合わせて作られた比喩である。それは擬人的啓示や伝承が人々の理解力に合わせた比喩であるのと同じである。神の属性は一般の人々の想像を超えた神聖なものである。

答――両者を等しいとすることは独断である。両者は二つの点で異なる。一つには、擬人的とされる表現は、アラビア語の用法に従って解釈することが可能である。しかし、天国や地獄、およびそこでの状況の細部については、比喩的解釈の域を超えている。残るのは、ただ人々の利益のためとして、真理に反することを想像によってごまかし、それに合うようにつごうよく理屈を並べているだけである。神聖な預言の領域は、そのようなことをはるかに超えている。

第二に、理性的証明によって知られることとしては、神（彼に栄光あれ！）にありえないことは、場所・方角・形象・肉身の手や目、移動や停止を神に帰すことである。〔それらについては〕理性的証明による比喩的解釈が義務である。約束された来世の事がらについては、至高なる神の力で不可能なことはない。したがって、言葉の外的意味、いやそれが明言する意味通りに解釈されなければならない。

問――すでに理性的証明は肉体の復活の不可能なことを示している。同様に、それはまた至高なる神にそのような〔ことをする〕属性はありえないことを示している。

答――われわれが彼らにそれを明示するよう求めると、彼らには幾つかの方法があるようである。その第一は、次のようにいうことである。若干の神学者がいうように、人間とは、肉体と、そこに内在する偶有としての生命である。霊魂は自ら存立し、肉体を支配するが、そこにその存在があるわけではない。死とは、生命が断たれること、つまり造物主がそれを造らないことであり、そこで消滅する。肉体もまた消滅する。復活とは、神が消滅した肉体をふたたび存在に戻し、消滅した生命をそれに返すことである。あるいは、こうもいわれる。肉体という質料は土として存続する。したがって復活とは、それらを集め、人間の形に再構成し、そこに改めて生命を造ることとなる。それが一つである。

第二は、次のようにいうことである。霊魂は死後も存在し持続する、と。そして最初の肉体の諸部分がそのまま集められ、それに返される。これが一つの見方である。

第三は、次のようにいうことである。霊魂は肉体に返されるが、その肉体は同じ諸部分からなるか否かは問われない。返るものは、霊魂があの〔同じ〕霊魂であるという意味で、あの〔同じ〕人間である。その質料については問題にしない。人間が人間であるのは、質料によってではなく、霊魂によってだからである。

〔ところで、〕これら三つの区分は誤りである。第一については、その誤りは明白である。そもそも生命と肉体が消滅したとして、それをふたたび創造するということは、以前にあったものと類似のものを生み出すということであって、以前にあったものと同じものを生み出すということではない。通常理解される「回帰」（ʻawd）ということは、そこに残るものと新たに生まれるものが考えられる。それは、「何某が気前よさに戻った（気前良さを取り戻した）」というようなものである。つまり、そこにはものを与える者が残り、与えることがなくなり、次に彼がそれに戻った、つまり種において最初と同じ行為に戻った、ということであるが、回数的には同じではないのである。こうして、「戻る」といっても、実は類似のものにであって、同一のものにということではない。

「何某は町に戻った」といわれるが、それは彼が〔町の〕外にいたということであり、さらにそれ以前に彼がその町にいたことがあり、その彼が同じところに帰った、ということである。もし何も残っておらず、類似であるが二つの別のものが、時間によって隔てられることがなければ、「戻る」ということはありえない。ただし、ムータズィラ派の立場は別である。そこではこういわれる、「非存在者は定立されたもの（shayʼ thābit）であり、存在は時にそれに現われ、時に中断され、そしてまた時に戻ってくる状態である」と。[50] こうして「戻る」の意味が正当化されるのは、〔非存在という〕実体の存続を考えてのことである。しかし、それは、純粋否定である非存在そのものを否定することである。そしてそれは、存在が戻ってくるまで定立し続ける実体を肯定することになる。それは不可能である。

もしこの説の支持者が、「肉体の土は消滅せずに残り、そこに生命が戻るのである」というってごまかそうとするなら、われわれはいう、その際正しくは、「生命が断たれた後、しばらくして土が生きて戻ってきた」というべきである。それは人間が戻ってくることではなく、その人間自身が返ってくることでもないからである、と。

そもそも人間が人間であるのは、その質料、つまりその土によってではない。というのは、人間の諸部分の残余、あるいはその大部分は食物の摂取によって変わるが、彼はあの以前と同じ人間である。彼の同一性はその霊あるいは霊魂にあるのである。

生命ないし霊がなくなれば、なくなったものの回帰は考えられない。それと類似のものが回復されるだけである。神が木や馬や植物を材としてできた土の中に人間的生命を造るならば、それは新たなる人間の創造である。まったく存在しないものの回帰は考えられない。回帰するものは存在者である。つまり、以前それがもっていた状態、それと類似の状態に返ることである。返るもの、つまり土が生命という属性に戻るのである。

人間とは、その肉体のことではない。というのは、馬の肉体が時に人間の食物となり、それから精液が造られ、そこから人間が生まれる。それでも、馬が人間に変わったとはいわない。馬が馬なのは、その形相によってであって、その質料によってではない。形相がなくなっていれば、残るのは質料だけである。

第二の区分は、霊魂は存続しその同じ肉体に返されるということであるが、かりにそれが考えられるとして、それは帰還、つまり分離の後に、肉体の支配に回帰するということである。しかし、それは不可能である。というのは、死者の肉体は分解して土になるか、ミミズや鳥が食べ、血や気息や空気に変わり、地球の空気や蒸気や水と混ざり、その抽出は不可能となる。

しかし、神の全能性に依拠してそれが想定されるとすれば、考えられる一つの可能性は、まさに死の際に存在していた部分だけが集められるということである。そうなれば、手足を切断された人、鼻や耳をそがれた人、体に欠陥のあった人は、そのままの形で復活することにならなければならない。これは醜悪なことである。特に天国の人にとってはそうである。彼らの中で最初の創造で体に欠陥のある者として造られた人が、死の際の焦燥した姿に戻されることは、究極の罰である。これは、死の際に存在していた部分すべてに限定された結果である。

そこで〔いま一つの可能性として〕その生涯にわたって存在していた部分のすべてが集め

られるとすれば、それも二つの点で不可能である。一つは、人間が人間を食べた場合である。これはある国ではすでに慣行となっているし、また旱魃《かんばつ》のときにはしばしば起こることである。その場合、二人の復活が完全な形で起こることは困難である。なぜなら、同一の質料が食べられた人の肉体であり、それが食べた人の肉体となっており、二つの霊魂を一つの肉体に返すことは不可能だからである。

第二に、同一の部分が肝臓・心臓・手・足として再生しなければならない、ということである。というのは、医学的に確定していることは、肢体の諸部分は互いに他の部分の余剰の養分を摂取しており、肝臓が心臓の部分から養分を得たり、他の器官も同様だということである。そこでわれわれは、特定の部分がすでに諸器官全体の質料となっている、と想定することができるのである。となれば、いったいどの器官に回帰するのであろうか。

いや、そもそも最初の（生涯にわたる人間の諸部分を集めることの）不可能性を確定する際に、人が人肉を食す場合を想定したが、その必要はなかったのである。というのは、もし人が住んでいる土地の表面を君が考えてみれば、次のことがわかる。すなわち、その土は死者の屍であったのが、長い時間の経過の中で土となり、そこに種が蒔かれ、植物が植えられ、実となり果実となり、それを動物が食べて肉となり、それをわれわれが食べて、われわれの肉体となる。土地のどこを指さしても、そこにあるのはただ多くの人々の肉体であったものである。ただ、それが変化して土になり、次に植物になり、次に肉となり、そして動物となったのである。

ここから当然、第三の不可能なことが出てくる。すなわち、肉体を離れた霊魂は無限であるが、肉体は有限な物体である。人間の肉体であった質料は人間の霊魂のすべてに十分ではなく、不足するということである。

第三の区分は、霊魂の人間的肉体への帰還である。その際、肉体の質料が何であり、またどのような土であるかは問われない。これも二つの点で不可能である。第一に、生成・消滅を受け入れる質料は月下界では限られていて、増えることは不可能であり、限定されている。ところが、肉体を離れる霊魂には限りはなく、肉体は不足する。

第二に、土は土に留まる限り、霊魂の支配を受けつけない。そのためには諸原素は混合して、精液と同じようにならなければならない。単なる木材や鉄もこのような霊魂の支配を受けつけず、肉体が木材や鉄のままでは、人間の再生は不可能である。人間が人間になるのは、ただその肉体の諸部分が筋肉・骨・体液に分かれたときだけである。肉体とその体液が霊魂を受容する準備ができると、霊魂を与える諸原理からの霊魂の誕生にふさわしくなる。こうして一つの肉体に〔新旧の〕二つの霊魂が続いて現われることになるが、ここで輪廻説(tanāsukh)の立場は否定される。そこ(旧霊魂の復帰)にみられる立場はまさに輪廻説そのものだからである。というのは、肉体を離れた後に、霊魂は最初の肉体とは別の肉体の支配に関わることになるからである。輪廻説の誤りの証明が、このような立場の誤りを証明するのである。

反論〔1〕

それは次のようにいうことである、「なぜ君たちは最後の区分を採用し、霊魂は自立的実体であって、死後も存続すると考える人を否定するのか」と。それは聖法に反することではなく、次のような神の言葉、「神の道において殺された人をけっして死者と考えてはならない。彼らは神のお側で生きておる」(三：一六九)や使徒(彼の上に平安あれ！)の言葉、「義人の霊は玉座の下に懸けられた緑の鳥の餌袋の中にある」[51]の中に示された聖法によって証明されているのである。また、霊魂は喜捨や善行について、またムンカルとナキールの〔二天使の〕審問[52]や墓の罰などについて知覚している、との伝承についても同様である。これらすべては霊魂の存続を証明している。

確かにそのようにして、その後の復活と再生が証明されている。つまり、肉体の再生である。それは霊魂が肉体に帰還することによって可能である。その際、肉体が最初の肉体の質料と同じであるか別であるか、あるいは新たに創造されたものであるかは問われない。そもそも人間の同一性は霊魂にあって、肉体にはないからである。子供から大人になる間、憔悴や肥満、栄養摂取の変化によって肉体の諸部分は変わり、それとともにその体液も変わる。しかし、その人間は同じである。これは神には可能なことであり、それがその霊魂にとっての回帰である。彼は道具を失って肉体的な苦痛や喜びを感じることができなくなっていたのに、以前のように道具が返されたのであり、これで真の回帰となったのである。

霊魂に限りはなく、質料は有限であることから、このようなことは不可能だとする君たちの主張こそ根拠がなく、ありえないことである。というのは、それは世界の永遠性と永遠に続く継続的回転運動に依拠しており、世界の永遠性を信じない人にとっては、肉体を離れた霊魂は有限であり、その数も存在する質料より多いものではないからである。かりに霊魂の数が多すぎると認めても、至高なる神は何でも造ることができるし、新たな創造も可能である。それを否定することは、神の創造力を否定することであり、それに対する批判はすでに世界の生成の問題を扱う際になされている。

これは輪廻説である、として君たちが不可能とした第二の点については、言葉の問題で争う必要はない。聖法が伝えることは、真実としなければならない。それを輪廻だとするがよい。われわれが否定するのは、この世における輪廻だけである。復活については、それを輪廻と呼ぶと否とに関わりなく、われわれは否定しない(53)。

体の構造が霊魂を受け入れる態勢になって、初めて原理(第一者)からの霊魂の生成にふさわしくなる、との君たちの主張は、霊魂の生成は意志によってではなく、自然の本性によるということに由来する。それについては、すでに世界の生成の問題の中で批判がなされている。では——これは君たちの立場からしても、不可能なことではないが——体が霊魂の生成にふさわしいようになるのは、霊魂が存在していないのに、新たに造られるようになるときだけ、とどうしていえるのか。いえることは、ただ次のことだけである。復活の前、いやわれわれのこの世において、子宮の中で準備ができた体の構造と〔既存の〕霊魂がなぜ関係をもつことがないのか、ということである。

それに対していえることは、「たぶん分離した霊魂は、別の種類の準備を要求し、〔結合の〕原因が完了するのは、ちょうどそのときだけ」ということであろう。分離した完全な霊魂のために条件づけられた準備は、一定期間の肉体の支配による完全性をまだ得ていない、新生の霊魂のために必要な準備とは異なることも、ありえないことではない。至高なる神はその条件や原因、それらが現われる時間について知っておられる。すでに聖法はそのことを伝えており、可能なことである。したがって、それを信じることが義務である、ということである。

第二の方法として、彼らは次のように主張する。鉄を織布に変え、それを人がターバンとして用いるように神ができるとすれば、それはただ鉄の諸部分を、鉄を支配し、それを単純な要素に分解する原因によって諸原素に分解し、それらの諸原素を集め、創造のさまざまな段階を経過して木綿の形になり、木綿が織り糸の形となり、それが一定の形式で織られて一定の秩序をもった布となる。もし鉄が木綿のターバンに変わるということが、このような秩序ある段階をへて変わらなくても可能だというのであれば、それはありえないことである。確かに、このような変化がすべて、人が気づかないほどの短時間で起こり、突然一度で起こったとしか考えられないようなことはありうることである。

このようなことが考えられるとき、復活した人間の体がかりに石か、紅玉か、真珠か、純粋な土からできていれば、それは人間ではない。それが人間と考えられるのは、それが特定の形をしていて、骨や血管・筋肉・軟骨・体液で構成されている場合だけである。単純な部分が複合体に先行する。諸器官がなければ肉体はないし、骨や筋肉や血管がなければ諸器官の複合体はないし、体液がなければこれらの単純体はなく、食物の質料がなければ四体液はなく、動物や植物がなければ食物はない。それは肉であり、種である。また、四原素がすべて特定の、そしてわれわれがその全体について述べたよりも多くて長い、条件の下に混合していなければ、動物も植物もないのである。

人間の肉体が新たに造られ、そこに霊魂が返されることが可能になるには、このようなことによるしかないが、そこには多くの原因があるのである。そこで土が人間に変わるのは、それに「あれ！」ということによってであるのか、それともこのような段階をへて、それが変化する原因を用意することによってであるのか。その原因とは、人体の中から射出された精液を子宮の中に入れ、月経の血や食物から一定期間支援を得ると、そこに固まりや凝血が生まれ、それが次に胎児になり、次に子供になり、さらに若者、老人となる。そこで、それに対してただ「あれ！」といわれれば、その通りになる」（二：一一七、三：四七、五九、六：七三参照）との言葉は、理解できないのである。なぜなら、土が語りかけられることはないし、またそれがこのような段階をへないで、人間に変化することは不可能だからである。また、これらの原因の流れをへないで、これらの段階を通過することも不可能であり、したがって復活も不可能である。

反論〔2〕

人間の肉体になるためには、これらの段階を上昇していくことが不可避であることは、われわれも認めよう。それは鉄がターバンになるために、それが避けられないのと同様である。というのは、鉄が鉄のままであれば、それは布にはならないからである。そのためには、それは木綿となって紡がれ、織られなければならない。しかし、それは瞬時においても、あるいは一定時間の後でも可能である。われわれに不明なのは、復活は可能な限り最速の形で起こるかどうか、ということである。というのは、骨を集め、肉を再生させ、それを成長させること、これらすべては永い時間を要するからである。

しかし、問題はそこにあるのではない。議論のあるところはただ、これらの段階を経過することが、何の媒介もなく〔神の〕力だけで起こるのか、それとも何らかの原因によって起こるのか、ということである。われわれが自然学についての最初の問題で述べたように、われわれの考えでは、双方の見解が可能である。イスラーム神学（カラーム）によれば、それは慣行の流れ（ijrā' al-'ādāt）として起こるのである。すなわち、存在における結合関係は、必然的形式の関係ではなく、破棄が可能な自然の慣行であり、しかもこれらの出来事は原因がなくて、至高なる神の力によって起こるのである。

第二の見方は、それは原因によって起こるということである。しかし、その場合、原因が知られているということは条件とされない。神の力の対象という宝庫の中には、まだ知られていない不思議なこと、奇妙なことがある。自分の見ていることだけが存在と考える人は、それを否定する。それは魔術・魔法・呪符・奇跡・恩恵をある人々が否定するのと同じである。それらはすべて、未知の不可解な原因によって成立しているのである。磁石を知らず、それが鉄を引きつけることを見たこともない人が、それについて話をされても、彼はそれを否定し、「鉄を引きつけるのは、ただそれを紐で結わえて引っ張ることによるしか考えられない」というであろう。ところが、磁石の引きつけの現象を実際に目にすれば、それに驚き、神の力による不思議な現象についての自分の知の不足を知るのである。

復活を否定する不信仰者も同様である。実際に復活して神の不思議な業を目にすれば、そのことで彼は悔やむことになるが、もはやそれは何の役にも立たない。また、彼らは自分たちが否定したことに対して嘆き悲しむが、それは何の助けにもならない。そして、彼らにいわれることは、「これこそ汝らが嘘だといってきたものだ」（八三：一七）である。それは、特別なことや見慣れないことを嘘だという人と同じである。

いや、かりに人間が最初から理性ある人間として造られたとして、次のようにいわれたとしよう、「どの部分も同じこの汚い精液が人間の子宮の中で、筋肉・神経・骨・血管・軟骨・脂肪といった、さまざまな部分に分けられ、そこから七層のさまざまな構造をもつ目、そして互いに隣接していても、硬軟さまざまな舌と歯が生まれる、といった不思議な創造が起こる」と。彼の否定は先の不信仰のそれに勝ることであろう。そこで彼らはいう、「こんなぼろぼろの骨になったわれわれが⁉」（七九：一一）と。

復活を否定する者は、存在の原因は自分が観察したことに限定される、とどうして知るのか考えることはない。肉体の再生についても、観察されるもの以外のやり方はありえない、ということにはならない。幾つかの伝承によれば、復活のときには地上を雨が覆い、その滴は精液のようで、それが土に混ざるということである。神的原因の中にはそれに近いようなことがあるが、ただわれわれがそれを知らないだけである。しかし、そのことが肉体を復活させ、さらに同じく復活した霊魂をそれが受け取る準備をさせるとして、そこにいかなる不都合なことがあろうか。単純にそれは不可能と考えること以外に、このことを否定する根拠があるだろうか。

問――神の行為には、定まった一つの流れがあるだけで、変更はない。そのために至高なる神はいっておられる、「われわれの命令は一つで、瞬きするようなもの」(五四：五〇)、「君は神のやり方に変更を見出すことはないであろう」(四八：二三)と。君たちがその可能性を信じさせようとする、これらの原因がもし存在するならば、それはまた継続し、無限に繰り返されなければならないし、生成し生成されて世界に存在するこの秩序も、無限に存続しなければならなくなる。繰り返しや回転を認めたとはいえ、百万年ごとにもの事のあり方が変わるということは、ありえないことではない。しかし、その変化もまた同じやり方で永続的に続くのであろう。神の慣行に変更はないのである。

このことがそうであるのは、ただ神的行為は神的意志から出るものであり、神的意志の方向は多数あって、その違いによって秩序が変わってくるということはないからである。神的意志から出るものは、どのようなものであれ、秩序あるものであり、そこでは始めと終わりが同じように結びつく。それはわれわれが他の原因と結果の中にみる通りである。

君たちがいま目にするような形での生成や再生の継続、つまりたとえ長時間の後の繰り返しや展開の形であっても、この形式の回帰を可能だとするならば、すでに君たちは復活（qiyāmah）や来世、および聖法の外的意味が示していることを排除することになる。というのは、そこから必然的に帰結することは、この復活がわれわれの〔今の〕存在に何度も先行し、またそれが何度も回帰し、そしてそれがこのような順序で続く、となるからである。

もし君たちがこういったとしよう、「神の慣行（al-sunnah al-ilāhīyah）が完全に別の種類のものに変わり、この慣行はもはやけっして戻ってこず、可能性の期間は三つに区分される。すなわち、第一区分は世界の創造前、すなわち神が存在して世界はない期間。第二の区分はその創造の後、つまり今ある期間。第三の区分が世界の終わるときで、復活と同じ様式である」と。だとすれば、連続性や秩序は破壊され、神の慣行（sunnah Allāh）に改変が生まれることになり、それは不可能である。そもそもこのようなことは、状況の変化に応じてさまざまに変わる意志によってのみ可能である。ところが、永遠の意志（al-mashī'ah al-azalīyah）が変わることはなく、一つの定まった流れしかない。というのは、〔神の〕行為はその意志に従い、その意志は時代に応じて変わることのない一定の規範に従っているからである。

そして彼らは、「このようなことは、神はあらゆることをなすことができる、とのわれわれの言葉と矛盾するものではない」と主張する。そしていう、「神は復活や可能なことをすべて行なうことができる。その意味は、神は欲すれば行なうということである」と。神が現実に欲したり、また行なったりするということが、このわれわれの立言の正しさの条件ではない。これは、何某は自分の首を切ったり、自分の腹を切ったりできる、ということと同じである。もし彼がそうしようと欲すればするであろう、という意味でそれは正しいのである。しかし、彼はそのように欲することはないし、またそうすることもないことを、われわれは知っている。「彼はそうしようとは思わないし、そうすることもない」とのわれわれの言葉は、「もし彼が欲すれば、そうするだろう」という意味での、「彼は力をもつ」とのわれわれの言葉と矛盾するものではない。論理学でいわれるように、定言的命題は仮言的命題と矛盾はしないのである。なぜなら、「もし彼が欲すれば、するであろう」とのわれわれの言葉は肯定的仮言命題であり、「彼は欲しなかったし、またすることもなかった」とのわれわれの言葉は、二つの否定的定言命題であり、否定的定言命題と肯定的仮言命題は矛盾しないからである。ゆえに、神の意志は永遠であり、変化することはないことをわれわれに示す証明は、神的命令の流れは秩序の中にしかないということである。かりに時の経過の中で変わることがあっても、その変化もまた繰り返しと回帰による秩序と継続の中にあるのである。それ以外のことはありえないのである。

答――これは世界の永遠性の問題から派生したものである。神の意志は永遠である。したがって、世界も永遠であるというものである。われわれはすでにその誤りを証明し、さらに次のような三区分は理性的に不可能ではないことを明らかにした。すなわち、神が存在して世界がない時期、次に現にみられるような秩序をもった世界の創造の時期、次に第二の秩序の再開、つまり天国での約束されたこと、そして次にすべてが消滅して神のみが残る、というものである。

それは可能的なことである。ただし、聖法がすでに伝えていることでは、賞罰、天国と地獄の双方には、終わりはないのであるが。この問題は、どのように扱われるにせよ、次の二つの問題を基礎にしている。第一は、世界の生成と、永遠者から生成物が生起する可能性である。第二は、原因を造らずに結果を造ること、つまり通常とは異なる形式で原因を生成させることによる慣行の破棄である。これら二つの問題については、すべてわれわれは解決している。

「すでに君たちは、これらの人々（哲学者たち）の立場について詳しく説明した。そこで君たちは、彼らの不信仰を認め、同じ信条をもつ人に対して、殺害の義務があるとの判断を下すのだろうか」と問われれば、われわれはいう、「三つの問題について、彼らを不信仰と判断せざるをえない。すなわち、第一は、世界の永遠性の問題、実体はすべて永遠とする彼らの主張。第二は、神には生成する個物についての知はない、との彼らの主張。第三に、肉体の再生と復活に対する彼らの否定、である。これら三つの問題点は、イスラームとはいかなる点においても一致しない。それを信じる人は、預言者たちを嘘つきと信じる人である。すなわち、彼らは自分たちが述べたことは、公益の観点から、一般民衆のための説明であり比喩である、という。これはムスリムのいかなる宗派も信じたことのない明白な不信仰である」と。

これら三つの問題以外では、例えば、神の属性に対する彼らの対応、およびそれをめぐる神の唯一性についての彼らの信条は、ムータズィラ派の立場に近い。また、自然の必然的因果律についての彼らの立場は、ムータズィラ派が「相互作用」（tawallud）の中で明示していることと同じである。同様に、われわれが彼らについて述べたことは、これら三つの原則以外は、イスラームのいずれかの宗派がすでに述べていることと同じである。

イスラームの中の異端派の人々を不信仰者とみる人は、彼らをもそのようにみるかもしれない。不信仰の判断を控える人は、これら〔三つの〕問題による不信仰判断に限定することであろう。われわれは、異端の人々についての不信仰判断で、何が正しく、何が正しくないか、の問題にこれ以上深入りする気はない。それは、議論が本書の目的から逸れないためである。至高なる神は正義の支援者であられる！

訳註

（1）「大集合」（maḥshar）。イスラームの終末論では、終末はダッジャール（アンチ・キリスト）の到来と、マフディー（キリスト）によるダッジャールの殺害によって始まる。その後、第一回目のラッパが吹かれてすべての生者は死ぬ。次に、第二のラッパによって復活し、大集合の場に集められ、審判が始まるとされる。

（2）この伝承の由来については、次を参照——Simon Van Den Bergh (tr.), *Averroes' Tahafut al-Tahafut* (2 vols. Oxford: Gibb Memorial Trust, 1954, repr. 2012), I, pp. xiii–xiv.

（3）アブー＝ナスル・ファーラービー（Abū Naṣr al-Fārābī）。八七〇頃—九五〇。古典イスラーム哲学の基礎を築いた人。新プラトン主義の立場からアリストテレスの諸著作に註釈を施し、後世に大きな影響を与え、アリストテレスに次ぐ「第二の師」と呼ばれた。

（4）イブン＝スィーナー（Ibn Sīnā）。九八〇—一〇三七。イスラーム哲学の大成者で、多くの著作を残した。ギリシャ哲学の流れのなかで新たな存在論を展開し、イスラーム神秘哲学の体系化を目指した。その伝統は後に継承され、発展させられる。ラテン名、アヴィセンナ。

（5）イスラームのムータズィラ派やアシュアリー派（正統派）のこと。註（10）、（21）参照。

（6）ここで「聖法」と訳した“shar‘”の語は、狭い意味の「シャリーア」（Sharī‘ah）、つまりイスラーム法のことではなく、もっと広く「啓示」に近い意味を指す。

（7）ブハーリー『ハディース』（三巻。中央公論社、一九九三―九四年）、上、二八五―二八六頁。ムスリム『サヒーフ・ムスリム』（三巻。日本サウディアラビア協会、一九八七―八九年）、Ⅱ、六一―七三頁。

（8）イスラーム法では、人間の行為は次の五つの範疇に区分される。すなわち、①義務行為（wājib）、②推奨行為（mandūb）、③中立的行為（mubāḥ）、④忌避行為（makrūh）、⑤禁止行為（ḥarām）。ここでの「推奨行為」はこの②に該当するもので、義務ではないが行なった方がよい行為となる。

（9）ガザーリー『誤りから救うもの』では、「この付加文は真正な伝承集にはないものである」となっている（拙訳『中庸の神学』、平凡社東洋文庫〔八四四巻〕、二〇一三年、三六―三七頁）。

（10）ムータズィラ派（Mu'tazilah）。イスラーム初期の合理主義神学を代表する一派。後にこの派から出たアシュアリー（九三五年没）を祖とする正統派のアシュアリー派により異端とされた。本書九二―九三頁を参照。

（11）カッラーミー派（Karrāmīyah）。アブー＝アブドッラー・イブン＝カッラーム（八六九年没）を祖とし、イスラーム初期の擬人神観を特徴とする異端の一派。本書九三―九四頁を参照。

（12）ワーキフィー派（Wāqifīyah）。シーア派の一分派。シーア派第七代イマーム、ムーサー・カーズィム（七九九年没）の死を認めず、やがてマフディー（救世主）として再臨するとみる。後にシーア・十二イマーム派に吸収されたといわれる。

（13）これは、今日では独立の書、*Kitāb Mi'yār al-'Ilm*（Cairo: Dār al-Ma'ārif, 1961）として、本

書 *Tahāfut al-Falāsifah* とは別に刊行されている。

(14) ガレノス（一二九—一九九）の数ある著作のうちどれを指すのか不明。その著述は医学をはじめ、哲学、文法学、数学などにも及ぶ。生理学上の実験や動物解剖なども行ない、その説は近代にいたるまでヨーロッパ医学を支配していた。

(15)「意欲」「意図」については、Simon Van Den Bergh (tr.), *Averroes' Tahafut al-Tahafut*, I, p. 5, note 4 を参照。

(16) 遠地点（awj）。月や惑星がその軌道上で、地球から最も遠ざかる点。これに対して、地球に最も近づく点を近地点（haḍīḍ）という。

(17) 合（muqāranah）。地球からみて、惑星が太陽と同じ方向にくるときをいう。両者が相互に向き合うことを対座（muqābalah）という。

(18) 底本のテクストAおよびCでは、「能力者から無能力者に」となっているが、テクストB、DおよびKamaliの英訳に従って「無能力者から能力者に」とした。世界の存在以前には可能性はなかったことを「無能力者」と解釈し、その後に可能となったことを「能力者」と解釈したからである。

(19) ガザーリーの大著、『宗教諸学の再興』（*Iḥyā' 'Ulūm al-Dīn*）に含まれる四〇「書」（Kitāb）の中の第二書、"Kitāb Qawā'id al-'Aqā'id" がそれに該当する。

(20) アブー＝フザイル・アッラーフ。八四〇／一年没。最初期のムータズィラ派神学者の一人。ゾロアスター教・マニ教的二元論やグノーシス派に対して、イスラームのタウヒード（神の唯一性）の弁護に努めた。

(21) アシュアリー派（Ash'arīyah）。アブー＝ハサン・アシュアリー（八七三／四―九三五）を始祖とし、マートゥリーディー派とともに、イスラーム・スンニー派を代表する神学派の一つ。

(22) "malakah" は訳しにくい語であるが、一応「状態」と訳しておく。ファン・デン・ベルグはこれを "ḥāl"（disposition）と区別して "habitude" と英訳し、同じ「状態」でもこちらをより持続的状態としている（*Averroes' Tahafut al-Tahafut*, I, p.3, note 6)。本書では、そのまま「状態」と訳しておく。

(23) アラビア語の動詞 fa'ala（fi'l はその名詞形）には、「為す」「作る」「行動する」などの人格的・有意志的意味と、「作用する」「機能する」などの非人格的意味がある。哲学者たちは両者を区別しないとしながらも、後者の意味を強調するが、神を人格的存在とみるガザーリーにとっては、それは認められないのである。

(24) イブリース（サタン）とその一族のこと。天地創造のとき、神はアダムを造るにあたって、天使たちに彼を跪拝するよう命じたが、イブリースだけはそれを拒んだ（一八：五〇）。

(25) 出所不明。

(26) プラトンとその一派の思想とされている。

(27) 「第一義的」(al-qaṣd al-awwal)、「第二義的」(al-qaṣd al-thānī) については、K. Gyekye, "The Term 'Prima Intentio' and 'Secunda Intentio' in Arabic Logic," *Speculum*, 46 (1971), pp. 32-38; Van Den Bergh, *op. cit.*, p. 201, note 4 を参照。

（28）「動力因」。アリストテレスの四原因（質料因・形相因・動力因・目的因）の一つ。
（29）「特性」（lāzim）とは、すぐ後で説明されるように、定義の中に含まれない性質・属性のこと。
（30）「第七問題」参照。
（31）「第六問題」参照。
（32）本書一六三頁参照。
（33）ムータズィラ派はこのように表現して因果律を認めたが、正統アシュアリー派はそれを否定した。
（34）「側近くの天使たち」（al-malā'ikah al-muqarrabūna）。天にある神の玉座の周りにあって、常に神を称えている天使の一群（四：一七二）。
（35）ジャフム・イブン＝サフワーン（七四六年没）。ウマイヤ朝末期の神学者で、反乱軍に加担して処刑された。
（36）本書五七頁以下参照。
（37）本書五五頁、註（17）参照。
（38）「〔天に〕護持された書板」（al-lawḥ al-maḥfūẓ）。コーランの原本ともいわれ、またそこには神の決定が記録されているともいわれる（八五：二二参照）。
（39）本書二三六頁以下参照。
（40）「月が裂ける」（shaqq al-qamar）。コーランの記述、「時は近づき、月は裂けた」（五四：一）による。信徒たちが預言者ムハンマドに奇跡を求めたときに、月が裂けたとされる。ちなみに、それはモーセが杖を蛇に変え、イエスが死者を復活させた奇跡に対応するものだとされる。
（41）実際には、ガザーリーは二つの見方しか述べていない。
（42）「様態」（aḥwāl）。存在と非存在の中間的状態のこと。存在するものに付帯する属性であるが、それ自体は存在とも非存在とも規定されない。それは神の本質とその属性の関係のあり方とされ、一〇―一一世紀頃のバスラ系ムータズィラ派神学で用いられた用語だとされる（*Encyclopedia of Islam* 〔2nd ed.〕, I, p. 411など、および本書三一一頁以下をも参照）。
（43）「原子」（jawhar fard）。ムータズィラ派、アシュアリー派の存在論の基礎は原子と偶有（'araḍ）である。原子の大きさの有無については説が分かれる。
（44）原文は「第一問題」（al-mas'alah al-ūlā）とあるが、これでは意味が通じないので「前の問題」とした。つまり、「第十八問題」のことである。
（45）質料のことである。哲学者によれば、質料は形相と違って非存在化（消滅）しない。
（46）「フール」（al-ḥūr al-'ayn）。この世で敬虔で行ない正しい信徒たちに、来世において妻として与えられる美女のこと（四四：五四、五二：二〇など）。
（47）イスラームでは、性は人間の自然な営みと考えられ、宗教的に特別視されることはない。
（48）al-Baghawī, *Mishkat al-Masabih* (tr. by James Robson. 2 vols. Lahore: Sh. Muhammad Ashraf, 1963-65), II, p. 1196.
（49）この後に、コーランではさらに、「さて、その上で、敬虔な人たちだけは救い出す。だが、不義をなす者たちはそこに居すわりとなす」（一九：七二）の言葉が続く。

(50) このようにムータズィラ派では、非存在は一種のものとされ、そこから非存在と存在の中間体としての、註(41)の「様態」(ḥāl)が出てくる。

(51) このハディース(伝承)については、拙著 *Invocations and Supplications* (Cambridge: The Islamic Text Society, 1990), p. 26, n. A を参照。

(52) 死者はすべて墓の中で、信仰についてこの二天使の審問を受け、不信仰者は復活にいたるまでそこで罰を受ける。

(53) つまり、この世における再生は認められないが、終末における再生(復活)は認められるということである。

解説

中村廣治郎

歴史的にみれば、イスラームはユダヤ教やキリスト教と同じ一神教に属し、最も若い宗教である。アラビア半島のメッカで五七〇年頃に生を受けたムハンマドが、唯一なる神（アッラー）の啓示を受け、その使徒としてそれを人々に述べ伝えたことに始まる。彼の死後、イスラームはアラビア半島を出て東西に広まり、インド亜大陸から中央アジア、さらには東南アジアへ、他方では北アフリカをへて一時はイベリア半島にまで広がった。その間、政治の担い手は「正統カリフたち」（六三二―六六一）から、ウマイヤ朝（六六一―七五〇）、アッバース朝（七五〇―一二五八）へと代わる。

もちろん、このようなムスリム（イスラーム教徒）による政治的支配の拡大が、直ちに被征服民のイスラーム化を意味するものではなかった。彼らの多くがイスラームに改宗・入信するには、さらに何世紀もの時間を要したのである。

そもそもムスリムの知的関心や活動は、何が神の意志に適った生き方なのか、その解明に始まったといえる。アラビア語の「イスラーム」(islām) とは、まさにそのように神に帰依して生きることであり、そのような「帰依者」が「ムスリム」(muslim) なのである。彼らはその結果として、来世において天国の至福が約束されたのである。こうして生活のあらゆる側面における神の意志は何であるのか、何が可であり、何が不可で何が無記であるのか、さらに預言者ムハンマドの死とともに啓示が断たれた後では、それをどのようにして知るのか、などについて議論されるようになる。このようにして徐々に発達したのがイスラーム法学(フィクフ)であり、そのようにして体系化されたムスリムの行為規範がシャリーア(イスラーム法)である。

いま一つ、ムスリムの知的・宗教的関心が向けられたのが、「カラーム」(Kalām) と呼ばれるイスラーム神学である。つまり、神と人間、両者の関係、その他についてのさまざまな神学的問題についての議論である。例えば、人間の罪や悪の問題である。神は全知全能であり、すべては神の被造物であり、神の創造行為の結果である、とするのが正統イスラームの基本的立場である。となれば、悪の問題はどうなるのか。人間は悪をなし、罪を犯せば罰せられる。では、悪や罪は人間が造ったものなのか、神の行為なのか。もし人間が造ったものとすれば、それは神の行為ではなくなるのか。そうなれば、神の全能性は否定されるのか、などと。あるグループは人間の主体性を強調し、人間の行為は人間が造ったものとする。あるグループは神の全能性を強調する。またあるグループは、そのような問題について議論すること自体が異端の行為であるとして、それを忌避する。

このような知的・思想的流れの中に、外来の知的営みとして新たに登場してきたのが哲学、つまりファルサファ（Falsafah）である。ギリシャ語の「ピロソピア」（philosophia）をそのままアラビア語に音訳して受け入れたことが、その学問の外来性をよく示している。

そもそも、イスラームが支配下に置いた地中海周辺地域は、ヘレニズム文化の栄えたところである。当然ながら、その地域住民のイスラーム化に伴い、イスラームの中にさまざまな変化が生まれたことは予想できる。ところが、アッバース朝カリフ、マームーン（在位八一三―八三三）は、自らが設立した「知恵の館」（Bayt al-Hikmah）と称する翻訳所を通して、古代ギリシャやヘレニズム文化の移植を推進した。その活動の中心となったのが、初代館長のユーハンナー・イブン＝マーサワイヒ（八五七年没）やフナイン・イブン＝イスハーク（八七七年没）とその子イスハーク・イブン＝フナイン（九一〇年没）などのネストリウス派キリスト教徒であった。

当初は、医学・天文学・占星術・数学といった実用的学問に関係する文献が中心であったが、やがてプラトン、アリストテレスの著作やそれらの註釈書、新プラトン派の文献の翻訳へと広げられていった。このような活動により、ムスリムの中から哲学に関心をもつ者も出てくる。この哲学の紹介者であり、「アラブの哲学者」と呼ばれた最初のイスラーム哲学者がキンディー（八七三年没）である。次いで、このギリシャ哲学とイスラームの統合を試みたのが、アリストテレスに次ぐ「第二の師」と呼ばれたファーラービー（九五〇年没）であり、それを引き継ぎ、壮大なイスラーム哲学体系を構築したのがアヴィセンナ、すなわちイブン＝スィーナー（一〇三七年没）である。

その哲学は、一者（神）から知性、知性から霊魂、霊魂から自然へ、という枠組みの中で、すべての存在を説明しようとする新プラトン主義的流出論体系である。そこにみられる神（一者）は、自己の自由な意志に従って世界を創造する、コーラン的人格神とはまったく異なるものであった。ガザーリーが本書『哲学者の自己矛盾』（*Tahāfut al-Falāsifah*）の中で哲学を批判の対象としたのは、そこに問題があるとみたからであった。

このような哲学に対する批判は、その後ファフルッディーン・ラーズィー（一二〇九年没）や、ガザーリーの『哲学者の自己矛盾』と同名の著作を書いたハワージャザーデ（一四八八年没）、およびイブン＝ジャウジー（一二〇〇年没）、イブン＝タイミーヤ（一三二八年没）などのハンバリー派によっても続けられる。こうして哲学は、東方スンニー派イスラーム世界では、形式的には勢力を失っていく。

その後のイスラーム哲学の流れは、逍遥学派としては西方イベリア半島に移り、イブン＝

マサッラ（九三一年没）、イブン＝バーッジャ（一一三九年没）、イブン＝サブイーン（一二七〇年没）と続く、優れた哲学者を輩出する。中でも、イブン＝トゥファイル（一一八五年没）はその著『ハイイ・イブン＝ヤクザーン（覚醒者の子ハイイ）の書』で、またアヴェロエスこと、イブン＝ルシュド（一一九八年没）は、ガザーリーの哲学批判の書、すなわち本書を反批判した『自己矛盾の自己矛盾』（*Tahāfut al-Tahāfut*）で有名である。

そこから一方では、哲学の伝統は西欧キリスト教世界に引き継がれていくことになる。他方では、それはまたイブン＝アラビー（一二四〇年没）やサドルッディーン・コーナウィー（一二七四年没）やジャラールッディーン・ルーミー（一二七三年没）などのスーフィズム（イスラーム神秘主義）と融合し、さらにシハーブッディーン・スフラワルディー（一一九一年没）、ムハンマド・シャフラズーリー（一二八八年没）やナシールッディーン・トゥーシー（一二七四年没）などの照明学派の流れをへてイラン・シーア派世界にも引き継がれ、ミール・ダーマード（一六三一年没）やモッラー・サドラー（一六四〇年没）に代表される「サファヴィー朝ルネッサンス」を現出し、今日にいたっている。

ガザーリーの生涯については、本東洋文庫（八四四巻）所収の拙訳、ガザーリー著『中庸の神学』の「解説」において詳しく述べているので、ここでは簡略に留める。彼は一〇五八年に、イラン北東部のトゥースに生まれた。正式の名を、アブー＝ハーミド・ムハンマド・イブン＝ムハンマド・ガザーリー（Abū Ḥāmid Muḥammad b. Muḥammad al-Ghazālī）という。郷里やカスピ海南岸のゴルガーンで、コーランを中心とするイスラームの初等教育を受けたのち、イスラーム法学を学ぶ。彼はまた、ユースフ・ナッサージュという人の指導でスーフィーの修行も行ない、相当なレベルに達したともいわれる。その後一〇七七年、郷里に近いニーシャープールのニザーミーヤ学院（マドラサ）で、イマーム・ハラマイン（「メッカ・メディナ二聖都の師」）として高名な碩学ジュワイニー（一〇八五年没）の指導を受ける。

そもそもこの学院は、アッバース朝カリフ体制を支えるトルコ系大セルジューク朝スルターンの大宰相ニザーム＝ムルクが私財を投じて、首都バグダードやニーシャープールをはじめ、東方イスラーム世界の主要都市に設立したものである。その背景として、「シーア派の世紀」といわれる一〇世紀以降、東方のブワイフ朝（九三二―一〇六二）、エジプトのファーティマ朝（九〇九―一一七一）に代表されるように、シーア派が各地で活動を強化し、政権を樹立したことがあり、このように弱体化したスンニー派体制を護持しようとしていたのが、セルジューク朝スルターンであり、その大宰相で、事実上の最高権力者であったニザーム＝ムルクである。ガザーリーが学んだニーシャープールのニザーミーヤ学院は、この宰相が師のイマーム＝ハラマインのために設立したものであった。

ガザーリーはここで師が一〇八五年に死去するまで、イスラーム法学を学ぶことになる。その後、イスファハーンにあったニザーム＝ムルクの宮廷に移る。そこには当時一流の学者・文人が集まっており、宰相はこれら知識人・学者の力を結集してスンニー正統主義の復興を企図していたのである。この宰相が主要都市に一連の学院を設立したのもその一環であった。

ニザーム＝ムルクの周囲に集まった俊英の中でも、特にガザーリーはその才能を認められ、弱冠三十三歳にして、首都バグダードのニザーミーヤ学院の主任教授に抜擢される。一〇九一年のことである。こうしてガザーリーは、昼は三百人余の学生への講義や、各方面から寄せられる法的質問への回答（ファトワ）、夜は異端・異説への反論や批判のための執筆、と超多忙な生活にはいる。

他方、周辺の状況もけっして平穏ではなく、一〇九二年には、パトロンのニザーム＝ムルクがシーア・イスマーイール派によって暗殺され、その後一カ月ほどでスルターンのマリクシャーが変死し、その後継をめぐる争いが表面化する。それに乗じてシーア派、特にその過激派のイスマーイール派も活動を活発化する。

そのような中でガザーリー自身、精神的危機に陥り、言葉を話すことができなくなる。ついに一〇九五年、メッカ巡礼を口実に学院を去り、放浪の旅に出る。シリア各地を放浪し、メッカ巡礼ののち郷里に帰る。そこで彼は、スーフィーとして独居（ハルワ）やズィクル（称名）、瞑想などの修行による心の浄化に努め、やがて真実の光、「確実な知」（ʻilm yaqīnī）を見出し、信仰の確信を得る。そしてその体験に基づき、新しい信仰のあり方を自らの著述と弟子たちへの直接的指導によって伝え始める。その一つが、彼の主著とされる大著『宗教諸学の再興』（*Iḥyāʼ ʻUlūm al-Dīn*）である。

このような引退の生活が十年余り続いた後、ニザーム＝ムルクの子、ファフル＝ムルク（Fakhr al-Mulk）の要請で、再度ニーシャープールのニザーミーヤ学院で教鞭をとるが、三年後にはそこも引退し、間もなく一一一一年に郷里でその生涯を閉じる。

ガザーリーが本書『哲学者の自己矛盾』を執筆したのは、彼が首都バグダードで最高のウラマー（聖法学者）の一人として、多忙な活動をしているときであった。そこには、異端・異説から正統イスラームを守護しようというウラマーとしての使命・責任感が感じられる。

そもそもガザーリーと哲学の関係は、複雑かつ微妙である。哲学は独自の壮大な一つの思想体系であり、そこには思考の普遍的方法とされる論理学をはじめ、自然や人間の理解に有用な自然学、倫理学、政治学といったさまざまな学問が含まれていた。他方では、そこには単異端シーア派の思想的背景ともなる要素もみられる。したがって、哲学は彼にとっては、に異端・不信仰として批判し、切って捨てればよいというようなものではなかった。この哲学に対して、彼はどのような態度で立ち向かったのか。自伝の『誤りから救うもの』の中で、彼は次のように述べている。

神学〔の吟味〕を終えると、私は哲学に取りかかった。だが、確実にわかったことは、どの学問でも、〔その〕学問の原理に最も精通している人と同じ水準に達し、さらにそれを越え、凌駕して、その学問の大家が知らないような深い窪みや危険な箇所を知るほどに、その学問の深奥を究めない限り、人はその学問の欠陥を理解し得ないということである。

（東洋文庫『中庸の神学』所収、三〇―三一頁、原文八四―八五頁）

こうして彼は、バグダード滞在中、二年をかけて哲学の理解に努め、一年をかけてその吟味を行なったといっている。その中で彼は自ら、「哲学概論」ともいうべき『哲学者の意図』(*Maqāsid al-Falāsifah*) を書き上げ、自己の哲学理解を世に問うたのである。そして、その序文において、「……さしあたり本書では、とりたてて真偽の詮索をせず、哲学者の思想をありのままに、特に取捨選択せずに再現し、理解することにする。これらの問題を考察したのちに筆者は、『哲学者の自己矛盾』と題する独立の書で、それらを徹底的に再検討するであろう」と述べている。

残念なことに、中世キリスト教世界では、『哲学者の意図』が文字通り哲学の概説書としてラテン語訳され、その際この「序文」の紹介が欠落したために、長い間ガザーリー自身が哲学者の一人として理解されてきた。そのような理解はもちろん誤りであるが、彼にとって哲学は危険ではあっても、同時にまた大変魅力のあるものでもあった。そこで、イスラーム共同体を代表する神学者・思想家としてのガザーリーにとっては、哲学の良いところと悪いところ、どこを捨てどこを採るか、を峻別した上で哲学を批判することが彼の主体的関心となったのである。

彼は本書『哲学者の自己矛盾』の冒頭で、次のように述べている。

……これら哲学の領袖たちは、彼らが非難されているような聖法の否定とはほんらい無関係であり、彼らは神を信じ、その使徒たちを真実としていることが確認されている。ただ彼らは、これらの根本信条以外の末梢的な事がらで誤りを犯し、正しい道を自ら踏み外し、また〔他人をも〕そうさせていたのである。（本書一八頁）

そこには、敵意や憎悪は感じられない。むしろ、本書の中でしばしば出てくる彼の表現、

「イブン＝スィーナーや彼ら（哲学者たち）の中の優れた真理の探究者たち（muḥaqqiqūna）」「イブン＝スィーナーやファーラービーや彼ら（哲学者たち）の中の真理の探究者たち」「哲学者の中でも真理の探究者たち」「イブン＝スィーナーや他の真理の探究者たち」などの表現にみられるように、一部の哲学者を「真理の探究者たち」と呼び、そこには彼らに対する敬意すら感じられる。

ガザーリーは本書において、哲学の問題点として二十項目をあげ、それらを個々に批判している。その中でも特に主要な点として、世界の永遠性、神の個物知の否定、および終末における人間の肉体の復活の否定、の三点をあげている。

スンニー多数派のイスラームでは、神は世界を無から創造したとされる。これを「神は存在し、世界はなかった。次に神は存在し、共に世界もあった」と表現する。つまり、まず神だけが存在する状況があって、次に神が世界を造って両者が存在するようになった、というのである。ところが、哲学では神（一者）の自己思惟から知性が流出し、さらにこの知性（第一結果）が、神を思惟し、自己を思惟し、可能的存在としての自己を思惟することによって、それぞれ第二知性、最高天球霊、最高天球が流出し、同様のプロセスが月下界の流出まで続く。哲学では、神が創造主であるということは、これら一連のプロセスの中での第一原因であり、世界はその結果ということになる。神と世界の関係は、原因と結果の必然的関係、しかもその第一原因が神ということになる。原因と結果の関係は時間的には同時的であることから、世界は神とともに永遠であるということになる。

これに対して正統イスラームでは、「神は世界と時間に先行する」とされる。つまり、「神は存在し、世界はなかった。次に神は存在し、共に世界もあった」となる。こうして世界は、その粒子一つ一つまでもが文字通り、神の被造物であることが強調される。

他方、もしそうだとすれば、そこには神に世界を創造しようとの意志が生じたことになり、神が変化したことになる、と哲学者は反論する。これに対して、世界の創造その他は、神の永遠なる意志の決定によって生起することであり、神の意志には何の変化もない、とガザーリーや正統派の人々は反論する。

第二に、個物は変化し、また多様である。そこで神の個物知を認めれば、神の中の知の変化や多様性を認めることになる。それは神の変化を容認し、その純粋一性を否定することになるとして、哲学者は神の個物知を否定する。そこで彼らのある者は、神の自己知のみを認める。他方、神に他者知を認めるにしても、それは変化することのない超時間的な知ということになる。例えば、人間には手や足があり、手はものをつかみ、足は歩くためにある、といった知である。神にはザイドという名の個人や彼の手や足についての知はない。個々のもの知は感覚によって得られるものであり、神には感覚はないからである。そうなれば、ザイドやアムルといった個々の人間に対する神の審判は不可能となる。これがガザーリーの批判である。

ガザーリーにとって、世界の出来事はパノラマや絵巻物のように、すべてが神の知の中に納まっている。例えば、日蝕の前、その最中、その後に起こることはすべて、予め神の知るところであり、そこには何の変化もないのである。

第三が、終末における肉体の復活の否定である。哲学者は死後における霊魂の存続は認めるが、終末における肉体の復活と審判、来世での天国・地獄における喜びや苦しみを、コーランに描かれている感覚的な形でそのまま認めることはない。それは霊的な賞罰を庶民にも理解できるように、感覚的かつ比喩的に表現したものであるとする。

これに対してガザーリーは、来世での出来事は理性の判断を超えた領域に属することであり、啓示に従うしかないと主張する。いい換えれば、哲学者が肉体の復活を否定する前提となっている因果律を認めないのである。つまり、ガザーリーは因果の必然的関係をそもそも認めない。すべては神が個別に創造するのであり、人間が因果律とするものは、神の創造行為における慣行（sunnah Allāh）にすぎないのである。したがって、神はそれをいつでも変えることができるのであり、人はそれを「奇跡」と呼ぶ。このようにしてガザーリーは、哲学者の論証が厳密な意味で論証になっていないことを明らかにして批判する。
このようなガザーリーの哲学批判は、哲学者が理性の代弁者であってみれば、それは同時に理性批判でもあった。つまり、理性にはそれに固有の限界があり、それを超えた信仰（宗教）の領域に踏み込む権利はないということである。しかし、それは同時に、理性によっては彼が求めていた「確実な知」「信仰の確信」は得られないということであり、彼は理性批判によって自分を支えていた理性の木の枝をも切断してしまったのである。では、どのようにして今後、「確実な知」を求めればよいのか。そこに、彼がのちにスーフィズムへ転じた要因があったのである。

ガザーリーの主要著作三篇の拙訳『中庸の神学』（東洋文庫、第八四四巻）に続いて、彼の主著の一つである『哲学者の自己矛盾』の邦訳を、このような形で日本の読者にお届けできることは、私にとっては大きな喜びである。前訳書に続き、このような貴重な機会を与えて下さった平凡社東洋文庫編集部の関正則氏には心から感謝とお礼を申し上げたい。

中村廣治郎《なかむらこうじろう》

1936年生まれ。ハーヴァード大学大学院博士課程修了。哲学博士（Ph. D.）。東京大学・桜美林大学名誉教授。
主な著書に、『イスラム——思想と歴史』（東京大学出版会、1977年）、『ガザーリーの祈禱論——イスラム神秘主義における修行』（大明堂、1982年）、『イスラームと近代』（岩波書店、1997年）、『イスラム教入門』（同、1998年）、『イスラムの宗教思想——ガザーリーとその周辺』（同、2002年）、『中庸の神学——中世イスラームの神学・哲学・神秘主義』（平凡社東洋文庫、2013年）など多数。

哲学者の自己矛盾——イスラームの哲学批判　東洋文庫867

2015年12月10日　初版第1刷発行

訳註者　中村廣治郎
発行者　西田裕一
印刷　創栄図書印刷株式会社
製本　大口製本印刷株式会社

発行所　電話編集 03-3230-6579　〒101-0051
営業 03-3230-6572　東京都千代田区神田神保町3-29
振替 00180-0-29639　株式会社 平凡社
平凡社ホームページ http://www.heibonsha.co.jp/

ISBN 978-4-582-80867-4
NDC 分類番号167.1　全書判（17. 5 cm）　総ページ384

《東洋文庫の関連書》

- 12 薔薇園《グリスターン》〈イラン中世の教養物語〉 サアディー著 蒲生礼一訳
- 42 ペルシア放浪記〈托鉢僧に身をやつして〉 A・ヴァーンベーリ著 小林高四郎・杉本正年訳
- 71・75・85・93・127・218・246・290・339・356・388・399・443・449・455・482・502・530・551 アラビアン・ナイト 全一八巻・別巻一 前嶋信次・池田修訳
- 134 ペルシア逸話集〈カーブースの書・四つの講話〉 カイ・カーウース、ニザーミー著 黒柳恒男訳
- 150 王書《シャー・ナーメ》〈ペルシア英雄叙事詩〉 フィルドゥスィー著 黒柳恒男訳
- 191 七王妃物語 ニザーミー著 黒柳恒男訳
- 299 ハーフィズ詩集 ハーフィズ著 黒柳恒男訳
- 310 ホスローとシーリーン ニザーミー著 岡田恵美子訳
- 331 カリーラとディムナ〈アラビアの寓話〉 イブヌ・ル・ムカッファイ著 菊池淑子訳
- 394 ライラとマジュヌーン〈アラブの恋物語〉 ニザーミー著 岡田恵美子訳
- 601・614・630・659・675・691・704・705 大旅行記 全八巻 イブン・バットゥータ著 イブン・ジュザイイ編 家島彦一訳注
- 621 ペルシア見聞記 J・シャルダン著 岡田直次訳注
- 644 ペルシア王宮物語〈ハレムに育った王女〉 タージ・アッサルタネ著 アッバース・アマーナト編 田隅恒生訳
- 647 ペルシア民俗誌 A・J・ハーンサーリー、サーデク・ヘダーヤト著 岡田恵美子・奥西峻介訳註
- 669 千夜一夜物語と中東文化〈前嶋信次著作選1〉 前嶋信次著 杉田英明編
- 673 イスラムとヨーロッパ〈前嶋信次著作選2〉 前嶋信次著 杉田英明編
- 729・730 アルファフリー〈イスラームの君主論と諸王朝史〉 全二巻 イブン・アッティクタカー著 池田修・岡本久美子訳
- 777・779・781・783・787 完全版 知恵の七柱 全五巻 T・E・ロレンス著 J・ウィルソン編 田隅恒生訳
- 780・782・785 マカーマート〈中世アラブの語り物〉 全三巻 アル・ハリーリー著 堀内勝訳注
- 797 果樹園《ブースターン》〈中世イランの実践道徳詩集〉 サアディー著 黒柳恒男訳
- 821 鳥の言葉〈ペルシア神秘主義比喩物語詩〉 アッタール著 黒柳恒男訳
- 826 ユースフとズライハ ジャーミー著 岡田恵美子訳
- 844 中庸の神学〈中世イスラームの神学・哲学・神秘主義〉 ガザーリー著 中村廣治郎訳註